부동산 기사 그래서
어떻게 봐야 할까요?

NEWS

돈 되는 부동산 정보는 경제기사에 있다

부동산 기사
그래서
어떻게
봐야 할까요?

제네시스 박 지음

일에일북

기사 읽기, 부동산 시장을 이해하는
가장 쉬운 방법

출퇴근 시 지하철과 버스를 타고 이동하다 보면 수많은 직장인들이 스마트폰 화면에 집중하고 있는 모습을 볼 수 있습니다. 영상을 보는 사람, 전자책을 보는 사람도 있지만 대부분은 무언가를 읽고 있습니다. 고단한 출퇴근길이기에 간단한 정보나 재밌는 연예 뉴스, 유머 등을 보고 싶은 마음이 굴뚝같겠지만, 이 시간을 조금 더 유용하게 활용해보면 어떨까요? 이런 시간이 본인의 자산을 늘리는 데 보탬이 된다면 그야말로 금상첨화 아닐까요?

저는 어릴 때부터 다양한 뉴스와 신문기사를 비교해 읽는 것을 좋아했습니다. 똑같은 사건이라도 언론사에 따라 축소 또는 과장되어 전달되는 모습을 보면서 '무엇이 사실이고 무엇이 의견일까?', '이 내용이 나에게 어떤 영향을 미칠까?' 하는 생각을 자주 했습니다.

2014년, 첫 실거주 집을 마련하게 된 결정적인 계기도, 바로 신문기사에서 본 헤드라인 한 줄이었습니다. 당시 기사 제목은 "LTV 70%, DTI 60%로 단일화… 대출여력 확대"(연합뉴스 2014. 7. 24)였는데, 이 기사를 보고 저는 기존 경매에서 일반매매로 곧바로 방법을 바꿔 실거주 집을 마련했습니다. 지금도 그때를 생각하면 잘한 결정이었다고 생각합니다.

하지만 경제기사를 아무리 봐도 부동산 투자를 어떻게 해야 할지 대놓고 방법을 가르쳐주지는 않습니다. 심지어 잘못되거나 사실이 아닌 추측성 내용으로 더욱 혼란스럽게 하는 경우도 비일비재합니다. 그럼에도 불구하고 경제기사는 반드시 챙겨 봐야 합니다. 이를 통해 정부 정책은 물론 시장의 변화도 감지할 수 있기 때문입니다. 가령 현재 시행 중인 '다주택자 양도소득세 중과'도 실제 정책에 반영되기 전부터 관련 기사들이 하나둘씩 나오기 시작하더니 실제 입법 단계에서는 대부분의 언론에서 이에 대해 다루었습니다. 발 빠른 사람은 기사가 나오기 시작하는 초기에 내용을 파악하고 자신에게 미칠 영향을 면밀히 검토한 후, 불필요한 주택은 매각해서 양도소득세 중과를 피하거나, 아니면 보유세를 절감할 수 있는 방안을 미리 마련할 수 있는 것입니다.

지금도 마찬가지입니다. 정부는 앞으로도 부동산 시장을 안정화하기 위해 다양한 정책과 규제책을 내놓을 가능성이 높습니다. 이미 종합부동산세를 중심으로 보유세 인상안을 세법개정안으로 내놓았으며, 주택임대소득에 대해서도 사업자등록을 의무화하고 이를 강화할 예정입니다. 여기에 어떤 내용이 더 추가되고, 기존 내용은 어떻게 변경될지 미리 예측하고 대응하려면, 경제기사에 관심을 갖는 것은 물론이고 기사를 정확하게 이해할 수 있어야 합니다.

이 책에서는 총 2개의 파트로 나누어 부동산과 세금에 대한 기사를 분석하고 있습니다. 먼저 Part 1에는 부동산 가격에 영향을 미치는 요인과 관련된 기사를 보고 주요 내용에 대한 보충 설명을 담았습니다. '부동산 정책', '수요와 공급', '대출과 금리', 그리고 '부동산 계약'으로 내용을 나누어 살펴봅니다. Part 2에서는 '조세정책'과 투자 수익률을 결정하는 '양도소득세', 최근 이슈가 많은 '보유세'와 '주택임대사업'을 통해 세금 지식은 물론 정부의 생각이 어떤지도 함께 읽어보고자 합니다.

이 책이 출간되는 시기와 소개되는 기사들 사이에 시차가 있습니다. 소개된 기사들을 쭉 살펴보면 부동산 시장이 어떻게 변해왔고, 정부의 생각은 어떻게 바뀌었는지 파악하는 데 도움이 될 것입니다. 또한 책이 출간된 이후의 기사 내용 역시 제 블로그(blog.naver.com/genesis421)에 지속적으로 게재할 것이기에 이를 잘 활용하시면 좋겠습니다.

부동산은 일생을 살아가면서 떼려야 뗄 수 없는 요소입니다. 자가이든 아니든 누구나 거주는 해야 하고, 집주인이든 세입자든 그 과정에서 임대차 계약도 반드시 해야 하는 것입니다. 그래서 부동산 가격 변화에도 관심을 가져야만 합니다. 우리가 가장 손쉽게 부동산과 관련된 내용을 접할 수 있는 것이 바로 경제기사입니다. 기사를 올바르게 이해하고 제대로 활용하는 데 이 책이 도움이 되기를 바랍니다.

제네시스 박

CHAPTER 3

대출과 금리
부동산과 대출·금리의 관계

CHAPTER 4

부동산 계약

부동산 계약, 알아야 손해 보지 않는다

PART 2

세금

CHAPTER 6

양도소득세
절세의 핵심은 양도소득세다

PART 1

부동산

부동산 정책 : 정책을 알아야 부동산 시장이 보인다
| 수요와 공급 : 무엇이 부동산 가격을 결정하는가?
| 대출과 금리 : 부동산과 대출·금리의 관계 | 부동
산 계약 : 부동산 계약, 알아야 손해 보지 않는다

최근 부동산에 대한 관심이 높습니다. 아무래도 근래에 서울 집값이 가파르게 상승한 것도 주요 요인 중 하나일 텐데요, 사실 서울·수도권의 집값 상승은 이미 2013년 하반기부터 조금씩 진행되었습니다. 하지만 당시 부동산 기사를 보면 주택가격 상승에 대한 내용은 찾아보기 어렵습니다. 즉 실제 시장의 움직임을 경제기사가 실시간으로 보여주고 있다고 보기는 어렵다는 것입니다. 그런데 한편으로는 경제기사 곳곳에 대출 증가, 거래량 증가 등 집값 상승에 대한 힌트가 될 수 있는 기사들이 조금씩 증가하고 있었던 것도 사실입니다.

그렇다면 경제기사를 어떻게 해석해야 할까요? 과연 기사를 잘 이해하고 분석하면 현재와 향후 부동산 시장의 움직임을 알 수 있을까요? 저는 '충분히 가능하다'고 말하고 싶습니다. 부동산 시장을 살펴보기 위해 다음과 같은 내용을 전달하고자 합니다.

우선 정부의 '부동산 정책'에 대해 살펴보겠습니다. 어떻게 보면 정부의 정책은 부동산 시장에 가장 큰 영향을 주는 요소 중 하나이므로 빠뜨리지 않고 기사를 통해 챙겨봐야 합니다.

그리고 부동산 시장을 제대로 이해하기 위해서는 '수요와 공급'에 대해 알아야 합니다. 부동산도 재화의 일종이므로 경제학의 가장 기본 원리인 수요와 공급의 원칙을 무시할 수 없기 때문입니다. 다만 현재 쏟아져 나오는 기사를 보면 전국을 하나로 보고 분석하는 경향이 있다는 점을 주의해야 합니다.

또한 '대출과 금리'에 대해서도 살펴봅니다. 부동산에서 대출은 빠뜨릴 수 없는 요소인데요, 대출이 금리와 어떤 관계를 갖고 있는지를 알아봅니다. 부동산 시장을 이해하기 위해서는 경제 현상에 대한 이해도 동반되어야 하기 때문입니다.

마지막으로 '부동산 계약'도 중요한 요소입니다. 일부 지역은 여전히 주택 매매가와 전세가의 차이가 크지 않아 '깡통전세' 위험이 있습니다. 기사를 잘 읽어보면 임차인 입장에서는 어떤 점을 유의해야 하는지를 알 수 있습니다.

경제기사를 읽을 때는 주의해야 할 점도 많습니다. 우선 추측성 기사나 의견을 제시하는 기사도 많기 때문에 사실을 제대로 확인해야 합니다. 또한 자극적인 제목에 휘둘리지 않고, 관심 있는 지역에 대해서는 추가적으로 조사하거나, 자신의 상황에 따라 다른 방향으로 접근해야 합니다. 더욱 구체적인 것은 기사를 하나하나 보면서 어떻게 이해하고 응용해야 할지 배워봅시다.

CHAPTER 1

부동산 정책

정책을 알아야
부동산 시장이 보인다

부동산 시장의 3대 악재

3대 악재 몰려온다… 부동산 시장 비상 (아시아경제 2017. 10. 25)

투자 격언 중에 '대중과 달리해야 수익을 본다'라는 말이 있습니다. 이를 기사와 연관 지으면 '비관적인 기사가 나올 때 매수를 하고, 장밋빛 기사가 넘칠 때 매도를 하라'는 말로 생각할 수 있습니다. 그렇다 해도 모든 기사를 반대로만 해석하고 적용해서는 안 되겠죠. 여기서는 부동산 시장에 악재가 되는 요소가 무엇인지, 악재가 닥쳤을 경우에는 어떻게 대처해야 하는지에 대해 알아보겠습니다.

이 기사는 부동산 시장에 3대 악재가 닥칠 것으로 전망하고 있습니다. 구체적으로는 주거복지 로드맵, 금리 인상, 입주물량 폭탄을 들고 있는데요, 이미 시행한 대출 규제까지 합하면 '4대 악재'로 봐야 할 것 같습니다.

정부가 24일 가계부채종합대책을 통해 '전방위적 돈줄 쥐기'에 나서면서 부동산 시장에 빨간불이 켜졌다. … 다음 달 발표될 주거복지 로드맵을 시작으로 금리 인상, 입주물량 폭탄 등 악재가 현실화될 경우 시장이 받을 타격은 커질 수밖에 없다.

정리하면, 정부 정책, 금리 인상을 통한 자금 조이기, 공급 확대가 문제의 핵심이라고 할 수 있겠습니다.

정부의 규제

> 허 연구위원은 "단기적으로 명확한 정책 리스크는 다음 달 발표될 주거복지 로드맵"이라며 "다주택자에 대한 인센티브는 규제 강도에 따라 결정되는 만큼 주거복지 로드맵에 담길 정책 수준에 따라 시장이 받을 타격이 결정될 것"이라고 설명했다.

가장 피부로 와닿는 정책은 '주거복지 로드맵'입니다. 이 정책을 통해 규제(채찍)와 인센티브(당근)를 동시에 적용할 가능성이 큽니다. 그렇게 해야 서로를 더 돋보이게 할 수 있으니까요. 즉 다주택자 입장에서는 규제가 강할수록 그에 상응하는 인센티브가 더욱 매력적으로 보일 것이며, 주택임대사업자 등록이 유리하다고 판단할 것입니다. 그게 바로 정부가 원하는 방향이겠죠.

금리 인상

> 현재 시장 예상대로라면 미국 연방준비제도(Fed)는 12월 중 금리를 올릴 가능성이 상당히 크다. … 시장에선 다음 달 또는 내년 초 한은의 기준금리 인상을 기정사실로 하는 분위기다. 수년간 부동산 시장을 떠받친 초저금리 기조가 깨지면 시장 위축은 불가피하다.

정부 정책 다음으로 또 하나의 악재는 금리 인상입니다. 기사 내용대로 금리 인상은 피할 수 없을 것으로 보입니다. 미국이 한국보다 금리가 높다면 똑같은 자금을 가지더라도 미국에 투자하는 것이 더 유리하기 때문이죠. 더 쉽게 표현하자면, 우리가 1천만 원을 저금하고 싶은데 A은행은 이율이 1%, B은행은 1.5%라고 한다면 당연히 B은행에 저금할 것입니다. 게다가 B은행이 A은행보다 우량 은행이라면 더 말할 것도 없겠죠? 그렇기에 미국이 금리 인상을 하면 우리나라도 그에 동조하는 것은 피할 수 없는 수순입니다. 그리고 이렇게 금리가 오르면 대출금리가 상승하기에 부동산 투자를 하기 위한 자금조달도 어려워질 것입니다.

금리가 인상되면 실물자산도 함께 오른다는 의견도 있지만, 이에 대한 검증 작업은 이 책의 범위를 넘어서기에 여기까지만 언급하도록 하겠습니다. 여기서는 금리가 인상되면 부동산 구입과 자금조달 측면에서 어려움이 발생한다는 것을 기억하면 됩니다.

입주물량 증가

입주물량이 일시에 몰리면 집값 하락이나 역전세난으로 이어질 가능성이 크다. … "금리 인상이 확실시되고 있는 가운데 추가 대출 규제로 신규 주택 수요가 급감한 상황"이라면서 "입주물량 증가와 세금 등을 피하기 위한 다주택자 매물까지 합세하면 부동산 시장 침체로 이어질 수 있다." …

마지막으로 주택 공급 증가를 악재로 꼽을 수 있습니다. 금리 인상과 함께 추가 대출이 힘들어지면 당연히 신규 주택 수요가 감소하고, 사람들이 전세나 월세를 선호할 경우 전월세에 대한 수요가 증가합니다. 동시에 입주물량 증가와 규제를 피하기 위한 다주택자 매물이 쏟아지면 공급은 증가합니다. 기사는 수요 증가보다 공급 증가가 더 많다고 판단하고, 이로 인한 부동산 시장의 침체가 우려된다고 말하고 있습니다. 여기에서 더 자세히 알고 싶다면 관심 지역별로 세분화해 수요와 공급량을 분석해야 자신에게 맞는 더 정확한 정보를 얻을 수 있을 것입니다.

—

부동산 시장에 영향을 주는 요소는 매우 많습니다. 그러한 변수를 모두 수치화하면 좋겠지만 사실상 불가능합니다. 따라서 주요 요소를 선정해 이에 대한 내용을 지속적으로 모니터링하는 것이 중요합니다.

기사에서는 금리, 공급량, 정부 정책(대출, 세금)의 변화를 악재의 큰 축으로 보았습니다. 여기에 자신의 생각을 가감해 자신만의 체크 항목을 만들어보면 어떨까요? 그게 바로 시장의 흐름을 읽고, 더 나아가 투자를 결정할 수 있는 가장 기초 작업이 아닐까 생각합니다.

가계부채 대책과 경매

허울뿐인 경매 관련 가계부채 대책… "세부 자격기준 재논의 검토"
(조선비즈 2017. 10. 31)

2017년 10월 24일, 정부는 가계부채 건전성을 유도하고 향후 금리 인상에 대비하기 위해 '가계부채 종합대책(이하 10·24 가계부채 대책)'을 발표했습니다. 다양한 내용이 있었지만, 이 중 경매 관련 가계부채 대책 내용이 벌써부터 재논의가 필요하다는 목소리가 나왔습니다. 경매란 무엇이며, 경매가 가계부채와 어떤 연관성이 있을까요? 다음 기사를 통해 함께 살펴보겠습니다.

경매 가계부채 대책, 실효성 있을까?

… 가계부채 대책에 따르면 정부는 서민·실수요층 주택담보대출 연체자가 신용회복위원회(신복위)에 신청하면 심사를 거쳐 담보권 실행을 6개월~1년간 유예하도록 할 예정이다. 담보권 실행은 대부분 금융회사 등 채권자의 법원경매신청을 통해 이뤄진다. 금융위원회가 대책에서 예시를 든 자격조건은 ▲연체기간 30일 초과 ▲6억 원 이하 1주택 소유자 ▲부부 합산 소득 7천만 원 이하 ▲차주가 직접 거주하는 주택(부분 임대 시 임차인 동의를 받은 주택)이다. …

10·24 가계부채 대책에서는 담보대출을 가지고 있는 주택 실수요자가 연체를 할 경우 집이 경매로 넘어가는 데 드는 시간을 6개월에서 1년 정도로 유예할 계획이라고 합니다. 집을 경매로 넘기는 것을 '담보권 실행'이라고 하는데요, 여기에서 담보대출을 받은 주택 실수요자는 채무자이고 이들에게 대출을 실행해준 은행 등 금융기관은 채권자가 됩니다.

만일 채무자(주택 수요자)가 연체를 할 경우, 채권자(금융기관)는 저당으로 잡힌 담보물, 즉 주택을 처분해 이때 나오는 금액으로 대출을 상환시키려고 하는데요, 이러한 절차를 '법원경매'라고 보면 됩니다. 10·24 가계부채 대책에서는 이렇게 경매로 넘어가는 경우에 일정한 자격을 유지하면 담보권 실행을 유예하도록 한 것입니다.

연체자가 신복위 심사를 통과하면 담보권 실행(법원경매 신청) 시점이 최장 1년간 유예된다는 게 제도 내용인데, 지금도 주택담보대출 연체가 시작된 직후부터 첫 경매기일까지 차주에게 1년 가까이 시간이 있다. 일반적으로 금융회사는 연체가 3개월 정도 진행된 이후 담보 주택에 대해 경매 신청을 하며, 이후 경매 관련 절차가 진행돼 첫 매각기일 때까지 7~8개월이 더 소요된다. …

그런데 이러한 제도가 실효성이 높지 않다는 지적이 나왔는데요, 그 이유는 신청자격을 갖춘 사람이 매우 제한적일 것이라는 것입니다. 연체기간, 1주택 소유자(6억 원 이하), 부부 합산 소득 7천만 원 이하, 차주(채무자)의 직접 거주 등 요건이 붙는데 이러한 조건을 모두 만족시키기가 쉽지 않은 것이죠.

문제는 신청자격을 모두 갖췄다고 하더라도, 실제 채권자(금융기관)가

법원에 경매를 신청하고 낙찰되는 기간으로 이미 1년 정도가 필요하다는 것입니다. 이는 법원경매를 직접 해봤다면 충분히 공감할 수 있는 내용인데요, 우선 금융회사는 1~2개월 채무자가 연체를 했다고 해서 곧바로 경매 신청을 하지는 않습니다. 통상 3개월 이상은 연체가 진행되어야 하며 그 이후에도 계속 연체가 된다면 다시 여기에서 최소 6개월 정도의 시간이 더 있어야 경매 물건으로 나오게 됩니다. 이것만 보더라도 최소 9개월의 시간이 흐르는 것이죠. 이번 대책 중 경매 관련 가계부채 대책이 실효성이 약하다는 비판이 나온 이유입니다.

경매와 공매의 차이

담보물 매각이 필요한 경우 연체자의 주택을 한국자산관리공사(캠코)에 위탁, 공매를 진행해 법원경매보다 유리한 조건으로 매각해준다는 '담보물 매매지원 프로그램'도 효과가 클지 미지수다. 지난 2014년 2분기부터 2016년 3분기까지 전국 아파트 법원경매와 공매 낙찰가율(감정가 대비 낙찰가 비율)을 분기별로 비교해보면, 2015년 2·3분기를 제외하고 법원 경매 낙찰가율이 더 높았다. 많게는 40% 이상 차이가 나는 분기도 있을 정도다. 경매업계 관계자는 "명도는 까다로운 경매 절차 중 하나인데, 이를 낙찰자 개인이 온전히 책임져야 하는 공매와 달리 법원경매는 명도가 상대적으로 손쉽기 때문에 기본적으로 경매를 더 선호한다"면서 "법원경매보다 어떻게 유리한 조건으로 공매가 진행될지 의문"이라고 말했다. …

하나 더 살펴보겠습니다. 10·24 가계부채 대책에서는 '담보물 매매지원 프로그램'을 실행함으로써 연체자의 물건이 법원경매보다 유리한 조건으로 공매라는 방식을 통해 매각하겠다고 밝혔는데요, 우선 한 가지 알아두어야 하는 부분이 공매입니다. 경매와 공매는 비슷해 보이지만 엄연

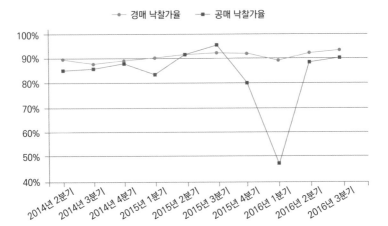

아파트 경·공매 낙찰가율

-●- 경매 낙찰가율 -■- 공매 낙찰가율

(출처 : 조선비즈)

히 다릅니다. 경매는 「민사집행법」의 적용을 받으며 매각 주체가 법원입니다. 이에 반해 공매는 한국자산관리공사(캠코)가 주체가 되어 「국세징수법」에 따라 진행합니다.

여러 가지 차이가 있지만 가장 큰 차이는 명도(明渡)에 대한 대응 방식입니다. 명도란, 경·공매를 통해 주택을 낙찰받은 경우 해당 주택을 사용하기 위해 기존에 점유해 살던 사람을 내보내는 것을 의미하는데요, 경매의 경우 부동산 인도명령 신청이라는 것이 있어, 공매에 비해 상대적으로 명도 절차가 쉽습니다. 물론 공매의 경우 명도소송을 할 수도 있지만 경매에 비해 절차가 더 복잡하고 기간도 더 오래 걸리기 때문에 부담이 더 큰 것이 사실입니다. 그렇기 때문에 공매를 통해 법원경매보다 더 좋은 조건으로 매각이 될지 의문이 든다는 것입니다.

이번 기사를 통해서 가계부채, 그리고 경매와 공매에 대해 살펴보았습니다. 김우중 전 대우그룹 회장은 "세상은 넓고 할 일은 많다"라는 말을 남겼는데요, "세상은 넓고 공부할 것은 많다"라고 바꿔야 할 만큼 알아둘 것도 참 많은 것 같습니다. 중요한 것은 누군가는 공부를 하면서 자신의 지식을 넓히는 것에 그치지 않고 투자를 하고 수익을 남긴다는 것입니다. 앞에서 나온 경·공매를 통해 자신이 원하는 주택을 시세보다 싸게 매수하기도 하는 것이죠.

자본주의 사회에서 살고 있는 만큼 자본의 속성을 무시하고 그저 열심히 일하는 데 힘을 쏟는 것만으로는 뭔가 부족하다고 생각합니다. 그렇기 때문에 부단히 공부도 해야 하고 자신의 상황에 맞춰서 투자도 시도해봐야겠죠?

투자란 여러 가지로 정의될 수 있겠지만 쉽게 말해 자신의 부를 증식시키는 것입니다. 투자를 하지 않고 가만히 있는다면 요즘 같은 상황에서는 오히려 손해를 보기도 하죠. 금융기관에 적금을 든다고 하더라도 인플레이션이라는 괴물 때문에 우리의 자산 가치는 계속해서 하락할 가능성이 높기 때문입니다.

그렇다고 어렵고 두꺼운 책을 보라는 말은 아닙니다. 출퇴근길에 짧은 기사 하나를 보더라도 제대로 공부하고 자신의 상황에 맞춰 활용하면 큰 도움이 되리라 생각합니다.

여기서 잠깐! ···

Q 경매와 공매는 비슷해 보이지만 다릅니다. 여기서 '명도'란 해당 물건을 낙찰받고 기존의 세입자를 내보내는 것을 말하는데요, 경매와 공매 중 상대적으로 명도가 수월한 제도는 무엇일까요?

A 정답은 '경매'입니다. 경매에서는 '부동산 인도명령 신청'이라는 것이 있어서 굳이 명도소송까지 갈 필요 없이 공매보다 명도를 손쉽게 진행할 수 있습니다.

후분양제의 득과 실

도마 위 오른 아파트 후분양제… 득보다 실? (데일리안 2017. 10. 18)

부동산 기사 중 '후분양제'라는 말이 자주 등장하고 있습니다. 사실 기존에는 아파트 분양이라고 하면 자연스럽게 생각해왔던 절차가 있습니다. 그러니까 청약 공고가 나면 모델하우스에 가서 내부를 둘러보고 상담을 받은 후에 마음에 들면 신청하는 것이었습니다. 가만히 생각해보면 거의 전 재산에 육박하는, 그것도 모자라 대출까지 받아서 새집을 청약할 때, 우리가 할 수 있는 일이라곤 모델하우스에 가서 견본 주택을 보고 설명을 듣는 게 전부였죠.

> … 후분양제는 아파트를 착공하기 전 70~80% 이상 짓고 분양하는 방식이다. 분양하는 선분양제와 달리, 아파트를 …

집을 짓기도 전에 주택 청약을 하는 것, 즉 우리가 익숙한 방식이 '선분양제'입니다. 최근 정부나 언론에서는 이를 '후분양제'로 바꿔야 한다고 주장하고 있는데요, 실제로 후분양제로 바뀌게 되면 우리에게 어떤 영향이 있을까요?

후분양제는 아파트를 어느 정도 짓고 분양하는 것을 의미합니다. 공사가 대략 70~80% 진행되면 분양하는 방식이죠. 이 부분을 잘 기억하고 아래 내용을 보면 더욱 이해가 잘될 겁니다.

후분양제의 장점

> 주택 수요자 입장에서 보면 후분양제는 선분양제와 달리 아파트 시공이 어느 정도 진행된 상태에서 분양을 해 실물 확인이 가능하다. 수요자들이 조감도만 보고 아파트를 고르면 정확한 층 높이와 방향 등 확인이 어렵지만, 후분양제의 경우 구매할 주택의 건설 상황을 직접 눈으로 확인할 수 있다는 얘기다. 게다가 계약 후 단기간 내에 입주할 수 있다는 장점이 있다. 또 건설업체의 부도 위험이나 폭리, 투기세력의 개입과 부실시공 논란을 막고, 비교적 정확한 공사비용을 산출할 수 있어 적정한 분양가 산정이 가능하다는 장점도 있다. …

먼저 후분양제의 장점부터 살펴볼까요? 공사가 70~80% 정도 진행되었기 때문에 실물 확인이 가능합니다. 흔히 모델하우스라고 하는 견본주택의 경우 배치된 인테리어가 실제 사용하는 것보다 다소 작다고 합니다. 그래야 집이 더 커 보이는 효과가 있거든요. 후분양제를 도입하면 적어도 이런 부분에서는 어느 정도 대안이 될 수 있겠죠?

그뿐만이 아닙니다. 공사 진행이 막바지 단계에 이르렀으므로 입주자들은 선분양제에 비해 빠른 시일 내에 입주가 가능합니다. 입주자 입장에선 그만큼 자금조달 비용이 줄어드는 효과가 생기는 것입니다.

마지막으로 공사를 어느 정도 진행하고 분양을 하기 때문에 처음부터 공사 진행 여력이 되지 않는 건설업체는 참여가 힘들고, 그에 따라 부도 위험이 현저히 낮아집니다. 실수요자들이 상대적으로 많이 참여할 것이기에 상대적으로 투기세력은 참여가 힘들어지며, 분양가 산정 과정도 더욱 투명해질 수 있습니다.

후분양제의 단점

> 후분양제는 시공사의 자금 부담이 커질 수 있다는 게 문제다. 일반적으로 시공사들은 선분양을 통해 분양가의 70% 정도인 계약금과 중도금으로 공사를 시작한다. 자금 여력이 충분한 대형 건설사 입장에서는 부담이 덜하겠지만, 자금 여력과 신용등급이 낮은 중견사에게는 아파트 시공에 난항이 예상된다. … 이 때문에 후분양제 도입은 수요자 입장에서도 그리 달가운 소식은 아니다. 시공사의 금융비용이 증가할수록 분양가격 상승 등 소비자에게 전가될 수 있기 때문이다. …

이번에는 단점을 살펴보겠습니다. 무엇보다 시공사의 자금 부담이 커진다는 게 가장 큰 문제입니다. 기존에는 입주자들의 자금을 먼저 받아서 공사를 진행하기 시작했는데, 이제는 반대로 시공사가 어느 정도 공사를 진행하고 나서야 입주자를 받기 때문에 시공사의 자금 부담이 커질 수밖에 없습니다.

그렇다면 대형 건설사보다는 규모가 상대적으로 작은 중견 시공사에 타격이 훨씬 클 가능성이 높습니다. 중견사는 자금 면에서 불리할 수밖에 없기 때문입니다. 1천 가구 이상의 대형 단지일수록 자금 부담이 커지기에 대형 단지는 중견 시공사가 참여할 기회가 아무래도 줄어들겠죠?

여기서 발생하는 또 다른 문제는 시공사 역시 기업이고 기업은 이익을 추구하는 집단이기 때문에 이러한 손실을 소비자, 즉 입주자에게 전가할 가능성이 크다는 것입니다. 즉 후분양을 할 수 있는 공정 70~80%가 진행될 때까지 발생한 금융비용만큼 분양가가 증가할 수 있고, 이는 고스란히 입주자의 부담으로 이어지게 됩니다.

> 권대중 명지대 부동산학과 교수는 "과거 노무현 정부가 추진하려다 무산됐던 후분양제 도입은 공급물량 축소를 야기시킬 수 있어 서민들의 주택 공급을 방해할 수 있다"며 "후분양제를 도입하더라도 공공과 민영 아파트, 전용면적에 따른 차별화 등을 고려해 신중히 시행돼야 한다"고 말했다.

이렇기 때문에 후분양제 도입은 신중해야 한다고 각계는 입을 모읍니다. 이미 과거 노무현 정부 때 추진하려다 무산되었던 이유가 있는 것이죠. 특히 후분양제의 가장 큰 문제는 '공급물량 축소'라고 생각합니다. 꼭 그런 건 아니지만 시공사 입장에선 먼저 돈을 받고 공사를 진행하는 것보다, 공사를 진행해서 나중에 돈을 받는 게 훨씬 부담이 됩니다. 잘 팔릴 입지에 잘 팔릴 단지를 만들어야 하기에 기존보다 훨씬 신중해질 수밖에 없죠. 그렇게 되면 상대적으로 주택 공급은 줄어들 수 있으며 이 경우 수요 대비 공급 감소가 발생하면, 의도치 않은 집값 상승으로 연계될 수 있는 것입니다.

어떻습니까? 후분양제 도입도 막상 살펴보니 이것저것 확인해봐야 할 게 많죠? 거의 모든 경제 현상이 그렇지 않을까 합니다. 무엇이든 양지가 있으면 음지가 있는 법이죠. 후분양제 도입은 살펴본 것처럼, 기존 방식을 뒤엎는 꽤 큰 변화입니다. 따라서 장점과 단점을 신중히 살피고 이에 따른 효과를 철저히 검증한 후에 도입될 수 있기를 바랍니다.

후분양제 도입이 미치는 영향

"다 망한다" 후분양제 도입에 벌벌 떠는 건설업계 (땅집고 2017. 10. 16)

후분양제와 관련된 내용을 하나 더 보겠습니다. 기존의 분양 방식을 완전히 뒤엎는 것은 물론, 실제 이러한 제도가 도입될 경우 미치는 영향이 꽤 클 것으로 보이기 때문입니다. 특히 기사 제목만 보면 건설업계에서 후분양제를 굉장히 반대하는 것으로 예상할 수 있는데요, 반대로 생각하면 소비자인 입주자는 유리한 점이 많다고 볼 수 있지 않을까요? 실제로 그런지 기사 내용을 살펴보겠습니다.

> … 김현미 장관은 "공공부문의 주택 후분양제를 단계적으로 도입하고, 민간에서도 후분양제를 유도하는 내용의 '후분양제 로드맵'을 마련하겠다"고 밝혔다. … 국토부 관계자는 "일시에 후분양제를 도입하기보다는 일단 로드맵을 만들어 공공부문부터 먼저 도입하고, 민간 주택은 건설사들이 자발적으로 할 수 있도록 인센티브를 강화하는 방식으로 도입하는 것을 고려 중"이라고 말했다. …

후분양제 도입에 대한 정부의 생각을 읽을 수 있는 대목입니다. 국토교통부 김현미 장관은 2017년 국정감사를 통해 '후분양제 로드맵'을 마련하겠다고 했는데요, 우선 공공부문의 주택 공급은 후분양제를 단계적으로 도입하고, 민간 부분은 자발적으로 할 수 있도록 인센티브를 강화하겠다고 합니다. 아마도 그 인센티브는 세제 혜택이 주가 될 것입니다. 정부가 먼저 앞장서고 민간에는 혜택을 줄 테니 동참하라는 메시지인 것입니다.

건설사는 손해 보는 후분양제

> 사업성이 악화되면서 주택 사업 자체를 포기하는 건설사나 시행사가 늘어날 전망이다. 이럴 경우 주택 공급물량이 크게 줄어들 수 있다. 중견 건설사 관계자는 "자금 여력이 풍부한 대형 건설사는 몰라도 자금력이 부족한 중견사들은 주택 사업이 힘들어져 시장에서 퇴출되고 주택 공급 부족 현상도 나타날 것"이라고 말했다. …

사실 중간 부분은 앞에서 보았던 기사와 내용이 유사합니다. 후분양제를 도입함으로써 소비자가 얻을 수 있는 장점으로는 주택 상태를 직접 확인할 수 있다는 것, 그리고 청약 과열이나 분양권 투기 차단 효과가 생기는 것을 들 수 있습니다. 반면 기존에는 소비자가 부담했던 비용이 건설사로 전가되면서 건설사의 비용 부담이 분양가 상승으로 나타날 수 있는 것은 단점으로 지적됩니다.

하지만 더 관심 있게 봐야 하는 것은 바로 이 부분입니다. 주택 공급물량이 크게 줄어들 수 있다는 점이죠. 이렇게 될 수밖에 없는 가장 큰 이유는 기존에 주택시장에서 부담해야 했던 리스크가 소비자에서 건설사로 옮겨지기 때문입니다. 쉽게 말해 선분양제에서는 청약 결과만 좋으면 건설사는 이익이 확정되어 있었습니다. 먼저 돈을 받고 건설을 진행하기 때문입니다. 하지만 후분양제가 도입되면 입장이 완전히 바뀝니다. 건설사는 경쟁력 있는 가격과 상품을 바탕으로 소비자에게 분양해야 합니다. 기껏 집을 다 지었는데 팔리지 않는 경우도 생길 수 있는 것입니다.

후분양제 실시로 이러한 리스크를 떠안고 건설을 진행하다 사업성 악화로 아예 주택사업 자체를 포기하는 건설사나 시행사가 늘어날 가능성이 높습니다. 이럴 경우 주택 공급이 감소할 가능성도 높아집니다. 해당 사업을 다른 건설사나 시공사가 이어받아 하지 않는다면 말이죠.

주택 공급이 줄어들면 어떤 위험이 생길까요? 수요가 동일하다고 가정할 경우 주택 공급 감소로 인해 주택가격은 상승할 가능성이 높습니다. 가장 기본적인 수요와 공급 법칙에 따른 결과입니다. 저는 사실 이 부분이 더 큰 문제라고 봅니다. 물론 정부에서도 가만히 있지는 않을 것입니다. 건설사를 상대로 세제 혜택 등 인센티브를 주겠지만 대형 건설사로의 집중 현상이 더욱 심화될 수 있습니다. 그럴 경우 주택시장은 특정 대형 건설사 몇몇이 전체 시장을 지배하는 독과점 형태로 갈 수 있으며, 소비자의 권리는 그만큼 약해질 것으로 우려됩니다.

> 문제는 공급자인 건설사와 시행사, 조합 등이 건설자금을 어떻게 조달하느냐는 것이다. 후분양제가 의무화되면 건설사가 선분양제와 비교해 추가로 조달해야 하는 주택건설자금이 연 평균 40조 원을 넘어설 것이란 연구 결과도 있다. 결국 프로젝트 파이낸싱(PF), 부동산 펀드 등 아파트 건설 자금조달원을 다변화하고 다양한 건설 보증상품과 대출상품도 개발할 필요가 있다는 주장이 나온다. …

지금의 선분양제에서는 주택 소비자, 즉 개인이 자금을 마련해 청약을 하고 분양을 받았습니다. 중도금대출, 잔금을 위한 집단대출 등이 모두 소비자의 몫이라고 할 수 있는데요, 후분양제로 전환되면 우선 주택을 지어야 하기 때문에 이러한 자금조달은 소비자가 아닌 건설사의 몫이 됩니다. 주택시장에 대한 패러다임이 완전히 바뀌는 것입니다.

이로 인해 추가로 조달해야 하는 주택 건설자금이 연 평균 40조 원을 넘어설 것이라는 연구 결과도 있다고 하는데요, 정말 큰 금액이죠? 이러니 건설사 입장에서는 기사 제목처럼 "다 망한다"라는 표현을 쓰며 반대하는 것입니다.

따라서 정부가 후분양제를 도입하기 위해서는 이에 대한 해법이 있어야 할 것입니다. '프로젝트 파이낸싱'은 특정 사업의 사업성과 현금 흐름 등을 따져 은행 등 금융기관이 자금을 지원하는 방식입니다. 대규모 자금이 필요할 때 주로 도입되는데요, 비슷한 것으로 부동산 펀드가 있습니다. 펀드 재산의 50%를 초과해 부동산 및 부동산 관련 자산에 투자하는 펀드를 의미하며, 이들 모두는 정부의 지원이 있어야 가능합니다. 아마 이에 대한 더 자세한 내용은 국토교통부 장관이 언급한 것처럼 '후분양제 로드맵'에 언급될 가능성이 높습니다.

—

후분양제에 대한 기사가 많이 나오고 있는데요, 소비자 입장에서 후분양제의 장점과 단점을 파악하는 것은 중요합니다. 여기에 더 큰 관점에서 주택시장에 어떤 흐름이 생길지를 생각해보면 더욱 좋겠습니다.

주택 건설에 대한 리스크가 소비자에서 건설사로 이동하는 게 가장 큰 변화입니다. 이에 따라 자금조달 비용이 늘어날 수 있겠지만 결국 비용 부담이 기존 개인에서 건설사로 이동한 것이라고 보면 됩니다. 다시 말해 '개인 자금조달 비용의 총합=건설사 자금조달 비용 증가분'이 될 가능성이 높습니다.

이로 인해 건설사는 대형 건설사로 집중될 수 있으며, 대체적으로 주택 공급은 줄어들 가능성이 높습니다. 그 결과 주택가격은 공급 부족으로 상승할 가능성이 높으며, 이 경우 실수요자라면 가급적 본인의 여건이 허락하는 한도 내에서 주택을 매수하는 것이 여러모로 유리할 수 있습니다. 기사 하나를 보더라도 표면적인 내용은 물론이고 그 안에 숨겨진 의미까지 읽어내면 더욱 좋겠습니다.

분양가상한제, 집값 안정에 도움이 될까?

내달 분양가상한제 '부활', 서울 빠져 '실효성' 의문 (뉴시스 2017. 10. 31)

급증하는 분양가를 막고자, 정부가 분양가상한제를 부활시킨다고 합니다. 분양가상한제란 무엇일까요? 그리고 이 제도를 적용하면 정말로 분양가가 안정될까요? 분양가상한제 적용 요건은 무엇인지, 그리고 어떤 맹점이 있는지 기사를 통해 살펴보겠습니다.

분양가상한제란 무엇인가?

··· 민간택지의 분양가상한제 적용 요건을 완화한 주택법 시행령 개정안이 지난 12일 입법예고 기간을 마치고 규제개혁위원회를 통과했다. 이에 따라 다음 달 초 개정안이 공포·시행돼 기존에 공공택지에만 적용되던 분양가상한제가 민간택지에도 적용될 전망이다. 업계에서는 정부가 다음 달 주거복지 로드맵을 내놓으면서 분양가상한제 적용 지역도 함께 발표할 것으로 예상하고 있다. 성남 분당구, 대구 수성구 등이 거론되고 있다. ···

분양가상한제란, 아파트를 분양할 때 땅값과 건축비 등을 고려해 분양가가 과도하게 책정되지 못하게 하는 제도입니다. 이제 민간택지에도 분양가상한제가 적용됩니다. '주거복지 로드맵'과 함께 발표되었는데요, 성남시 분당구, 대구 수성구 등이 거론되었습니다. 분양가상한제는 지난 2005년 노무현 정부 당시 급등하는 집값을 잡기 위한 제도였습니다. 그런데 여기서 왜 서울은 빠진 것일까요?

기본 적용 요건은 최근 3개월간 주택가격 상승률이 물가상승률의 2배를 넘어야 한다. 이를 충족하면서 ▲최근 1년간 평균 분양가격 상승률이 물가상승률의 2배를 넘어서는 경우 ▲분양이 있었던 직전 2개월의 청약경쟁률이 각각 5:1을 초과하는 경우(국민주택 규모 이하는 10:1) ▲3개월간 주택거래량이 전년 동기보다 20% 이상 증가한 경우 등 세 가지 요건 중 하나가 더해지면 된다. …

분양가상한제가 적용되려면 우선 최근 3개월간 주택가격 상승률이 물가상승률의 2배를 넘어야 합니다. 여기에 분양가격 상승률, 청약경쟁률, 주택거래량의 3가지 요건 중 하나가 더해지면 됩니다. 이 내용을 외울 필요는 전혀 없습니다. 정부에서 어떤 규제를 적용하기 위해서는 구체적인 요건을 바탕으로 한다는 것 정도만 알아두면 되겠습니다.

분양가상한제, 효과가 있을까?

… 서울 강남권 등 분양가상한제 적용이 필요한 지역에 대해 당장 규제를 적용하긴 어려울 것이라는 게 전문가들의 관측이다. 실제 서울시의 최근 3개월간 집값 상승률은 0.94%다. … 가장 큰 폭으로 집값이 오른 노원구가 1.34%, 그다음인 동작구가 1.24%로 물가상승률을 2배 이상 웃돌지 못했다. … 대형 건설사의 한 관

그런데 정부에서 정한 요건을 바탕으로 실제 지역에 적용해보니 오히려 집값 과열이 우려되는 서울은 제외될 가능성이 높다고 합니다. 그 이유는 집값 상승률이 많아봐야 1.34%(노원구)라서 물가상승률의 2배를 넘지 못하기 때문입니다. 이에 대해 건설사 관계자는 최근 부동산 규제책으로 시장 자체가 움츠러들어서라고 말합니다.

저는 이 말도 맞지만 비교 자체를 상승률, 즉 퍼센트(%)로 했기 때문이기도 하다고 봅니다. 집값이 1억 원인 경우 1%는 100만 원이지만, 10억 원의 1%는 1천만 원이나 됩니다. 상대적으로 집값이 높은 서울의 경우 상승률이 낮을 것이며, 건설사 관계자 말대로 최근 규제책으로 시장이 조정기에 들어간 탓도 있을 것입니다.

재미있는 것은 오히려 서울이 아닌 최근 투기과열지구로 지정된 성남

시 분당구나 대구 수성구의 경우는 분양가상한제 적용 가능성이 높다는 것입니다. 집값 상승률이 물가상승률의 2배는 물론이고 5배 수준을 기록한 곳도 있다고 하니 말이죠. 기사에서 말하는 풍선효과란 한쪽의 문제를 해결하고자 제재를 가하면 다른 쪽에서 새로운 문제가 발생하는 것을 뜻합니다.

한편 전문가들은 분양가상한제 시행에 앞서 분양원가 공개와 투명한 평가기준을 마련해야 한다고 지적한다. … 경제정의실천시민연합 관계자는 "한국토지주택공사(LH)가 공급한 2018년 준공기준 아파트 건축원가 수준은 3.3㎡당 430만 원 선으로 기본형 건축비가 건축원가를 상당히 웃돌고 있다"면서 "재료비, 노무비 등 공사비 증감 요인을 반영해 고시한다는데 어떤 구조로 산정되는지 전혀 공개돼 있지 않다"고 말했다.

그런데 이러한 분양가상한제보다 다른 게 더 중요하다는 의견도 있습니다. 분양원가를 공개하고 평가기준을 더 투명하게 하자는 것인데요, 분양가상한제가 가격의 상한선으로 통제하는 것이라면, 아예 어떤 항목으로 분양원가가 구성되며 이에 대해 어떻게 평가할지를 더 명확하게 함으로써 근본적으로 문제를 해결하자는 의견인 것입니다.

하지만 이런 제도가 도입되기에는 다소 무리가 있어 보입니다. 기업(건설사, 시행사) 입장에서는 기업 내부 정보를 모두 공개해야 하는 것이어서 부담이 크기 때문입니다. 기업의 입장을 고려하면서도, 지나친 주택가격 상승을 막을 수 있는 묘안이 필요할 때가 아닌가 싶습니다.

분양가상한제는 얼핏 생각하면 주택가격을 특정 가격 이상으로 묶어둠으로써 집값 안정에 기여할 것으로 보입니다. 하지만 이를 진행하는 기업이 계속해서 가격을 부풀린다면 그 자체가 일정 부분 거품이 있기에 여기에 상한선을 둔다고 하더라도 어느 정도 효과가 있을지 의문입니다. 한편으로는 이런 상황에서 주택사업을 포기하는 중소 건설사와 시행사가 증가할 우려가 있고, 이렇게 되면 주택 공급은 더욱 줄어들어 가격 상승의 원인이 되기도 할 것입니다.

그렇기에 분양원가 공개가 더 중요하다는 의견이 더욱 설득력 있게 다가오는 것일지도 모르겠습니다. 물론 쉽지는 않겠지만 말입니다.

여기서 잠깐! ···

제도의 '역설'

2018년 8월, 노동계와 사용자 측은 '최저임금 인상' 문제로 꽤 시끄러웠습니다. 최저임금이란 말 그대로 국가가 최소한의 임금 수준을 정하고 이를 사용자가 준수하도록 하는 것인데요, 특히 저임금 근로자를 보호하기 위한 조치입니다. 얼핏 보면 좋은 제도처럼 보이는데 왜 이렇게 의견이 다를까요?
경제학 이론을 보면 최저임금을 올릴 경우, 그 혜택이 기존 노동자가 아닌 신규 노동자에게 감으로써 오히려 기존 노동자가 피해를 보는 경우가 있다고 설명합니다. 이를 '최저임금의 역설'이라고 합니다.
예를 들어 아파트 단지 내에서 적은 수준의 임금을 받는 경비 아저씨가 있다고 합시다. 이분은 고령자라고 가정하겠습니다. 정부가 더 나은 삶을 살게 하기 위한 취지로 이들의 최저임금을 올릴 경우, 아파트 관리소에서는 '그 비용이면 상대적으로 더 젊은 사람을 고용할 수 있지 않을까?'라는 판단을 할 수 있을 것입니다. 그렇다면 기존의 경비 아저씨는 오히려 일자리를 잃을 수도 있겠죠?

이 사례는 경제학 이론에서도 자주 활용되는 것으로, 그만큼 정부 정책이 의도한 대로 되기는 쉽지 않다는 것을 보여줍니다. 이는 사람들의 생각이 모두 다르며 현실 경제는 훨씬 복잡하고 다양한 변수가 많음을 의미하죠.

분양가상한제 역시 마찬가지입니다. 일반 시민들에게 상대적으로 저렴한 가격으로 주택을 공급하고자 하는 취지가 자칫 '로또분양'이라는 말이 나돌 정도로 거주가 아닌 투자의 대상이 될 때, 그 피해자는 오히려 보호하고자 했던 실거주자가 될 수 있습니다.

집값 안정을 위한 정부의 끝없는 고민

잇단 대책에도 치솟는 서울 집값… 고민 깊어진 정부 (이데일리 2018. 1. 8)

집값을 잡기 위해 정부는 다양한 정책을 내놓고 있습니다. 역대 가장 강력한 부동산 규제책이라고 일컫는 '8·2 부동산 대책'에서부터 '임대주택등록 활성화방안'까지, 일각에서는 정부가 꺼낼 수 있는 카드란 카드는 모두 꺼냈다고 해도 과언이 아니라고 할 정도인데요, 그렇다면 집값은 정부가 원하는 대로 진정되었을까요?

양도소득세 중과를 앞두고 있는 2018년 1월 현재, 서울 집값은 계속해서 치솟고 있습니다. 정부가 활용할 수 있는 방법은 '보유세 인상' 정도만 남은 상황이라고 하는데 과연 정부 뜻대로 잘될까요?

> … 문제는 현재 과열된 부동산 시장을 잡을 만한 뾰족한 방법이 없다는 점이다. 정부는 마지막 강력 카드로 여겨졌던 보유세 인상도 꺼내들 태세이지만, 아직은 심리적 압박 요인으로 작용하지는 않는 모습이다. 보유세 인상 윤곽도 올해 지방선거가 끝나고 7~8월에나 나올 전망이다. …

사실 정부 입장에서 할 수 있는 방법은 거의 다 한 것 같습니다. 양도소득세 중과에서부터 임대주택을 하지 않을 경우 갖가지 세제 혜택을 줄인 것이죠. 마지막으로 남은 방법 중 하나인 '보유세 인상'마저 추진하려 하지만, 기사가 나온 시점인 2018년 1월에는 심리적 압박 요인까지는 되지 않는다고 보고 있습니다. 여러 가지 요인이 있겠지만 '설마 이것마저 건드리겠어?', '실거주자까지 부담을 줄 수 있으니 쉽지 않을 텐데' 등 사람들이 직접적으로 느끼는 심리적 압박까지는 아니라고 판단한다는 것입니다.

보유세 인상, 효과가 있을까?

보유세 인상이 서울 집값을 잡을 수 있을지도 의문이다. 현재로서는 공정시장가액 비율을 올리거나 공시지가를 인상하는 방법으로 종합부동산세 부담을 늘리는 방안, 다주택자의 전세보증금에 대한 과세 강화 등 다양한 시나리오가 거론되고 있지만 일주일 새 1억 원씩 뛰는 집값을 보며 세금을 더 내더라도 집을 갖고 있는 게 낫다고 판단하는 주택 보유자들이 적지 않다.

설령 마지막 카드라 여겨지는 '보유세 인상'이 시행되더라도 집값이 잡힐지는 두고 봐야 한다는 의견이 많습니다. 대표적인 보유세인 재산세, 종합부동산세(이하 종부세)의 경우 이를 구성하고 있는 공시지가 또는 공정시장가액 비율을 인상해 세 부담이 늘어난다 하더라도, 일주일 새 1억 원씩 오르는 집값을 보고 사람들이 '보유세를 내더라도 집을 가지고 있는 게 낫겠다'고 생각하면 보유세 인상 효과가 매우 적을 것입니다.

—

짧은 기사지만 이를 통해 알 수 있는 내용은 바로 '부동산 심리'입니다. 부동산 가격을 결정하는 요소는 매우 많습니다. 수요와 공급은 물론이고 금리, 부동산 정책, 교통, 환경, 학군, 상권 등 여러 가지가 있습니다. 하지만 결국에는 사람들을 행동(매수 또는 매도)으로 유도하는 가장 큰 요소 중 하나는 바로 '심리'일 것입니다.

이 기사에서 보듯이 설령 보유세가 오르더라도 집값이 훨씬 더 큰 폭으로 상승한다면 보유세 부담이 적다고 느낄 것입니다. 반면 집값이 정체되거나 하락하는 경우라면 보유세 부담을 매우 크게 느끼겠죠.

이렇듯 부동산 심리는 주택가격을 결정짓는 요소 중 하나라고 볼 수 있습니다. 다양한 경제지표를 살펴보는 가장 큰 목적 중 하나는, 바로 이러한 사람들의 '투자 심리'를 보기 위한 것이라고 생각해도 좋을 것 같습니다.

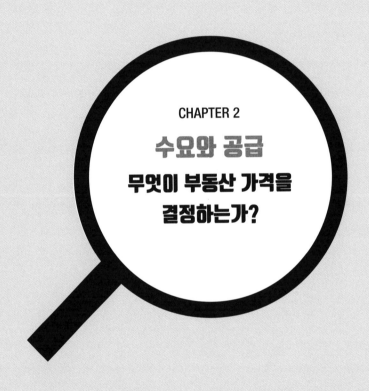

CHAPTER 2

수요와 공급
무엇이 부동산 가격을
결정하는가?

홀수 해 전셋값은 폭등한다? 전셋값의 비밀

내 집 마련 대신 전세로⋯ 가을 이사철 '전세 비상등' (한국일보 2017. 8. 28)

대한민국 부동산 시장에는 한 가지 속설이 있습니다. 바로 "홀수 해 전셋값은 폭등한다"는 것인데요, 전세기간이 통상 2년이고 과거 데이터를 보면 주로 홀수 해 전셋값이 폭등하기 때문에 이런 말이 나왔습니다. 특히 8·2 부동산 대책으로 부동산 투자자는 물론, 실거주자들까지 부동산 시장에 대해 관망하는 자세를 취함으로써 일단 전세로 살면서 지켜보자는 심리가 많다고 합니다. 그럴 경우 전세 수요가 더욱 많아지기 때문에 전세가격 안정화는 더욱 불안해질 수도 있는데요, 2017년은 홀수 해이기 때문에 전셋값은 어떻게 변할지 궁금해 하는 사람이 많았습니다.

경제 원리 중 가장 기본적인 것이 바로 '수요와 공급'입니다. 전셋값 폭등도 바로 이러한 원리를 바탕으로 살펴볼 수 있습니다. 이번에는 이와 관련된 기사를 살펴보고자 합니다.

부동산에도 수요와 공급의 법칙이 적용된다

> 서울 은평구의 2억 원대 전세 아파트에 살고 있는 직장인 김모 씨(36)는 전세를 한 번 더 연장하기로 최근 결정했다. 8·2 부동산 대책으로 주택담보인정비율(LTV)·총부채 상환비율(DTI) 한도가 40%로 묶이면서 은행에서 빌릴 수 있는 금액이 줄었기 때문이다. 그는 "무엇보다 아파트 매매가격이 지금보다 더 떨어질 가능성이 높아 매수를 미루기로 했다"고 말했다. …

기사에서는 직장인 김모 씨를 사례로 들었는데요, 우리 주변에서 흔히 볼 수 있는 사례입니다. 여러분이 만약 직장인 김모 씨라고 가정할 경우 거주 문제를 어떻게 할 계획인가요? 집을 사거나(매수), 집을 임차하는(전세 또는 월세) 것 중 하나 아닐까요? 경제학에서는 이런 것을 보고 '대체재'라고 합니다. 어느 한 재화가 다른 재화와 비슷한 유용성을 가지고 있고, 하나를 선택하면(수요 증가) 다른 하나는 수요가 줄어드는 경우입니다. 비록 완벽하지는 않지만 집을 매수해서 자가로 하거나 그렇지 않으면 전월세로 임차를 하는 2가지 경우 중 하나를 선택하는 것입니다.

직장인 김모 씨는 집을 매수하는 대신 다시 임차(전세)하는 것을 선택했습니다. 이를 달리 표현하면 전세 수요는 증가하고, 주택 매수 수요는 감소했다고 볼 수 있습니다. 주택 매수에 필요한 대출 규제로 인해 구매력이 줄어들었기 때문입니다.

참고로, 주택담보인정비율은 LTV(Loan To Value)라고 하는데 통상 집값의 대출비율을 의미합니다. 가령 LTV 한도가 40%라면 집값의 40%까지는 대출이 가능하다는 것으로, 이때 집값이 되는 기준은 국민은행에서 발표하는 'KB 시세'가 됩니다. 따라서 A아파트의 KB 시세가 3억 원이고, LTV 대출한도가 40%라면 총 1억 2천만 원(3억 원×40%)에 대해 주택 구입자금으로 대출이 가능하다는 것을 의미합니다. 8·2 부동산 대책으로 기존 70%였던 LTV가 40~60%로 하향 조정되었습니다.

또한 DTI(Debt To Income)는 '총부채 상환비율'이라고 하는데요, 자신의 소득에 비해 얼마나 많은 원금과 이자를 상환하는가의 비율을 의미합니다. 가령 연간 소득이 5천만 원인데 DTI 적용을 40%라고 한다면 금융기관에서는 총 2천만 원(5천만 원×40%)을 한도로 해서 원금과 이자 합계액이 넘지 않도록 대출을 조정하는 것입니다. 이 역시 8·2 부동산 대책으로 기존 60%에서 40% 등으로 하향 조정되었으며, 앞으로는 이보다 더 강력한 대출 규제인 DSR(Debt Service Ratio), 즉 총부채 원리금 상환비율이 도입됩니다.

27일 한국감정원에 따르면 8·2 대책 직전인 지난달 31일 이후 서울 아파트의 전세가격은 이달 21일까지 3주간 0.04% 올랐다. 같은 기간 서울 아파트 매매가격이 0.11% 하락한 것과 비교하면 대조적이다. 특히 재건축으로 지난달부터 이주를 시작한 둔촌주공아파트(5,930가구)가 위치한 강동구는 이 기간 전세가격이 0.44%나 치솟았다.

실제 서울 아파트의 매매가격과 전세가격을 비교해보니(2017. 7. 31~8. 21, 3주간) 매매가격은 0.11% 하락했으나 전세가격은 0.04%가 상승했습니다. 중요한 건 같은 기간 강동구는 전세가격이 0.44%나 치솟았다는 것입니다. 이는 재건축으로 인해 현재 거주할 수 있는 공간(아파트)이 멸실

되었기 때문인데, 전세의 공급 측면에서 볼 때 공급이 줄었기 때문입니다. 수요와 공급 원리에서 공급이 줄어들면 당연히 가격은 상승하는 것이 맞겠죠?

> 이주가 진행 중이거나, 이주를 앞둔 재건축 단지 인근인 강남구(0.15%)·송파 (0.14%)·동작구(0.12%) 아파트의 전세가격 상승률도 서울 평균을 크게 웃돌았다.

강동구와 마찬가지로 재건축으로 인한 이주가 진행 중이거나 향후 이주를 앞두고 있는 강남구, 송파구, 동작구 역시 서울 평균 전세가격 상승률을 크게 웃돌았습니다. 이 역시 전세의 공급 측면에서 볼 때 전세가격의 상승 요인이라 하겠습니다.

> … 대출규제, 집값 추가 하락 기대, 재건축 이주 수요 등이 겹치면서 증가한 전 세 수요가 전세가격을 밀어 올리는 모습이다.

이상의 내용을 정리하자면, ① (주택 매수) 대출 규제로 인한 전세 수요 증가(매수 수요 감소), ② 집값 추가 하락 기대로 인한 주택 매수 수요 감소(전세 수요 증가), ③ 재건축 이수 수요로 인한 전세 공급 부족으로 정리할 수 있겠습니다.

수요 측면에서는 ①, ②가 증가 요인이고, 공급 측면에서는 ③이 감소 요인이므로 '수요 증가와 공급 감소' 때문에 전세가격이 상승한 것으로 해석할 수 있습니다.

전세가율이란 무엇인가?

> ··· 지난달 서울 아파트의 전세가율은 72.0%였다. 아파트 매매가가 100원이면 전세가격은 72원이란 뜻이다. 성북구(82.8%)·구로구(80.0%) 등은 이미 80%를 넘어섰다.

여기서 '전세가율'이라는 용어가 등장하는데요, 기사에서 보듯이 '전세가율 = (전세가격/매매가) × 100'으로 계산할 수 있습니다. 서울 아파트 평균 전세가율은 72%로, 매매가가 100원이면 전세가격은 72원이라는 것입니다. 좀 더 현실적으로 매매가가 5억 원이라면 전세가는 3억 6천만 원(5억 원×0.72)이 되겠습니다.

서울에서도 성북구, 구로구의 경우는 이미 전세가율이 80%가 넘었다고 하는데요, 매매가와 전세가격이 크게 차이가 나지 않는 것입니다. 이는 여러 가지를 의미하는데, 이에 대해서는 뒤에서 더욱 자세히 살펴보겠습니다.

—

지금까지 전세가격에 영향을 미치는 요소를 수요와 공급 측면에서 살펴봤습니다. 동시에 주택자금대출 관련 용어 및 전세가율이라는 말에 대해서도 확인해봤어요. 재차 말하지만 경제법칙의 가장 기본은 '수요와 공급'입니다. 공급이 많다면 해당 재화의 가치는 떨어질 수밖에 없으며, 수요가 많으면 가치가 상승하겠죠. 몇 가지 경우를 생각해볼까요?

1) 수요 증가, 공급 감소 → 가격 상승

2) 수요 감소, 공급 증가 → 가격 하락

3) 수요 증가, 공급 증가 → 판단 보류(둘의 크기를 비교해야 함)

4) 수요 감소, 공급 감소 → 판단 보류(둘의 크기를 비교해야 함)

좀 더 세밀하게는 수요와 공급의 크기를 따져서 가격 변화를 예측하기도 한답니다. 물론 이는 훨씬 더 고도화되고 전문화된 방식으로 측정해야겠죠? 어쨌거나 가격 변화와 예측의 가장 기본은 '수요와 공급'이라는 점, 명심하시기 바랍니다.

여기서 잠깐! ··

수요와 공급

위에서 살펴본 수요와 공급의 변화를 그래프로 표현하면 다음과 같습니다.

1) 수요 증가, 공급 감소 → 가격이 1에서 2로 상승

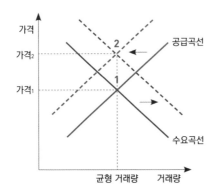

2) 수요 감소, 공급 증가 → 가격이 1에서 2로 약간 하락

이 경우는 수요 감소분보다 공급 증가분이 더 크기 때문에 이러한 가격 변화가 나타납니다.

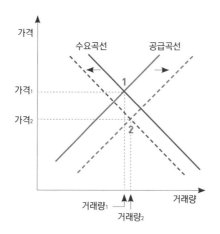

3) 수요 증가, 공급 증가 → 가격은 1에서 2로 비슷

수요곡선과 공급곡선의 이동 간격이 비슷할 때 그러하며 이 경우 거래량은 증가하게 됩니다.

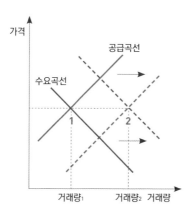

4) 수요 감소, 공급 감소 → 가격은 1에서 2로 비슷

단, 수요 감소폭과 공급 감소폭이 유사할 때 그러하며 이 경우 거래량은 감소하게 됩니다.

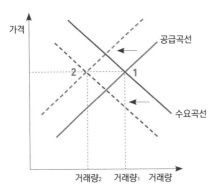

주택의 공급은 위에서 본 것보다 훨씬 수직선에 가까운데요, 이는 주택과 같은 내구재는 단기간에 공급하기가 힘들기 때문에 그렇습니다(이를 공급의 비탄력성이라고 합니다). 따라서 이 그래프들은 수요와 공급의 원리를 이해하는 데 참고하되, 수요와 공급의 그래프 폭에 따라 가격과 거래량이 어떻게 변화하는지를 중심으로 보시기 바랍니다.

거래량과 집값의 관계

이사철 맞아? 전세시장 시세도 거래도 잠잠 (머니투데이 2017. 10. 18)

앞에서 "홀수 해 전셋값은 폭등한다"는 속설이 있다고 했는데요, 이번에는 이와 상반되는 기사를 한 번 보겠습니다. 가을 이사철인데 생각보다 전세시장이 조용하다는 내용입니다. 정말로 전세시장이 안정기에 접어든 것일까요? 아니면 또 다른 원인이 있는 것일까요? 어떤 내용인지 살펴보겠습니다.

일반적으로 거래량이 증가하면 가격은 오른다

> … 서울부동산정보광장에 따르면 이달 서울의 아파트 전세 거래량(16일 집계 기 준)은 2,764건으로 전년 동월(1만 1,181건) 의 4분의 1 수준에 그쳤다. …

기사 첫 머리에 거래량에 대한 이야기가 나오고 있습니다. 반드시 그런 건 아니지만, 통상적으로 주식이든 부동산이든 거래량이 증가하면 가격

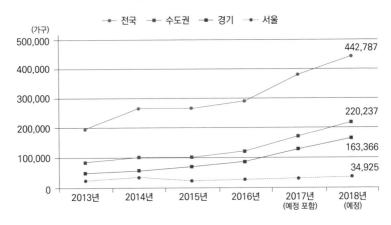

전국·수도권 아파트 입주물량 추이

전국 ─ 수도권 ─ 경기 ⋯ 서울

(가구)

442,787

220,237

163,366

34,925

2013년 2014년 2015년 2016년 2017년
(예정 포함) 2018년
(예정)

(출처 : 부동산114, 머니투데이)

은 오르고, 반대로 거래량이 감소하면 가격이 하락하는 경우가 많습니다.
기사는 서울 아파트 전세 거래량이 전년 동월에 비해 겨우 1/4에 그쳤다
는 사실을 전달하고 있습니다. 하지만 거래량이 줄어들었다고 (전세)가격
이 반드시 하락한 것은 아니기에 추가 내용을 더 살펴보겠습니다.

> 하지만 올해는 이 같은 공식이 깨질 가능 세도 완만해 계약을 굳이 서두를 이유가
> 성이 높다. 10월 초순 긴 추석연휴가 이 없기 때문이다. …
> 어지며 거래가 미뤄진 데다 전셋값 오름

여기에서 말하는 공식은 "홀수 해는 전셋값이 급등한다"는 것입니다.
아직까지 전세가격을 보면 이 공식은 깨질 것 같기도 합니다만, 추석연

휴가 길고 전셋값 오름세가 완만해 굳이 계약을 서두를 이유가 없다는 것입니다.

참고로 전셋값이 급등한 경우에는 그만큼 물건이 귀하기 때문에 전세 물건을 보지도 않고 계약하는 경우도 종종 있으며, 어차피 돌려받을 돈이기에 집주인이 부르는 호가(전셋값)에 세입자들은 그대로 응하는 경우가 많아 전셋값이 더 오르는 악순환이 생기는 것이죠.

> 전셋값은 올들어 안정세를 보이고 있다. 지난해 6.13% 뛴 전국 아파트 전셋값은 10월 현재 0.30% 올랐을 뿐이다. 서울의 아파트 전셋값 상승률 역시 지난해 9.59%에서 올해(1~10월) 1.60%로 대폭 후퇴했다. …

기사는 더욱 구체적인 수치를 제시합니다. 지난해 전셋값은 6.13%나 상승했는데 10월에는 0.3%만 올랐다는 것입니다(전국 기준). 서울 역시 지난해 9.59% 상승했으나 현재는 1.6%로 대폭 후퇴했다고 합니다. 이제 서울에서 전셋집을 구하는 건 쉬운 일일까요?

부동산은 지역적 특성이 반영된다

> 급등세를 거듭하던 전셋값이 안정세로 돌아선 것은 입주물량이 늘어난 영향이 크다. 부동산114에 따르면 올해 전국 아파트 입주물량은 37만 9,212가구에 이른다. 지난해 29만 2,999가구에서 약 30% 늘어난 규모다. 내년 입주물량은 44만 2,787가구로 올해보다 더 많다. 수도권의 경우 서울은 각각 2만 5,887가구, 2만 6,694가구로 지난해와 올해 입주물량에 큰 차이가 없지만 경기도 입

> 주물량이 지난해 8만 7,607가구에서 올 해 12만 7,227가구로 대폭 증가하면서 전체 물량규모가 12만 2,689가구에서 17만 659가구로 불어났다. 수도권 입주 물량 역시 내년에는 22만 237가구로 한 층 증가한다. …

역시 기사에서도 전셋값 안정세의 원인으로 '공급 증가'를 들었습니다. 앞에서 봤던 '수요와 공급' 기억하시죠? 수요는 동일하더라도 공급이 증가하면 가격은 하락할 것입니다. 기사는 2017년이 홀수 해임에도 전셋값이 안정된 이유는 늘어난 입주물량으로 인해 전세 공급이 늘었기 때문이라고 분석하는데요, 구체적으로는 아래와 같습니다.

- **전국 아파트 입주물량** : 37만 9,212가구(지난해 대비 30% 증가) → 내년 44만 2,787가구
- **수도권** : 지난해 8만 7,607가구 → 올해 12만 7,227가구
- **서울** : 지난해 2만 5,887가구 → 올해 2만 6,694가구

이걸 보고 여러분들은 어떤 생각이 드나요? 전국적으로는 분명 아파트 입주물량이 크게 증가하지만 수도권, 특히 서울의 경우는 거의 차이가 없습니다. 이 말은 지역에 따라 공급량이 다르며 그에 따른 수요 역시 다르다는 것일 텐데요, 적어도 서울 지역은 전셋값이 안정화될 거라고는 보이지 않습니다.

함영진 부동산114 리서치센터장은 "올해 38만 가구에 이어 내년 44만여 가구의 입주가 이어진다"며 "재건축·재개발 등 대규모 이주수요가 집중되는 일부 지역을 제외하고 전셋값은 전반적으로 안정세를 이어갈 것으로 전망된다"고 말했다.

그래서일까요? 기사 마지막에는 부동산 전문가가 전반적인 전셋값은 안정세를 이어갈 것으로 보이지만 일부 지역, 특히 재건축·재개발 등 대규모 이주수요가 집중되는 지역은 여전히 전세난이 이어질 것으로 예측하고 있습니다.

—

이번 기사를 통해 얻을 수 있는 메시지는 명확합니다. 첫째, 자료를 볼 때 지나치게 전체를 일반적인 것으로 보는 '평균의 오류'에 빠지지 말 것. 둘째, 항상 '수요와 공급' 법칙에 대해 고민해볼 것입니다.

꼭 전문적인 공부를 하지 않더라도 부동산 역시 경제의 한 범위이며, 우리 삶과 밀접하게 연관되어 있습니다. 우리가 실제 생활을 하면서 상식적인 선에서 어떤 아이템(부동산)에 대해 이것을 원하는 사람들은 누구인지(수요 측면), 이를 제공하는 사람들은 누구인지(공급 측면)를 늘 생각해보는 습관이 중요한 이유입니다.

그렇다면 다시 처음으로 돌아와서, 이제 전세시장은 안정기에 접어든 것일까요? 절반은 맞고 절반은 틀립니다. 부동산은 말 그대로 움직이지 않는(不動) 자산(産)으로, 이 특성을 조금 어려운 말로 표현하면 부동성(不

動性)이라고 합니다. 즉 특정 지역의 주택을 다른 지역으로 옮길 수 없기에 이러한 전세가격의 흐름을 보려면 전체를 평균해서 보는 것보다는, 반드시 해당 지역을 생활권 위주로 구분해 살펴보는 것이 좋습니다. 쉽게 말해, 직장이 서울에 있는 사람이 전셋값이 너무 올랐다고 저 멀리 강원도나 충청도, 전라도, 경상도 등으로 이사를 갈 수는 없죠. 수요와 공급을 따질 때 반드시 해당 지역의 생활권을 기준으로 살펴보는 습관을 가지시길 바랍니다.

전셋값 하락, 무조건 긍정적일까?

서울 전셋값 '하락전환'… 전세안정화인지는 더 지켜봐야 (데일리안 2018. 2. 28)

2018년 2월 기준으로 서울 전셋값이 하락했다는 소식이 들리고 있습니다. 당연히 '집값 안정'이라는 측면에서는 반가운 소식입니다. 하지만 정말로 안심해도 되는지는 별개라는 생각이 듭니다. 과거 데이터를 보면 전셋값은 상승과 하락을 반복했지만, 큰 틀에서 놓고 보면 결국 '우상향'했기 때문입니다.

실거주 집을 마련하는 입장에서는 어찌 보면 더욱 고민이 깊어질 수도 있을 것 같습니다. '전셋값도 주춤하는데 괜히 집을 샀다가 손해 보지는 않을까?', '아무리 그래도 내 집 하나는 있어야겠지? 분명히 다음 재계약 때 집주인은 전셋값을 올려달라고 할 거야.' 하는 생각에 말입니다. 다음 기사를 보고 서울 전셋값 하락의 원인이 무엇인지, 그에 따라 조심할 점은 없는지 살펴보겠습니다.

전셋값 하락의 원인

이 기사의 핵심은 위의 내용으로 요약될 수 있겠습니다. 즉 현재 서울 의 전셋값 둔화 현상은 대규모 분양이 예정되어 있는 2018년 하반기까지 는 지속되겠으나, 전문가들은 결국에는 반등할 것이라고 보고 있다는 것 입니다.

신규 아파트가 분양되면 왜 전셋값이 하락할까요? 가령 A라는 새 아파 트 단지가 있는데 이 단지는 100채 아파트를 짓는다고 합시다. 그렇다면 이 100채 아파트에 모두 실거주자, 즉 소유자가 들어오는 것일까요? 그렇 지 않습니다. 개인적 사정 또는 투자 목적 등 다양한 요인으로 인해 당연 히 일부만 들어올 것입니다.

그렇다면 나머지는 어떻게 하는 것일까요? 당연히 임대를 놓겠죠. 내 가 집주인이라면 전세를 놓을까요, 아니면 월세를 놓을까요? 특별한 사 정이 없다면 전세를 놓을 것입니다. 그 이유는 전세보증금을 통해 투자금 을 줄이기 위해서인데요, 마치 은행 대출을 활용하는 것과 비슷하다고 해 '전세 레버리지를 활용한다'고도 합니다. 이렇게 하면 당연히 전세 공급 이 늘어나겠죠?

일반적으로 전세가와 매매가는 서로를 밀고 당기는 관계에 있다. 전셋값이 오르면서 매매값을 밀어 올리기도 하고, 반대로 매매값이 오르면서 전셋값을 끌어올리기도 한다. 하지만 이번 전셋값 하락의 경우는 예외다. 서울 아파트 매매값은 전주보다 오름폭이 줄어들긴 했지만 상승세를 이어간 반면 전셋값은 떨어졌기 때문이다. …

꽤 의미 있는 내용이 나왔습니다. 기사에서는 전세가와 매매가가 대체적으로 같은 방향으로 움직인다고 했는데요, 이번에는 매매가는 오르고 전세가는 떨어지는 특이한 경우라고 합니다. 왜 그런 걸까요? 이에 대해서는 물론 세부적인 분석이 필요하지만, 다음과 같이 예상해볼 수 있습니다.

1) 기존 세입자(전세 수요자)들이 전세에서 매매로 돌아섬(매매 수요 증가)

2) 이들이 매매로 돌아서면서 전세 매물이 시장에 나옴(전세 공급 증가)

3) 여기에 신규 아파트 분양으로 전세 매물이 시장에 추가로 나옴(전세 공급 증가)

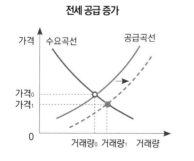

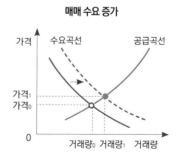

이렇게 본다면 전세는 수요보다 공급이 많기에 전세가격은 하락함을 알 수 있습니다(전세 공급이 증가하는 경우의 그래프). 반면 매매는 공급이 일정하다고 가정하면 수요가 증가하기에 가격은 상승함을 알 수 있습니다(매매 수요가 증가하는 경우의 그래프).

전셋값 하락, 집주인과 세입자 모두 조심해야 한다

> 당분간 이어질 전셋값 약보합세로 갭투자를 했던 사람들은 불안한 상황에 놓였다. 높은 전셋값을 믿고 투자를 했던 만큼 전셋값이 하락하면 그만큼 리스크가 커지기 때문이다. 또 전세를 빼야 하는 세입자가 집주인으로부터 보증금을 제때 돌려받지 못하는 등 보증금 상환 문제가 발생할 가능성도 높다. …

아이러니하게도 전셋값이 하락하면 집주인과 세입자 모두가 조심해야 합니다. 우선 집주인 입장에서는 당연히 하락한 전세보증금을 시세에 맞춰 돌려줘야 할 의무가 있습니다. 만약 이러한 투자를 여러 개 했던 투자자라면 더욱 유의해야겠죠.

물론 세입자도 안심할 수는 없습니다. 낮아진 전세 시세에 맞춰 전세보증금을 돌려받거나, 아니면 다른 곳으로 이사를 가야 할 텐데요, 이 과정에서 집주인과 실랑이가 벌어질 수도 있습니다. 보증금을 제때 돌려받기 위해서는 전세금 반환보증보험에 가입한다든지, 일정을 넉넉하게 말해두어서 다른 세입자를 구하도록 한다든지, 예상되는 문제에 미리 대비하는 것이 좋겠습니다.

> 반면 이번 전셋값 하락에 큰 의미를 두면 안 된다는 분석도 있다. 서울에서 외부로 빠져나가는 수요로 발생한 수급 불균형에 따른 일시적인 현상이지 근본적인 전셋값 안정화는 아니라는 게 그 이유다. 특히 입주물량이 워낙 부족한 서울 지역의 특성상 충분한 전세 대기수요로 전셋값 상승 가능성이 상당히 높다. …

　그래도 여전히 서울은 공급(입주물량)이 워낙 부족하기에 전세 안정화로 보기엔 무리가 있다는 시각이 있습니다. 모두가 그렇지는 않겠지만 서울, 그것도 강남에 대한 수요는 매우 높은 반면 공급은 제한적입니다. 다른 재화와 달리 주택과 같은 부동산은 새로 만들 수가 없기 때문입니다. 이를 조금 어려운 말로는 부증성(不增性)이라고 하는데요, 토지를 더 이상 늘릴 수 없기에 수요가 아무리 늘어도 공급이 이를 따라갈 수 없는 것이죠. 이렇게 본다면, 왜 서울은 전세 대기수요가 발생하며, 왜 향후에 다시 전세 가격이 올라갈 가능성이 높은지 이해가 될 것입니다.

—

얼마 전 결혼을 앞둔 직장 동료가 집을 사야 할지 고민하고 있는 것을 보고 이에 대해 이야기를 나눈 적이 있습니다. 두 커플이었는데요, 공교롭게도 한쪽 커플은 집을 매수했으며, 다른 한쪽은 전세를 선택했습니다. 두 커플 모두 같은 곳에서 직장 생활을 하는데, 한쪽은 직장 근처의 인기 지역에서 다소 벗어나서 매수를 했고, 다른 한 커플은 직장과 가까운 인기 지역의 전세로 들어간 것이죠.

　몇 년 후 이 두 커플의 결과는 어떻게 될까요? 물론 각자가 처한 상황과 성향이 모두 다르기에 어느 한쪽이 정답이라고 말할 수는 없습니다. 여러분이라면 전셋값이 하락하는 상황에서 어떻게 할지 한 번 고민해보는 것도 좋을 것 같네요.

갭투자와 역전세

대출받아 전세금 돌려줄 판··· 역전세난에 갭투자자 '멘붕' (이데일리 2018. 3. 2)

전셋값 안정이라는 소식과 함께 일각에서는 전세금 돌려줄 돈이 없어서 대출을 받거나 극단적인 상황까지 가는 안타까운 이야기도 들리고 있습니다. 왜 이런 일이 생기는 것일까요? 그리고 전셋값이 내려가면(안정되면) 정말로 좋기만 한 것일까요?

아래 기사를 통해 전세를 놓고 있는 집주인(혹은 투자자)은 물론, 전세로 살고 있는 임차인 입장에서 유의할 사항도 함께 알아봅니다.

갭투자 많은 곳에서 전셋값이 하락했다

··· 서울 아파트 전셋값은 전주 대비 0.02% 내리며 2주 연속 하락했다. 전셋값은 지난 주 3년 8개월 만에 첫 하락 전환한 이후 약세가 이어지고 있다. 지난해 고강도 부동산 규제에도 서울을 중심으로 집값이 크게 오르자 세입자들이 서울러 주택 매수에 나선 데다 입주물량 증가, 가격이 저렴한 인근 수도권 신도시나 택지지구 등으로 이동 수요가 늘어난 것이 전셋값 하락에 영향을 끼친 것으로 분석된다.

기사에서 말하는 '고강도 부동산 규제'는 '8·2 대책(양도소득세 중과 중심)' 및 '12·13 대책(임대주택등록 활성화 중심)'을 의미합니다. 이러한 규제에도 불구하고 집값이 오르자, 세입자들이 전세 연장을 택하는 대신 매수세로 돌아섰다는 것인데요, 기사에서 말하는 전셋값 하락의 원인은 다음과 같습니다.

1) 매수세 증가로 기존에 살던 집이 전세로 나옴(전세 공급 증가)

2) 입주물량 증가(전세 공급 증가)

3) 인근 지역으로 이동, 기존에 살던 집이 전세로 나옴(전세 공급 증가)

모두 전세 공급이 증가했다는 점이 공통점입니다. 물론 기사에는 나오지 않았지만 수요 대비 공급이 더 늘었기 때문에 전세가격이 하락한 것이라고 볼 수 있습니다.

> 서울 25개 자치구 중에서도 매매값과 전셋값 차이가 적어 1억 원 안팎의 금액으로도 소형 아파트를 살 수 있어 '갭투자의 성지'로 불리는 도봉·노원구 등지의 전셋값이 많이 하락했다. … "인근 수도권 택지지구인 구리 갈매지구와 남양주 다산신도시 입주물량 증가로 전세 수요가 분산된 영향이 컸다" …

서울에서도 전셋값 하락은 특정 지역에 몰렸다고 합니다. 즉 기존에 '갭투자'가 많았던 도봉구와 노원구 등지의 전셋값이 특히 많이 하락했다고 하는데요, 이는 어찌 보면 당연합니다. 갭투자라는 것이 매매가와 전세가의 차이를 활용해서 투자하는 것인 만큼 일시적으로 전세물량이 증가할

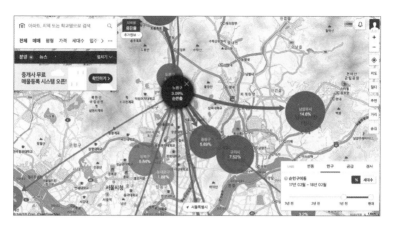

〈노원구 순전출〉 남양주, 구리, 중랑구 순으로 많이 이동했다. (출처 : 호갱노노 hogangnono.com)

수밖에 없습니다. 이 역시 전세 공급 증가입니다.

또한 이들 지역은 인근 구리 갈매지구, 남양주 다산신도시 입주물량에도 영향을 받는 지역입니다. 여차하면 더 좋은 주거환경(새 아파트) 또는 낮은 전세가격(입주물량)을 찾아서 충분히 이사도 갈 수 있는 그런 지역인 것이죠. 이를 두고 '같은 생활권'이라고 표현하기도 하는데요, 이는 행정구역처럼 칼같이 구분할 수는 없으며 인구 이동과 같은 데이터를 통해 확인해야 합니다.

> 주택 수요에 비해 입주물량이 대거 몰린 경기도 지역에선 집주인이 세입자를 구하지 못하는 역전세난 공포가 커지고 있다. 실제로 입주물량이 몰려 있는 경기 남부권(용인·화성·평택·오산시 등)의 경우 세입자를 못 구해 아파트 잔금을 제대로 소화하지 못하거나 집주인이 빚을 내 전세금을 빼주는 현상이 나타나고 있다. …

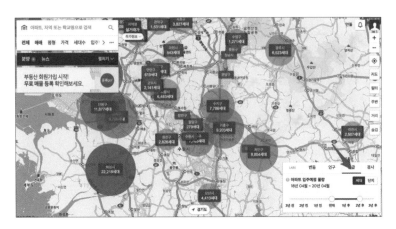

〈향후 2년간 경기 남부 지역 공급물량〉 평택, 용인, 화성을 중심으로 공급량이 많다. (출처 : 호갱노노)

역시 전세 공급에 관한 내용입니다. 특히 용인, 화성, 평택과 같은 경기 남부권은 세입자를 구하지 못해서 문제가 되고 있다는데요, 여기서 입주 물량을 체크해봐야겠습니다. 위 사진은 2018년 4월부터 2020년 4월까지의 공급량을 살펴본 것입니다. 용인, 화성, 오산 등을 중심으로 공급량이 매우 많음을 알 수 있습니다. 전세를 끼고 투자하는 경우라면 당연히 공급량을 유의해야 하며, 반대로 전세 세입자라면 이를 활용해서 저렴한 가격으로 임차할 수 있을 것입니다. 그렇지만 이러한 현상이 무조건 좋기만 할까요?

깡통전세를 조심해야 한다

낮은 가격으로 원하는 기간만큼 전세로 지낼 수만 있다면 세입자 입장에서는 매우 좋을 것입니다. 집을 보유할 시 내야 하는 세금을 내지 않아도 특히 경기 남부권에 속한 의왕(83.9%)·용인(81.6%)·군포시(82.5%) 등이 전세가율 상위지역에 포진해 있다. 이들 지역에서 전셋값에 이어 매매값까지 동반 하락하면 '깡통전세(집주인이 기존 세입자에게 전세보증금을 돌려주지 못하는 것)' 문제가 불거질 수도 있다. 이런 지역에서 갭투자를 했을 경우 새 세입자를 받거나 집을 판다고 해도 전세금을 온전히 돌려주지 못하는 상황이 발생할 수 있는 것이다. …

되며, 중간에 큰 수리는 집주인이 제공하고, 나중에는 전세금까지 모두 돌려받을 수 있으니까요.

하지만 이 경우에도 조심해야 하는 것이 있습니다. 바로 '깡통전세'인데요, 이는 집값이 하락해서 전셋값과 근접하거나 그 이하로 내려가는 경우, 전세 계약 만기에 맞춰 집주인이 전세보증금을 돌려줘야 하는데 그렇지 못한 경우에 문제가 됩니다. 그리고 그 피해는 고스란히 세입자에게 전가될 수 있는 것입니다.

그렇다고 언제까지 전셋값이 올라갈 수는 없는 일이겠죠. 전세를 임차하는 세입자 입장에서는 자신의 재산(전세보증금)을 지키기 위한 장치를 최대한 많이 해두어야겠습니다.

—

전세제도는 우리나라에만 있는 아주 독특한 제도입니다. 이를 통해 우리 부모님들은 상대적으로 적은 가격으로 주거를 해결하기도 했으며, 반대로 이를 활용해 자산 증식을 하기도 했습니다. 전세가 점점 줄어들고 월세가 늘어나는 요즘, 전세를 찾아서 이리저리 이사를 해야 하는지, 아니면 집을 매수해야 하는지 점점 더 고민이 되는 게 사실입니다. 하지만 전세 제도는 집주인과 임차인 모두에게 장단점이 존재하는 만큼 이를 잘 알고 본인 상황에 맞게 잘 활용해야 합니다.

여기서 잠깐! ···

세입자 입장에서 전세보증금을 지키기 위한 방법은?

전세보증금과 집값의 차이가 줄어드는 요즘, 어쩌면 자신의 전 재산에 해당할지도 모를 전세보증금을 지키기 위해 다음과 같은 팁을 알려드립니다.

• 대출이 껴 있는 집에는 들어가지 마세요

매매가가 3억 원인 집에 집주인 대출이 1천만 원, 그리고 전세가격은 2억 원이라고 가정합니다. 이 경우 이 집에 전세로 들어가야 할까요? 저라면 권하지 않겠습니다. 가능성은 낮지만 집주인이 1천만 원의 대출에 대해 제때 대출이자나 원금을 갚지 않는다면 해당 집은 경매로 넘어갈 수도 있습니다. 물론 낙찰 후 채무액 1천만 원을 변제하고 남은 금액으로 보증금 2억 원을 받을 수 있겠지만(이것을 '배당'이라고 합니다), 혹시 주택가격이 하락해 낙찰가가 터무니없이 낮게 형성된다면 보증금 중 일부를 날릴 수 있기 때문입니다. 여기에 경매로 인해 생각지도 못한 스트레스를 받는 것도 세입자 입장에서는 피하고 싶은 일이겠죠? 다소 극단적이긴 하지만, 대출이 껴 있는 집은 들어가지 않는다고 생각하는 게 좋겠습니다.

이러한 내용은 중개사무소를 통해서 확인이 가능하며, '등기사항전부증명서'를 통해서도 확인할 수 있으니 필요한 경우에는 직접 열람해서 확인하도록 합시다. 등기사항전부증명서는 대법원인터넷등기소(www.iros.go.kr)에서 열람이 가능합니다.

• 전입신고(주민등록)는 기본입니다

간혹 이사 후 전입신고를 늦게 하는 경우가 있는데요, 실제 이사를 했다면 반드시 전입신고를 합시다. 임대인(집주인)에 비해 임차인(세입자)은 상대적으로 낮은 지위에 있습니다. 이를 보완하기 위해 임차인이 거주를 하는 동시에 전입신고를 하면 임차인의 지위를 보장받을 수 있기 때문에 꼭 해야 합니다. 전입신고는 관할주민센터에 방문하면 됩니다.

- **확정일자까지 받아두세요**

전입신고와 함께 확정일자도 함께 받아두면 좋습니다. 집이 경매에 넘어가기라도 할 경우 임차인은 배당을 받을 수 있기 때문입니다. 이렇게 함으로써 배당순위가 앞선 다면 집주인이 별도의 대출(근저당)을 받더라도 자신의 보증금을 지킬 수 있습니다.

- **전세권을 설정할 수도 있습니다**

또 다른 방법은 전세로 거주하는 집에 전세권을 설정하는 것입니다. 하지만 이는 집 주인의 동의가 있어야 하는데요, 대부분은 이를 잘 허용하지 않는 분위기입니다. 게 다가 등기권 설정 수수료도 추가로 들죠. 그래서 전입신고와 확정일자를 반드시 챙기는 것이 좋습니다.

다가구주택의 깡통전세

우리집이 '깡통전세'였다니… 다가구주택 '깜깜이 전세금' 주의보
(이데일리 2018. 4. 5)

부동산 가격을 결정하는 핵심 요소 중 하나인 '수요와 공급'에 대해 계속 알아보겠습니다. 전셋값이 안정되거나 하락하면 역설적으로 전세금을 돌려받지 못할 수 있는 '깡통전세'가 문제가 되기도 하는데요, 특히 다가구주택의 경우 이러한 문제가 더 심각할 수 있다고 합니다. 왜 그런지, 만약 다가구주택에 임차를 해야 한다면 어떻게 해야 하는지 살펴보겠습니다.

> … 다가구주택 세입자가 전세 계약을 맺을 때 상당수가 해당 주택을 담보로 받은 대출(근저당)은 등기부등본을 통해 확인하지만 다른 전세 세대의 보증금을 확인하는 경우는 거의 없는 것으로 나타났다. 일단 집주인이나 공인중개사를 통하지 않으면 다가구주택 내 다른 세입자들의 전세보증금 규모를 알 방법이 없다. 혹시라도 보증금 규모를 잘못 알려주거나 작정하고 속일 경우 속수무책이다. …

다가구주택은 말 그대로 여러 세대가 함께 사는 주택입니다. 그런데 다가구주택 특성상 각 호마다 구분등기가 되어 있지 않기에 세입자 입장에

서 다른 세대의 보증금을 확인하기가 어려운 것이 사실입니다. 반대로 구분등기가 되어 있는 다세대주택은 각 호마다 등기부등본 등을 통해 확인할 수 있습니다.

현재로선 다른 세대의 보증금 규모를 알려면 집주인에게 직접 물어보거나 중개하는 부동산 중개사무소를 통해 확인해야 하는데, 이를 제대로 확인하기가 쉽지 않은 것입니다.

최우선 변제금액을 꼭 확인하자

> 만일 집이 경매로 넘어갔다면 금융기관 대출과 먼저 전세로 들어온 세대의 보증금에 밀려 전세보증금을 돌려받지 못할 수도 있다. 이에 대한 보호장치인 전세보증금 관련 보험 가입 장벽은 다른 주택에 비해 유독 높다. 따라서 다가구주택 전세계약을 맺기 전에 다른 세대의 보증금을 공식적으로 확인할 수 있도록 하는 제도적 장치가 마련돼야 한다는 게 전문가들의 지적이다. …

최악의 경우를 가정해 만일 해당 다가구가 경매로 넘어갔을 경우 경매 낙찰금을 기준으로 순위에 앞선 금액을 차례대로 충당하는데요, 이를 '배당'이라고 합니다. 가령 특정 다가구가 5억 원에 낙찰되었다고 하면, 먼저 ① 경매집행비용을 최우선으로 제하고, ② 최우선 변제금을 제하며, ③ 당해 부동산에 부과된 국세와 지방세, ④ 담보물권 및 대항요건과 확정일자를 갖춘 임차보증금, ⑤ 각종 공과금, ⑥ 우선변제권이 없는 일반채권 순으로 배당됩니다.

따라서 특정 세입자의 경우 ④에서 순위에 밀려 배당을 제대로 받지 못하면 보증금을 온전히 받지 못하는 경우도 발생하는 것입니다. 여기에 전세금 반환보증보험 가입도 다가구주택은 상대적으로 힘든데요, 그 이유는 해당 금융기관 입장에서도 앞에서 살펴본 배당 순위의 불리함 등으로 인해 보험 가입을 꺼려 하기 때문입니다.

그렇다면 어떻게 해야 할까요? 기사에서는 다른 세대의 보증금을 공식적으로 확인할 수 있는 제도적 장치가 필요하다고 하지만, 그게 언제쯤 가능해질지 기약할 수 없습니다. 따라서 차선으로 배당 순서의 ②에 해당하는 '최우선 변제금'을 확인할 필요가 있습니다. 이는 어떠한 경우라도 최우선 변제금만큼은 보증금을 돌려받을 수 있는 제도입니다.

표를 보면 서울의 경우 3,700만 원까지는 최우선으로 돌려받을 수 있다고 나와 있습니다. 하지만 조심해야 할 것은 전체 보증금 범위는 1억 1천만 원 이하여야 한다는 것인데요, 만일 A라는 사람이 보증금 1억 1천만 원으로 계약을 했다면 최악의 경우에 최소한 3,700만 원은 무조건 받을 수 있습니다. 그런데 B라는 사람이 1억 1,100만 원으로 계약을 했다면 이 사람은 최우선 변제 혜택을 받지 못하고 배당 순위에 따라야 한다는 것이죠.

그렇다면 어떻게 하면 될까요? 보증금을 최우선 변제금과 동일하게 맞추면 최소한 보증금을 떼일 일은 없습니다. 문제는 최우선 변제금에 맞춘 가격으로는 전세 형태로 임차 계약을 하기가 힘들 수 있다는 것입니다. 아무리 다가구주택이라도 서울에서 3,700만 원짜리 전세는 구하기가 쉽지 않겠죠.

주택임대차보호법상 최우선 변제금액

최선순위 담보권 설정일자	지역	임차보증금 범위	최우선 변제금액
1990. 2. 19~	서울특별시, 직할시	2천만 원 이하	700만 원
	기타 지역	1,500만 원 이하	500만 원
1995. 10. 19~	특별시 및 광역시 (군지역 제외)	3천만 원 이하	1,200만 원
	기타 지역	2천만 원 이하	800만 원
2001. 9. 15~	수도권정비계획법에 따른 수도권 중 과밀억제권역	4천만 원 이하	1,600만 원
	광역시(군지역과 인천광역시 지역 제외)	3,500만 원 이하	1,400만 원
	그 밖의 지역	3천만 원 이하	1,200만 원
2008. 8. 21~	수도권정비계획법에 따른 수도권 중 과밀억제권역	6천만 원 이하	2천만 원
	광역시 (군지역과 인천광역시 지역 제외)	5천만 원 이하	1,700만 원
	그 밖의 지역	4천만 원 이하	1,400만 원
2010. 7. 26~	서울특별시	7,500만 원 이하	2,500만 원
	수도권정비계획법에 따른 과밀억제권역 (서울특별시 제외)	6,500만 원 이하	2,200만 원
	광역시 (수도권정비계획법에 따른 과밀억제권역에 포함된 지역과 군지역 제외), 안산시, 용인시, 김포시, 광주시	5,500만 원 이하	1,900만 원
	그 밖의 지역	4천만 원 이하	1,400만 원

최선순위 담보권 설정일자	지역	임차보증금 범위	최우선 변제금액
2014. 1. 1~	서울특별시	9,500만 원 이하	3,200만 원
	수도권정비계획법에 따른 과밀억제권역 (서울특별시 제외)	8천만 원 이하	2,700만 원
	광역시 (수도권정비계획법에 따른 과밀억제권역에 포함된 지역과 군지역 제외), 안산시, 용인시, 김포시, 광주시	6천만 원 이하	2천 만 원
	그 밖의 지역	4,500만 원 이하	1,500만 원
2016. 3. 31~	서울특별시	1억 원 이하	3,400만 원
	수도권정비계획법에 따른 과밀억제권역 (서울특별시 제외)	8천만 원 이하	2,700만 원
	광역시 (수도권정비계획법에 따른 과밀억제권역에 포함된 지역과 군지역 제외), 세종특별자치시, 안산시, 용인시, 김포시, 광주시	6천만 원 이하	2천만 원
	그 밖의 지역	5천만 원 이하	1,700만 원
2018. 9. 18~	서울특별시	1억 1천만 원 이하	3,700만 원
	수도권 중 과밀억제권역, 세종특별자치시, 용인시, 화성시	1억 원 이하	3,400만 원
	광역시(군지역 제외), 안산시, 김포시, 광주시, 파주시	6천만 원 이하	2천만 원
	그 밖의 지역	5천만 원 이하	1,700만 원

주택가격(매매, 임차 모두 포함)이 안정된다는 것은 분명 환영할 만한 일입니다. 하지만 특정 가격, 여기에서는 전세가격이 너무 오르거나 너무 내려도 각각의 상황에 따라 모두 문제가 발생할 수 있습니다. 이럴 때일수록 본인이 처한 상황을 냉정하게 바라보고, 앞으로 일어날 일을 다양한 관점에서 예상해봄으로써 그에 따른 대응책을 마련하는 게 현명한 태도일 것입니다.

부동산 심리와 주택가격의 관계

부동산 심리, 부정적이면 주택가격은 하락 (머니투데이 2018. 4. 30)

재미있는 연구 결과가 나왔습니다. 부동산 심리와 주택가격의 관계에 대해 한 연구기관에서 이를 조사한 것입니다. 양의 상관관계, 그러니까 어느 정도 연관성이 있다는 결과가 나온 것이죠. 어떤 요인들이 영향을 미쳤고, 연구기관에서는 어떤 항목들을 바탕으로 조사한 것일까요? 기사를 통해 살펴보도록 하겠습니다.

부동산 심리에 따라 집값이 바뀐다

부동산 시장과 관련한 경제주체들의 심리 상태가 변화하면 주택가격도 이에 따라 변동한다는 분석이 나왔다. 부동산 심리가 좋지 않을 때 실제 주택가격이 떨어진다는 것이다. 30일 금융감독원 금융감독연구센터 소속 표동진 선임연구원, 김정호 조사역이 공동 저술한 조사보고서(Working Paper) 'Sentiment and Housing Prices'(감정과 주택가격)에 따르면 부동산에 대한 경제주체들의 심리 상태와 주택가격이 양(+)의 상관관계를 가진 것으로 나타났다.

경제주체란 통상적으로 가계, 기업, 정부를 의미합니다. 정부는 부동산 정책을 기획 및 운영하며, 기업은 분양과 같은 활동을 통해 주택을 공급하고 때로는 임대를 하기도 합니다. 가계는 주로 이러한 주택을 분양받아 실거주를 하거나 다시 전월세로 임차하기도 하죠. 이러한 경제주체들의 심리 상태와 주택가격이 양(+)의 상관관계가 있다는 것은, 심리 상태가 좋으면 주택가격도 상승하고, 심리 상태가 나쁘면 주택가격도 대체적으로 하락한다는 것을 의미합니다.

두 저자는 '감성분석 기법'(Sentiment Analysis)을 활용해 '부동산 심리지수'를 도출했다. 감성분석이란 뉴스기사, 댓글 등 비정형 텍스트로부터 사람들의 의견, 심리, 감정 등 감성 정보를 추출하는 연구 방법을 의미한다. 두 저자는 온라인 신문 기사에 언급된 호재·편의·가깝다·역세권·광역 교통망 등 긍정적 어휘와 불안·부담·폭등·규제 강화·과열 양상 등 부정적 어휘의 출현 빈도, 어휘가 갖는 감성 강도 등을 종합적으로 고려해 부동산 심리지수를 도출했다. …

금융감독원 금융감독연구센터 소속의 두 저자는 '감성분석 기법'이라는 것을 활용해서 '부동산 심리지수'를 도출했다고 하는데요, 심리 상태를 나타내는 부동산 용어를 긍정적 어휘와 부정적 어휘로 구분해 이에 대한 출현 빈도나 감성 정도 등을 고려해 지수를 도출했다고 합니다. 집값을 결정하는 데 부동산 심리가 중요하다고는 생각했지만 이렇게 구체적으로 경제주체들의 심리 상태를 유추할 수 있는 지표를 만든 것은 처음이라고 생각됩니다.

물론 이 역시 저자의 주관적인 판단이 개입될 수밖에 없을 것입니다. 예를 들어 긍정적인 어휘 중에 '호재'와 '편의'가 있다고 가정할 때, 이 두 단어의 출현 빈도는 객관적으로 도출이 가능하겠으나 어느 쪽에 더 많은 가중치를 둘지는 아무래도 개인의 주관적 판단이 개입될 수밖에 없을 테니까요.

> 부동산 심리지수와 실제 부동산 가격 변화율, 변동성의 연관성을 조사한 결과 유의한 인과관계가 존재했다고 밝혔다. 부동산 심리지수가 상승하면 전국 주택가격이 올랐고, 반대로 심리지수 하락, 즉 부동산 시장에 대한 부정적인 심리가 확산될 때는 부동산 가격에 하방 압력이 작용한 것으로 나타났다. 또 부동산 심리지수가 개선되면 전국 주택가격의 변동성이 낮아졌지만 하락시엔 가격 변동성을 증가시킨 것으로 조사됐다. 단 서울 부동산 시장의 경우 주택가격 변동성과의 상관관계는 약한 편이었다. …

유의미한 인과관계가 있다는 것은 원인과 결과의 관계에 있어서 꽤 밀접한 관계가 있다는 뜻입니다. 즉 부동산 심리지수의 상승 여부와 주택가격 상승 여부가 어느 정도 일치했다는 것이죠. 재미있는 것은 심리지수가 개선되면 주택가격의 변동성은 낮아지고 안정적으로 되는 반면, 반대로 심리지수 하락 시에 가격 변동성이 커진 것은 하락기에 더 큰 폭의 가격 변동이 있었음을 유추해볼 수 있겠습니다. 여기에서도 서울은 예외라고 하니 성급하게 일반화해서는 안 되겠죠?

> 금감원은 앞으로도 금융감독연구센터를 중심으로 주요 연구 성과를 조사보고서 발표, 학술지 발간, 심포지엄 개최 등의 형태로 적극 공개한다는 계획이다.

이러한 연구 결과는 앞으로 자주 접할 수 있을 것으로 보입니다. 정부에서도 이에 대한 정보를 적극 공개한다는 계획인데요, 부동산 시장 역시 향후 주식 시장처럼 보다 계량화되고 데이터화될 것입니다. 그만큼 정보는 더욱 빠르게 공유되고 쉽게 접할 수 있게 되겠네요.

—

개인 차가 있겠지만 '부동산'이라고 하면 저는 흔히 말하는 중개업소가 떠오르곤 합니다. 주식 장만큼 계량화되어 있는 것도 아니고, 덜 체계적일지는 모르지만 사람 중심의 이미지가 떠오르는 것이죠. 하지만 근래 부동산 투자에서도 가장 큰 화두는 '빅데이터'였습니다. 전국을 시·군·구 단위는 물론, 아파트 단위까지 계량화해 투자에 활용하는 시대가 되었죠. 이제는 이런 데이터를 잘 활용하지 못하면 상대적으로 열위에 처할 수밖에 없습니다.

앞으로는 이런 경향이 더욱 심화될 것으로 보입니다. 하지만 다른 재화처럼 아무리 정보가 전산화·계량화된다고 하더라도 부동산마다 특성에 맞는 정보는 분명 따로 존재합니다. 이 기사에 나온 부동산 심리지수도 그한 예가 될 것입니다. 앞으로 이러한 빅데이터를 활용한 정보는 감당하지 못할 정도로 넘쳐날 것입니다. 여기에서 자신만의 인사이트를 가지고 어떻게 이를 잘 활용하는지가 중요하지 않을까요?

연령대별로 매수 지역이 다르다

어, 김과장도 집 샀어? (조선비즈 2018. 5. 4)

부동산에서 '심리'는 아주 중요한 요소입니다. 똑같은 5억 원짜리 아파트라도 어떤 상황에서는 매우 비싸게 느껴지지만, 어떤 상황에서는 접근 가능한 가격으로 생각되기도 합니다. 이 같은 원리로 2018년 서울 아파트 매수자 비중을 보면, 30대의 비중이 매우 급격하게 늘었다고 합니다. 이들은 왜 아파트를 매수했을까요? 그리고 자금조달은 어떻게 했을까요? 또한 어느 지역을 집중적으로 매수했을까요? 다음 기사를 통해 살펴보겠습니다.

주택 구매에 적극적인 30대

직장인 김모 씨(31)는 올해 1월 서울 노원구 중계동 아파트 한 채를 6억 1,000만 원에 샀다. 보증금 5억 원짜리 전세를 낀 '갭투자'였다. 직장 생활 7년간 모은 6,000만 원에 회사에서 5,000만 원을 빌렸다. 미혼인 김 씨는 현재 부모와 함께 흔히 전세를 끼고 집을 매수하는 갭투자에 대해, 무조건 다주택자의 사례만 있다고 생각하면 오산입니다. 우리 부모님 세대도 그런 방식으로 내 집 마련을 했고, 때에 따라서는 여윳돈을 그런 방식으로 굴려왔습니다. 다만 최근에는 그런 방식으로 주택을 매매하는 경우가 빈번하고, 주택을 많이 보유한 사람이 훨씬 많아졌기에 우려하는 것이죠.

사례의 직장인 김 씨는 아마 가상의 인물이겠지만, 주변에서 쉽게 볼 수 있는 사례입니다. 김 씨는 집값이 계속 올라, 나중에는 신혼집 마련도 힘들 것으로 우려되어 일단 전세를 끼고 집을 사두었다고 답합니다. 이에 대해 어떻게 생각하시나요? 만약 집값이 오르면 그는 내 집 마련도 수월하게 할 뿐만 아니라 이를 매도할 경우 일정 부분 투자수익도 얻을 것입니다. 하지만 반대로 집값이 하락한다면, 더 정확하게는 해당 집에 잡혀 있는 전세보증금이 하락한다면, 일정 부분 손해를 볼 것입니다. 이에 대한 해석을 좀 더 자세히 살펴보겠습니다.

30대가 주택시장에서 차지하는 비중은 줄곧 하향 곡선을 그려왔다고 하는데요, 어찌 보면 당연한 내용입니다. 그도 그럴 것이 30대라면 이제 막 사회 생활을 시작하면서 특별히 모아놓은 자금도 부족한 연령대이기 때문입니다.

전국 평균은 물론 서울에서도 이러한 현상은 마찬가지였다고 하는데요, 이러한 비중이 8·2 대책 이후로 변한 것입니다. 즉 2017년 8월, 30대 매수인 비중은 28%로 반등했고 그해 12월에는 처음으로 월 단위 30%를 돌파, 31.4%를 기록하면서 40대를 제친 것입니다. 2018년에도 계속해서 30% 이상을 유지하고 있습니다(1~2월 기준).

그렇다면 30대는 주로 어느 지역을 사들인 것일까요? 기사에서는 '강남만큼 비싸지 않으면서 출근 여건이 좋은 지역'이라고 정리했는데요, 아주

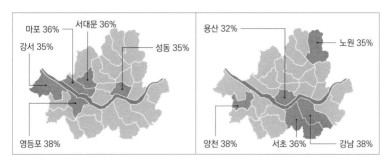

마포 36%   서대문 36%

강서 35%

성동 35%

영등포 38%

용산 32%

노원 35%

양천 38%   서초 36%   강남 38%

〈아파트 시장 30대와 40대 매수자 우세 지역〉 30대는 주로 강서와 마포 지역, 40대는 강남과 서초 지역의 아파트를 많이 매수했다. (출처 : 국토교통부, 조선비즈)

중요하고도 핵심을 담은 메시지라고 생각합니다. 30대는 상대적으로 가지고 있는 자본이 적을 수밖에 없습니다. 수요가 많은 '강남 3구(강남구·서초구·송파구)'에 진입하고 싶어도 쉽지가 않죠. 하지만 그렇다고 무조건 저렴한 곳을 매수하진 않았습니다. 여의도, 마포, 서대문, 마곡지구와 같은 지역을 주로 매수했는데 이들 지역에서는 30대 매수 비중이 40대를 추월하거나 동일하다고 합니다.

언급한 지역의 공통점은 한마디로 '일자리가 많은 지역'으로 정리할 수 있습니다. 기사에서는 '서울 3대 업무 지역'이라고 표시했는데요, 강남·광화문·여의도 인근이 그러하며 향후에는 마곡지구도 풍부한 일자리를 갖출 것이기에 해당 지역의 주택 수요는 더욱 올라갈 것으로 전망됩니다.

반면 40대의 경우 강남·서초에서 매수 비중이 높았습니다. 뒤를 이어 송파구·강동구 비중이 높은 점은 시사하는 바가 큽니다. 결국 현재 30대가 시간이 흘러 40대가 되면 이런 지역들을 추가로 매수하거나 갈아타기를 시도하지 않을까요?

앞서 갭투자는 투자만을 위한 방식이 아니라고 말했습니다. 실거주를 할 때도 전세보증금이라는 레버리지를 활용함으로써 내 집 마련을 할 기회를 얻을 수 있는데요, 그런 의미에서 위 내용은 되새겨볼 만합니다. 매수 비중이 높아진 30대가 단순히 투자 목적으로만 접근했다면 소위 말하는 갭이 적은 지역을 중심으로 매수했을 가능성이 높습니다. 하지만 앞의 그림에서도 알 수 있듯이 이들은 주로 근무지와 가깝고 실거주 선호도가 높은 지역을 선택했습니다. 그리고 그러한 선호도 중 하나는 일자리가 풍부한 지역이라는 것을 확인할 수 있습니다.

집값 하락 시에는 하우스푸어가 될 우려가 있다

하지만 이에 대해 다른 시각도 있습니다. 30대 매수 비중이 높아지기 시작한 2018년 초는 서울 아파트 가격이 급등한 시기로, 다주택자가 보유한 매물을 30대가 비싸게 받은 것이 아니냐는 견해입니다. 이 경우 문제가 되는 것은 실거주로 전세를 끼고 사두고 당장은 거주가 아닌 임대를 놓는 경우로, 만약 전세 시세가 하락한다면 그 충격은 30대 매수인에게 돌아갈 수 있습니다.

그런데 만약 이렇게 전세를 끼고 사둔 것이 아닌, 담보대출을 받아서 바로 실거주를 하는 경우라면 어떻게 되는 것일까요? 그때는 본인이 실제 거주를 하는 것이기에 전세 시세 하락 등은 신경 쓰지 않아도 됩니다. 오직 본인이 다달이 갚아 나가야 할 담보대출의 원리금만 신경 쓰면 되는 것입니다. 이 경우는 담보대출금액, 거치기간(이자만 내는 기간), 금리 수준, 고정금리 여부 등에 따라 개인이 부담하는 금액이 다르기 때문에 단순히 대출이 증가했다고 무조건 위험하다고 봐서는 안 될 것입니다.

정리하자면, 30대 주택 매수인의 경우 담보대출을 통해서 매수를 하고 실제 거주를 하고 있는 경우라면 대출상환능력이 중요합니다. 하지만 이게 아니고 전세를 끼고 사둔 상태라면 전세 시세 하락에 대한 대비가 되어 있어야 합니다. 물론 전세를 끼고 사둔 경우 전세가와 매매가의 차액에 대해서도 대출을 받아서 진행한 경우라면 대출 리스크도 더해집니다.

—

부동산은 워낙 금액이 크기에 매수를 결정할 때 고려해야 할 요소가 많습니다. 특히 심리는 매우 큰 영향을 끼친다고 볼 수 있는데요, 안타깝게도 이를 정확하게 측정할 수 있는 방법은 현재로서는 없습니다. 이는 주식 등 기타 투자 방식에서도 마찬가지입니다.

이를 간접적으로 확인할 수 있는 것 중, 주택 매수 비중에 있어서 연령별로 구분한 기사가 있어서 소개했습니다. 과연 사례에 나온 직장인 김모 씨는 집을 매수한 게 잘한 행동이었을까요? 아니면 전셋값 하락을 고민하며 후회해야만 하는 것일까요? 이에 대해서는 시간이 말해줄 것입니다. 한 가지 확실한 것은, 어떤 결정을 하든지 이에 대해 사전에 철저히 준비하고 자신만의 기준을 가지고 행동한다면, 그 결과에 상관없이 얻는 게 훨씬 많을 거라는 것입니다. 그게 금전적인 것이든, 아니면 다른 형태든 말이죠.

집값에 영향을 주는 요소

6월 집값 분수령 3대 변수… 보유세·후분양제·입주 증가 (조선비즈 2018. 5. 30)

집값에 영향을 미치는 요소는 매우 많습니다. 또한 어떤 항목이 어떻게 영향을 미치는지를 파악한다는 것은 거의 불가능에 가까울 것입니다. 하지만 큰 틀에서 주택가격에 영향을 미치는 주요 요소를 파악해보는 것은 가능합니다. 이번 기사에서는 보유세(세금), 후분양제, 입주물량(수요와 공급)이 주택가격에 어떤 영향을 미치는지를 살펴보겠습니다. 물론 이 외에도 집값에 영향을 주는 요소가 많지만, 다음에 나올 사례를 통해 그 원리를 이해해보기를 바랍니다.

> 6월이 부동산 시장의 변곡점이 될 전망이다. 한동안 소강상태를 보였던 전국 입주물량이 다음 달부터 다시 늘어나는 데다 후분양제 도입도 시작된다. 여기에 보유세 개편안도 다음 달이면 발표될 예정이다. 세 가지 변수가 맞물리면서 앞으로 주택 거래량과 가격을 좌우하는 분수령이 될 것으로 보인다. …

기사에서는 2018년 6월을 기점으로 부동산 시장의 변화가 클 것으로 예측하고 있습니다. 입주물량, 후분양제 도입, 그리고 보유세 개편안이라는 3가지 변수가 그 원인인데요, 여기에서는 보유세 과세기준일이 6월 1일이라는 점을 알아둘 필요가 있습니다.

과세당국이 세금을 부과하기 위한 기준 중 하나가 과세기준일입니다. 재산세와 종부세는 매년 6월 1일이 과세기준일입니다. 1년 365일 중 단 하루, 즉 6월 1일 하루를 확인해서 해당 부동산의 소유자에게 1년치 재산세와 종부세를 부과하는데요, 바로 이 점을 잘 활용하면 명의가 변경될 때 한 해는 재산세와 종부세 납세 의무에서 벗어날 수 있습니다.

예를 들어 내가 A아파트의 매수자라고 한다면 해당 아파트 취득일을 6월 1일 이후에 해야 합니다. 그래야 해당 연도에서는 매도자가 재산세와 종부세 납세 의무자가 되어 세금을 납부하는 것이겠죠? 반대로 매도자의 위치에 있다면 6월 1일 이전에 해당 물건을 매도해야 당해 보유세 납세 의무를 피할 수 있습니다.

입주물량

입주물량이 증가하면 해당 지역을 비롯해 주변 전셋값이 약세를 보이고 갭투자자들이 들고 있는 매물 등이 다시 시장으로 나올 수 있어 매매값까지 끌어내릴 수 있는 변수로 해석된다. 각종 대출 규제에 4월부터 시행 중인 다주택자 양도소득세 중과 여파까지 겹쳐 침체 중인 시장 분위기를 더 나쁘게 만들 요인이 될 수 있다. 실제로 지난해 하반기부터 입주량이 늘면서 전국 아파트 전셋값은 이달 셋째 주 기준 26주째 하락하고 있고, 아파트값도 9주 연속 뒷걸음질치고 있다.

먼저 입주물량과 관련된 내용을 보죠. 입주물량, 즉 공급량은 매매가격보다는 전세가격과 직결됩니다. 신규 분양이 증가할수록 당연히 전세 공급은 증가합니다. 모두가 자가 소유는 아니기 때문입니다.

기사에 나온 대출 규제와 양도소득세 중과는 다른 시각도 존재할 수 있다고 봅니다. 대출 규제가 심해질수록 자가 주택을 매수하려는 시도는 줄어들 것입니다. 하지만 그런 사람들도 거주할 집은 필요하기에 이 경우에는 전세 수요가 증가할 것이며, 이는 전세 공급 감소와 같은 효과를 가져옵니다. 여기에 양도소득세 중과로 집을 사면 세금 때문에 손해를 볼 수 있다는 생각이 퍼진다면 주택 매매 수요도 줄어들 것이며, 이 경우에도 앞의 논리와 마찬가지로 전세 수요는 증가할 것입니다.

이상의 내용만 보면, 전세 공급 증가 요인은 1건, 전세 수요 증가, 즉 전세 공급 감소 요인은 2건이 되어 전세는 감소할 것처럼 보이지만, 전국 아파트 전세가격은 하락의 결과가 나왔습니다. 물론 이는 특정 지역이 아닌 전국을 평균으로 냈기에 이런 결과가 나온 것이며, 지역별로 분석하면 당연히 지역마다 다른 결과가 나올 것입니다. 여기에서는 무엇이 옳고 그른지보다는 그 작동 원리에 집중해주시기 바랍니다.

전세가격과 달리 매매가격은 다른 원리가 작동될 수 있습니다. 기사 사례처럼, 전세를 끼고 투자하는 방식이 인기를 잃고 투자자들이 보유 주택을 매물로 내놓는다면 집값은 하락할 가능성이 큽니다. 하지만 그 결과가 반드시 전세가격 하락으로 이어지진 않을 수 있습니다. 앞서 이야기한 것처럼, 집값은 하락하면 오히려 전세 수요가 늘어 전세가격은 큰 변동이 없거나 오히려 상승할 수도 있기 때문입니다.

후분양제

여기에 후분양제 도입에 대한 논의가 다시 시작된다는 점도 큰 변수가 될 것 같습니다. 후분양제란 지금의 분양 방식과는 달리, 시공사가 먼저 집을 짓고 실수요자들이 사후에 의사결정을 하는 방식입니다.

지금의 방식에서는 수요자들이 먼저 청약을 하고 이를 분양받은 후, 해당 주택에 필요한 자금을 납부하기에 건설사 입장에서는 상대적으로 자금 부담을 줄일 수 있는 장점이 있었지만, 수요자 입장에서는 완공된 집을 보지도 않고 대금을 납부해야 하는 부담이 있었습니다. 그런데 후분양제를 도입함으로써 실제 물건(주택)을 보고 금액을 납부하자는 것인데요, 이럴 경우 자금력이 부족한 중소 건설사들은 사업을 진행하기가 더 어려워지고, 수요자들 역시 상대적으로 짧은 기간 안에 거금(주택 구입 가격)을 납부해야 하는 만큼 부담이 크다는 의견이 서로 대립하고 있습니다.

더 나아가 이런 논란이 지속될 경우 주택시장에도 좋지 않은 영향을 미칠 것으로 우려되는데요, 이에 대한 논의가 2018년 6월부터 다시 재개되었기에 관심을 가져야 합니다.

보유세

보유세는 매매 차익 중 일부를 내는 거래세와 달리 부동산을 들고만 있어도 해마다 세금을 내야 하는 특성 때문에 개편 강도에 따라 파장이 클 것으로 보인다. 거론되는 방안은 세율 인상과 공시가격 현실화, 공정시장가액비율 인상 등이다.

현재 0.5~2% 수준인 종부세율을 인상하는 방안은 법을 바꿔야 해 쉽지 않을 것으로 예상된다. 공시가격과 공정시장가액은 법률 개정 없이 조정이 가능하다. 공시가격은 실거래가 60~80% 수준인데 이를 실거래 수준으로 높이면 세금을 올리는 효과가 나타난다. 공정시장가액비율은 주택 등에 세금을 매길 금액(과세표준)을 정할 때 공시가격을 얼마나 반영할지를 결정하는 비율로, 종부세의 경우 80%이다.

마지막으로 기사는 부동산 보유세 개편을 가장 큰 변수로 꼽고 있습니다. 보유세는 해당 주택을 보유하기만 해도 매년 납부해야 하기 때문입니다. 구체적인 방법으로는 세율 인상, 공시가격 현실화, 공정시장가액비율 인상 등이 있습니다.

특히 공시가격과 공정시장가액비율 조정은 법률적으로도 가능하기에 현 정부로서도 실현 가능한 방법으로 생각하고 있다는 것이 기사의 뉘앙스입니다. 그렇다면 이렇게 될 경우 실제 세 부담은 어떻게 될까요?

어느 쪽이든 부동산 보유자들의 부담이 커질 수밖에 없을 것으로 보인다. 한 예로 주택금융연구원에 따르면 현재 80%인 공정시장가액비율을 100%로 올리면 보유 주택 공시가격 합계가 20억 원인 다주택자는 종부세 부담이 현재 421만 2,000원에서 연간 192만 8,000원 더 늘어난다. …

그 예로 현재 보유 주택의 공시가격 합계가 20억 원인 경우 현재 기준의 종부세는 연간 421만 2천 원인 데 반해, 공정시장가액비율을 100%로 상향하면 192만 8천 원이 더 늘어나며, 해당 금액은 주택을 보유하는 기간 동안 매년 추가 납부해야 합니다.

—

입주물량 증가, 후분양제 도입, 보유세 개편. 어느 하나 소홀히 지나칠 수 없는 정책들입니다. 각각의 항목들이 집값에 얼마만큼의 영향을 주는지에 대해서는 이 책의 범위를 뛰어넘는 주제입니다만, 어떤 내용들인지 기본적인 내용은 알고 있어야 합니다.

이처럼 부동산 가격은 주요 요인에 따라 영향을 받고, 그 영향을 주는 요소가 계속 변하기 때문에 상승과 하락을 반복하는 특징을 가지고 있습니다. 여기에 부동산만이 가지고 있는 성질, 즉 해당 자산을 옮길 수 없고 더이상 새롭게 만들 수 없다는 특징들을 종합적으로 고려해 본인만의 투자기준을 갖춘다면 부동산은 매우 훌륭한 투자 자산이 될 수 있을 것입니다.

여기서 잠깐! ···

Q 집값에 영향을 미치는 요소는 매우 많다고 했습니다. 이 중 전세가격에 직접적인 영향을 끼치는 요소는 무엇일까요?
   ① 입주물량   ② 후분양제   ③ 보유세

A 정답은 '① 입주물량'입니다. 입주물량이 많을수록 전세 공급이 증가하고 이는 전세가격의 하락을 가져오기 때문입니다. 물론 다른 요소도 영향을 미칠 수는 있지만 가장 직접적인 영향을 미치는 항목은 입주물량이라고 봐야 합니다.

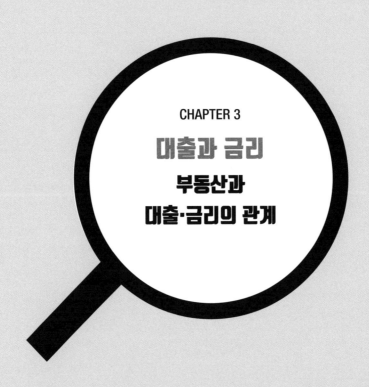

CHAPTER 3

대출과 금리

부동산과
대출·금리의 관계

대출금리 인상이 부동산에 미치는 영향

주택담보대출 금리 인상… "부동산 시장 단기적 영향 미미"
(데일리한국 2017. 10. 17)

부동산 분야에서 세금과 함께 반드시 관심을 가져야 하는 부분이 있는데
요, 그건 바로 '대출'입니다. 부동산은 대부분 워낙 고가이기 때문에 자기
자본으로만 부동산을 취득하는 경우는 매우 드뭅니다. 자기자본이 있더
라도 일부러 대출을 받아서 수익률을 높이는 경우도 많죠. 이를 두고 '레
버리지(leverage)를 극대화한다'고 표현하기도 합니다.

　가령 1억 원의 오피스텔을 구입할 때 자기자본을 모두 투입하는 경우와
대출을 받는 경우로 구분해서 살펴보겠습니다. 편의상 취득세 같은 세금
은 생략하며, 해당 오피스텔을 취득한 후에 보증금 2천만 원, 월세 50만
원에 세를 놓는다고 가정하겠습니다.

　1) 자기자본 8천만 원을 투입하는 경우

　　- 오피스텔 1억 원 = 자기자본 8천만 원 + 보증금 2천만 원으로 충당

　　- 수익률(연 기준) = 월세 600만 원(50만 원×12개월) / 자기자본 8천만 원

= 7.5%

2) 대출을 5천만 원 받는 경우(이율은 5% 가정)

- 오피스텔 1억 원 = 대출 5천만 원 + 자기자본 3천만 원 + 보증금 2천

만 원으로 충당

- 수익률(연 기준) = {월세 600만 원 - 대출 250만 원(= 5천만 원×5%)} / 자

기자본 3천만 원 = 11.67%

위에서 보는 것처럼 대출을 활용하는 경우 수익률 면에서 훨씬 유리하
다는 것을 알 수 있습니다. 그 이유는 대출을 5천만 원 받음으로써 본인 투
자금액을 줄였으며(위 산식에서 분모 부분), 대출에서 나오는 이자보다 월세
수익이 더 크기에(위 산식에서 분자 부분) 자기자본만 투입하는 것보다 대출
을 받으면 수익률이 더 좋게 나오는 것입니다.

하지만 과도한 대출은 금물입니다. 금리가 인상되거나 투자한 부동산의
공실 등으로 인해 월세가 제대로 걷어지지 않으면 큰 낭패를 볼 수 있으니
까요. 이번 기사는 금리 인상에 대한 내용입니다.

금리 인상으로 인한 부동산 시장의 변화

··· 부동산 전문가들은 8·2 대책으로 부
동산 시장이 다소 가라앉은 분위기에서
금리 인상까지 겹쳐 추후 부동산 매물은
늘고 매수는 줄어들 가능성이 있다고 우
려했다. 다만 금리 인상 폭이 크지 않은
만큼 단기적으로 시장에 미치는 영향은
크지 않을 것이라는 게 대체적인 분석이
다. ···

금리가 인상되면 왜 부동산 매물이 늘어나고 매수는 줄어들까요? 그 이유는 앞에서 설명한 레버리지와 관련이 있습니다. 부동산을 취득할 때 대출은 반드시 필요한 항목인데, 대출금리가 높아진다면 아무래도 매수자, 즉 부동산 수요는 줄어들 수밖에 없습니다.

또한 공급 측면에서도 높아진 금리가 부담이 되는 부동산 보유자들은 가지고 있는 부동산을 매물로 내놓을 가능성이 높으며, 그럴 경우 공급이 증가할 것입니다. 이상의 상황을 종합적으로 살펴보면 공급은 늘고, 수요는 줄어드니 가격은 자연스럽게 하락할 가능성이 높겠죠? 물론 당분간은 금리 인상 폭이 그렇게 크지 않으니 지나치게 염려할 필요는 없다는 것이 전문가들의 의견입니다.

17일 업계에 따르면 주요 은행은 코픽스(COFIX, 자금조달 비용지수) 연동 주택담보대출 금리를 이날부터 일제히 0.02~0.07%포인트 인상했다. … 금리 인상으로 전월세 시장도 악화될 것으로 점쳐진다. 권대중 명지대 교수(부동산학과)는 "앞으로 금리가 지속적으로 오를 것으로 보이고 부동산 시장에 중·장기적으로 영향을 미칠 것으로 예상된다"며 "주택 매물이 늘고 전월세 가격도 오를 것으로 전망되며 시장이 점점 더 어려워질 수 있다"고 내다봤다.

부동산 취득과 관련된 대출을 담보대출이라고 하며 이와 연동된 항목을 '코픽스'라고 합니다. 이는 자금조달 비용지수라고 해서 시중 9개 은행으로부터 정기예금, 정기적금, 금융채 등 자본조달 상품 관련 비용을 취합해 산출한 금액입니다. 여기에서는 주택담보대출의 경우 코픽스와 연동되어 있다고만 알아두면 됩니다.

금리가 인상되면 주택 소유자들은 이자비용 부담이 증가합니다. 문제는 이를 만회하고자 집주인들이 전월세를 올릴 가능성이 높다는 것입니다. 앞에서 계산한 오피스텔 수익률 사례를 생각해보면 예상할 수 있겠죠. 이에 따라 집주인은 자신의 이자 부담을 세입자에게 전가할 가능성이 높은 것이죠. 이럴 경우 전월세 시장이 악화될 수 있다는 의견입니다.

하지만 모든 지역이 그렇게 되지는 않을 것입니다. 수요가 뒷받침되어야지만 집주인들도 전월세를 인상할 수 있을 테니까요. 가격은 시장 논리에 의해 결정되기 마련입니다.

금리 인상에 대처하는 자세

앞으로 주택시장에 더욱 보수적인 전략이 필요하고, 다주택자의 경우 레버리지가 큰 주택부터 처분해야 한다고 전문가들은 조언했다. 박 위원은 "자기자본을 늘리고 보수적인 접근법이 중요하다"며 "앞으로 금리 인상이 부동산 시장을 적지 않게 압박할 것으로 보이고, 금리가 어느 정도 오르느냐가 관건"이라고 진단했다.

중·장기적으로는 금리 인상이 지속될 가능성이 높기에 보수적인 전략이 필요하다고 전문가들은 입을 모읍니다. 특히 레버리지가 큰 주택, 즉 담보대출을 많이 받은 주택은 그만큼 이자비용이 증가하기에 이에 대해 자기자본을 늘림으로써 대출을 줄이거나, 주택을 처분함으로써 대출을 상환하라고 조언하는 것입니다. 금리가 오르면 대출이자가 오를 텐데, 이를 만회하기 위해 전월세를 올리고 싶어도 그만큼 수요가 뒷받침되지 않는다면 이렇게라도 해야겠죠?

주택을 양도하는 데 한 가지 팁을 더 드리자면 가급적 양도 차익이 적은 주택부터 매도하는 것이 유리합니다. 일단 보유 주택 수를 줄임으로써 주택 수가 1채 혹은 2채가 되면, 조건을 충족할 경우 1가구 1주택 혹은 일시적 2주택 비과세를 받을 수 있기 때문입니다. 그럴 경우 양도 차익이 큰 주택에 비과세 혜택을 받는 것이 당연히 유리합니다. 따라서 그 이전에는 양도 차익이 적은 주택을 먼저 팔라고 하는 것입니다.

—

이번 기사를 통해 부동산을 취득하는 데 왜 대출이 중요한지, 그리고 현명하게 대출을 활용하는 법과 이러한 대출이 부담될 경우 어떻게 하면 좋은지에 대해 살펴보았습니다. 특히 대출과 관련된 금리 인상 부분은 국내뿐만 아니라 세계 경제 흐름도 함께 살펴봐야 하는 거시경제 항목입니다. 훨씬 더 큰 관점에서 금리가 하락할지, 혹은 올라갈지 그 흐름을 봐야 하는 것이죠.

세계 경제 흐름은 점점 함께 움직이는 경향이 강해지고 있습니다. 이를 '동조화' 현상이라고 하는데요, 금리 인상과 관련해서는 한국은행의 발표 자료와 함께 세계 금리의 기준이라고 할 수 있는 미국 연방준비은행의 발표자료도 함께 볼 필요가 있습니다.

당분간은 금리 인상이 불가피해 보입니다. 이에 대해 각자가 처한 상황에 맞게 현명한 대비가 필요할 것입니다.

여기서 잠깐! ··

Q 내 집 마련에 주택담보대출은 필수입니다. 주택담보대출과 연동되는 금리는 어떤 것일까요?

A 정답은 '코픽스(COFIX, 자금조달 비용지수)'입니다. 뉴스에서 나오는 '기준금리'와는 다른 것으로, 기준금리는 오르더라도 코픽스가 하락하면 담보대출 금리는 내려갈 수 있습니다. 물론 그 반대로 마찬가지죠. 따라서 막연히 뉴스에만 의존하지 말고, 주택담보대출이 필요한 경우에는 사전에 금융권 또는 대출상담사를 통해 상담을 꼭 받아보는 것이 중요합니다.

대출 규제가 실수요자에게 도움이 될까?

내년 신(新) DTI 앞두고 무주택 실수요자의 커지는 고민 (데일리안 2017. 10. 27)

부동산에 대해 사람들이 일반적으로 가지고 있는 생각 중 하나는 바로 가격이 비싸다는 것입니다. 물론 가격이 낮아 구매력이 뒷받침되는 사람도 있을 수 있겠지만 보통은 비싸다고 느낍니다. 흔히 '월급을 한 푼도 안 쓰고 몇십 년 동안 모아야 서울에 내 집 마련이 가능하다'라는 이야기가 나오는 것도 이 때문일 것입니다.

그래서 보통은 실거주 주택을 마련하는 데 어느 정도는 대출이 필요합니다. 얼마만큼의 대출을 받을 것인지는 개인의 상황에 따라 달라지지만, 최근 부동산 시장 과열로 정부에서는 대출을 규제하고 있습니다. 집값 과열로 인해 발생할 수 있는 실수요자의 피해를 막고, 과도한 대출로 인한 가계 경제 불건전을 조기에 막고자 하는 것이죠. 그런데 오히려 이런 대출 규제가 실수요자 주택 매수에 걸림돌이 된다는 기사가 있어 살펴보고자 합니다.

가계부채를 줄이기 위한 신 DTI

… 내년부터 정부가 대출 규제에 추가로 나서는 데다 금리 인상 가능성도 커지면서 당장에라도 매수에 나서야 할지 아니면 전세를 더 유지해야 할지 고민이 커졌다. …

실거주를 마련하는 입장에서 가장 큰 고민은 '내가 사는 집값이 떨어져서 손해 보지는 않을까?' 또는 '대출금액이 부담되지는 않을까?'일 것입니다. 그런데 정부가 대출 규제를 하는 데다 금리도 인상된다고 하니 당연히 걱정되는 것이죠. 왜냐하면 대출 규제가 강화될 경우 자금조달에 문제가 발생하며, 금리가 인상되면 상환해야 할 원리금도 늘어나기 때문입니다. 이런 경우라면 많은 사람들이 일단 전세로 살며 앞으로 어떻게 될지 지켜볼 가능성이 커지겠죠?

신(新) DTI는 기존 DTI의 금융부채 산정 방식을 강화한 것으로 다주택자의 대출한도를 줄이는 데 초점을 맞추고 있다. 현재 DTI는 주택담보대출(주담대)을 추가로 받는 경우 기존에 받았던 주담대는 이자 상환액만 반영하지만, 신 DTI는 원리금 상환액까지 더해 대출한도를 정한다. …

정부 대출 규제에 대해 더 살펴보겠습니다. 정부는 2018년에 신(新) DTI를 적용할 계획인데요, 기존 DTI와의 차이점은 이자 상환액은 물론, 원리금 상환액까지 더해서 대출한도를 정한다는 것입니다.

DTI란 Debt to Income의 약자로서 소득 대비 연간 갚아나가는 대출금이 얼마인지를 산정합니다. 예를 들어 연봉이 5천만 원인 직장인이 담보대출로 2억 원을 대출받아서 1년에 내야 하는 이자가 800만 원이라고 가정합시다(연 이율 4% 가정). 이 경우 기존 DTI에서는 800만 원/5천만 원 = 16%의 DTI 비율이 나옵니다. 그런데 신 DTI에서는 여기에 원금 상환액도 추가되어야 하는 것이죠. 편의상 한 해 동안 납부해야 하는 원금 상환액이 700만 원이라고 가정하면 바뀐 DTI에서는 (800만 원 + 700만 원)/5천만 원으로 30%가 됩니다. DTI 비율이 16%에서 30%로 올라가는 게 보이죠? 당연히 대출금액은 줄어들 수밖에 없습니다.

다만 신 DTI는 기존 대출에도 소급 적용되는 것이 아닌 내년 1월 이후 신규 주택담보대출분부터 적용된다. 이전까지 주담대를 받은 이들에게는 규제가 해당되지 않는다. 또 금액이나 은행을 바꾸지 않고 대출 만기를 연장하는 경우에도 신 DTI의 적용을 받지 않는다. …

하지만 기존에 이미 대출을 받은 사람들은 너무 걱정할 필요는 없어 보입니다. 신 DTI는 2018년 1월 이후 신규 담보대출 분부터 적용되기 때문입니다. 이전에 담보대출이 있다면 기존 DTI 산정방식대로 대출이 진행되었기 때문에 이를 다시 신 DTI로 새롭게 적용해 규제하지는 않습니다.

다만 금액을 변경하거나 은행을 바꿔서 다른 대출로 변경하는 경우라면 주의가 필요합니다. 이때는 대출조건이 바뀌는 시점이 2018년 1월 이후이기 때문에 신 DTI를 적용받게 됩니다. 당사자 입장에서는 기존 대출을 승계한 것으로 생각할 수 있지만, 계약조건이 바뀐 것이기에 금융당국에서는 새로운 대출로 보고 신 DTI를 적용하는 것입니다.

실수요자들의 내 집 마련 고민

> 이 같은 부정적인 전망 때문에 무주택 실수요자들도 내 집 마련 타이밍을 놓고 고민이 깊어지는 모습이다. 당장 이번 대책에서 대출 규모는 줄어들지 않아 직접적인 피해는 없지만, 전반적으로 시장이 위축되는 상황에서 섣불리 매입에 나섰다가 '자칫 집값이 떨어질 수도 있다'는 불안감에 시달릴 수 있어서다. …

주식도 마찬가지지만 부동산도 역시 투자 심리는 매우 중요한 요소입니다. 부동산 활황이 예상되면 호가는 높아지고 팔고자 하는 매물은 순식간에 사라집니다. 반대로 집값이 떨어질 것 같으면 그 많던 매수 대기자들 역시 한순간에 사라지죠. 대출 규제와 심리 위축, 이 2가지만 보더라도 이제 막 실거주를 고려 중인 사람들은 고민이 매우 깊어질 것입니다.

> 일각에서는 서울 강남권 및 수도권 인기 지역의 경우 내년 규제 시행을 앞두고 반짝 막차 매수세가 이어질 수도 있다는 의견도 나온다. 내년 하반기부터는 신(新) DIT보다 강력한 총체적 상환능력비율(DSR)이 새롭게 시행되면 부채 산정 기준이 더욱 강화돼 실수요자들은 이전보다 대출받기가 더 어려워지기 때문이다.

하지만 위기가 있으면 반대로 기회도 있는 법이죠. 대출받기가 더 어려워지기 전에 차라리 대출을 최대한 활용해서 인기 지역에 매수를 하려는 움직임도 보인다는 의미입니다. 실수요자라면 어차피 본인이 거주할 집이기 때문에 대출 원리금 상황만 부담이 없다면 차라리 지금 대출을 받는 게 낫다는 것이죠. 투자자라면 인기 지역으로 실거주를 옮기거나 임대를 줘서 다시 한 번 투자를 하겠다는 것으로 해석할 수 있습니다.

2018년 초에는 신 DTI, 그리고 2018년 하반기에는 DSR(Debt Service Ratio)이라고 하는 '총체적 상환능력비율'이라는 제도가 시행될 예정인데요, 이는 개인의 주택담보대출 외에 신용대출 등 모든 대출에 대한 원리금 상환액을 연소득으로 나눈 비율을 의미합니다. 실거주자든 투자자든 어차피 대출을 받기로 결정한 사람의 경우에는 이런 규제가 실시되기 전에 움직이는 게 유리할 수도 있습니다.

—

과도한 대출은 가계 경제뿐만 아니라 국가 경제에도 해롭습니다. 하지만 현실적으로 부동산 같은 큰 자금이 필요한 자산의 경우 대출이 필수적입니다. 온전히 자기 돈으로만 주택을 구입한 사례가 얼마나 있을까요?

이러한 대출 정책은 경제 환경은 물론 정부의 의지가 많이 반영되는 요소입니다. 따라서 정부가 어떤 방향으로 어떤 정책을 내놓는지에 대해 늘 관심을 갖고 주시할 필요가 있습니다. 실제로 이를 잘 이해하고 자신의 상황에 맞게 적절히 활용한다면 자신이 가지고 있는 자산을 늘리는 데 큰 도움을 받을 수 있습니다.

여기서 잠깐! ··

대출 잘 받기 위한 팁

아직도 대출을 받기 위해 은행에 방문해야 한다고 생각하는 사람이 많습니다. 하지만 그거 아시나요? 똑같은 은행이라도 지점마다 금리 등 대출조건이 다르다는 사실 말이죠. 부동산은 현장을 많이 가보는 '발품'이 중요한 것처럼, 요즘에는 좋은 조건의 대출을 받기 위한 '손품'이 중요합니다. 즉 인터넷 검색 등을 통해 다양한 대출상품을 비교해봐야 하는데요, 검색 사이트에서 '대출상담사'라고 검색하면 수많은 종류의 대출상담사 업체와 연락처가 나옵니다. 이 중 몇 군데에 연락을 취해서 자신에게 가장 맞는 상품을 알아보는 것이 중요합니다. 이러한 대출상담사들은 해당 은행의 직원이 아닙니다. 경우에 따라서는 특정 은행의 상품만을 취급하거나, 혹은 다양한 금융권의 상품을 취급하는 경우가 많아요.

어떤 경우가 더 좋은지는 상황에 따라 다릅니다. 따라서 본인의 상황을 잘 이해해주고 꼭 필요한 대출상품을 연결해주는 대출상담사가 가장 좋겠죠? 그래도 큰돈이 오고 가는 만큼 혹시 모를 사고에 대비해 '대출모집인 포털사이트(www.loanconsultant.or.kr)'에서 꼭 대출상담사의 신분 조회를 하고 진행하기 바랍니다.

〈대출모집인 포털사이트〉 대출상담사에게 받은 등록번호와 휴대전화번호를 조회한다.

해외에서는 대출 규제를 어떻게 할까?

해외 금융선진국 LTV·DTI 사례는 (매일경제 2017. 3. 19)

앞서 우리는 부동산 대출에 대한 내용을 살펴보았습니다. 또한 LTV와 DTI가 무엇인지도 확인했고요. 정부는 계속해서 적용되는 비율을 낮춤으로써 대출 규제를 하고 있는데요, 이쯤에서 혹시 다른 나라는 어떻게 이 비율을 적용하고 있는지 궁금하지 않은가요? 다음 기사를 통해 외국에서는 대출 규제를 어떻게 하고 있는지 살펴보는 것도 의미 있어 보입니다.

해외 LTV 규제 사례

··· 생애 최초 구입자를 비롯한 주택 실수요자에게는 LTV 규제를 대폭 완화해주고 기존에 주택을 보유하고 있거나 투자 목적으로 대출을 받는 사람들에게는 LTV를 비교적 깐깐하게 적용하는 나라가 많다. 통상 '캡(cap·모자)을 씌운다'고 표현하는 의무적 규제한도 역시 대부분 80~90%에서 심지어는 100%에 육박하기 때문에 LTV가 큰 의미가 없다.

우선 외국의 사례를 보니 주택 실수요자 중 특히 생애 최초 구입자에게 큰 혜택을 주고 있음을 알 수 있습니다. 그런데 재미있는 것은 투자 목적으로 대출을 받는 사람들에게는 LTV를 낮게 적용해 대출 목적이 무엇인지에 따라 차등 시행한다는 것입니다.

> 핀란드는 생애 최초 주택 구입자에게 95%의 LTV를 적용한다. 두 번째 주택 구입자에게는 90%로 비율을 다소 낮춘다. 이스라엘은 실거주용 주택담보대출에 적용하는 LTV가 70%고, 생애 최초 주택 구입자는 75%를 적용한다. 반면 투자 목적 주택담보대출의 LTV는 50%다. 캐나다의 LTV는 95%인데 기존 주택담보대출을 대환할 때는 80%로 비율이 낮아진다. 네덜란드의 LTV는 100%다. 이자만 내는 거치식 대출의 경우 LTV를 50%로 제약한다. 싱가포르는 주택담보대출을 반복할수록 LTV를 낮추는 방식을 택한다. 그만큼 생애 최초 주택 구입자를 우대한다는 얘기다. …

구체적인 예를 보니 아주 재미있네요. 핀란드는 생애 최초 주택 구입자에게 무려 LTV 95%를 적용합니다. 이스라엘은 LTV가 75%인데 투자 목적이라면 50%로 내려갑니다. 네덜란드는 100%인데, 만약 이자만 내는 거치식 대출이라면 50%까지 확 내려가는군요. 이는 처음부터 원금도 함께 갚아 나가게끔 유도하는 것인데요, 이러한 정책이 시사하는 바가 크다고 생각합니다. 상환능력이 있는 사람들만 대출을 받을 수 있도록 하는 거니까요.

그 외 다른 국가들의 사례도 보면 생애 최초 주택 구입자를 우대하고, 다른 목적이라면 제재를 가하고 있음을 알 수 있습니다.

DTI 규제 사례

한 전문가는 한국이 LTV 규제에 이어 DTI까지 시행하기 때문에 이중 규제라고 지적하고 있습니다. 그렇다면 외국은 DTI 규제 사례가 아예 없을까요?

주요국의 경우 DTI를 일률적으로 적용하지는 않는다고 합니다. 오히려 돈을 빌리는 사람, 즉 차주(借主)의 채무상환능력을 더 고려하는데요, 이때 보는 것이 앞서 보았던 DSR입니다. DSR의 경우 담보대출 외에도 신용대출 등 모든 대출을 따지기 때문에 훨씬 더 깐깐하게 본다고 했죠.

우리나라는 2018년 10월 현재, 전 금융권이 DSR 시행에 들어갔으며, 9·13 부동산 대책으로 대출 규제가 더욱 강화되었습니다. 따라서 대출 시행 전에 본인의 소득 현황 등에 따른 대출 가능 여부, 금액 등을 반드시 사전에 확인하고 진행하기 바랍니다. 외국의 경우를 보면 LTV를 충족했다 하더라도 DSR을 충족하지 못하면 대출은 아주 힘들다는 것을 알 수 있습니다. 이제 머지않아 우리나라도 그렇게 될 가능성이 매우 높습니다.

—

외국의 대출 규제 사례에 대한 이 기사를 보고 저는 합리적이라는 생각이 먼저 들었습니다. 처음 자가주택을 구입하는 사람들에게는 100%까지 대출을 해주되, 바로 원금부터 갚아 나가게 하면 상환능력이 되는 사람들만 돈을 빌릴 수 있을 것입니다. 여기에 DSR도 함께 고려하면 채무 건전성을 높일 수 있고요.

반면 투자 목적이거나 대출횟수가 많을 경우 LTV 비율을 크게 낮춤으로써 목적에 맞게 담보대출이 운영되면 좋을 거라고 생각합니다. 우리나라도 장기적으로는 이러한 방향으로 대출 제도가 개편되지 않을까 조심스레 예측해봅니다.

다주택자와 자영업자의 대출 규제

돈줄 죄기 대책 총망라… 자영업자도 규제 칼날 (한국일보 2017. 10. 25)

기사 제목에 다소 자극적인 표현이 있죠? 가끔 기사를 보다 보면 제목이나 문구가 자극적일 때가 있는데요, 여기에 현혹될 필요는 없습니다.

여기서 소개할 기사는 정부의 대출 규제와 관련된 다양한 내용을 담고 있습니다. 이 중 자영업자에 대한 대출도 규제가 예상된다는 것이 핵심입니다. 자영업자라면 분명 걱정될 만한 내용입니다. 정말 자영업자에게도 대출 규제가 불리하게 적용되는지 살펴볼까요?

다주택자에 대한 규제

… 8·2 부동산 대책을 통해 다주택자에 대한 총부채상환비율(DTI) 적용 비율을 10%포인트 낮춘 데 이어 내년부터 모든 주택대출 원리금을 반영해 DTI를 산출하도록 하는 신 DTI까지 도입되면 다주택자의 대출한도는 확 쪼그라들 수밖에 없다. 특히 정부는 … 두 번째 주택대출부턴 신 DTI 계산 때 만기를 최대 15년까지만 반영할 수 있도록 했다. …

우선 다주택자를 향한 대출 규제에 대해 설명하고 있습니다. 담보대출이 2건 이상인 경우 이미 8·2 부동산 대책으로 DTI는 10%포인트가 낮아졌으며, 2018년 도입되는 신 DTI에서는 주택담보대출 원금 상환액까지 더해지기 때문에 DTI 비율이 올라갑니다. 그만큼 대출한도가 줄어드는 것입니다.

통상 이를 피하기 위한 은행 등 금융권에서는 대출 상환기간을 최장 기간인 35년 등으로 늘리는 방법을 씁니다. 단순히 생각하더라도 상환액이 3억 원인데 이를 10년 동안 나눠 갚을 때와 35년 동안 갚는 경우 상환액은 크게 차이가 나겠죠? 그런데 두 번째 담보대출은 신 DTI를 적용해 15년을 최대상환연수로 규정했습니다. 그럴 경우 매달 내야 하는 원리금은 커지고 DTI 비율은 높아짐으로써 대출한도는 줄어들게 됩니다.

> 이번 대책의 가장 큰 수혜자는 만 40세 미만의 무주택 실수요자라고 할 수 있다. 현 DTI선 대출자의 전년소득 총액을 기준으로 대출한도를 정한다. 하지만 신 DTI는 단순히 전년소득만 보는 게 아니라 미래소득도 함께 따진다. 20대·30대 젊은 직장인은 … 대출한도도 커질 수 있다. 정부는 만 40세 미만의 청년층·신혼 부부는 금융사가 10% 한도에서 연소득을 증액할 수 있도록 했다. 35세의 김모 씨(연소득 4,000만 원)가 투기지역의 6억 5,000만 원짜리 아파트를 사려고 할 때 지금은 2억 3,400만 원을 대출받을 수 있지만 바뀐 제도를 적용하면 대출 가능 금액이 2억 7,500만 원으로 17.5% 늘어난다. …

기사에서는 40대 미만 무주택 실수요자가 가장 큰 수혜자라고 하는데, 그 이유로 새로운 DTI에서는 전년소득뿐만 아니라 미래소득도 함께 따지기 때문이라고 말합니다. 개인의 생애주기를 보면 통상적으로 40대에

소득이 가장 많습니다. 따라서 30대의 경우 현재소득이 적더라도 미래소득, 즉 향후 가장 많이 벌어들일 것으로 예상되는 40대 소득을 적용하면 대출한도가 커질 수 있다는 것입니다.

실제로 정부는 만 40세 미만의 청년층과 신혼부부에게는 금융사 자체적으로 10% 한도에서 연소득을 증액하기로 했는데요, 예를 들어 연봉이 4천만 원이라면 이를 4,400만 원으로 증액해 DTI 한도를 따지기 때문에 기사에서 제시한 사례에서처럼 대출 가능 금액이 4,100만 원(= 2억 7,500만 원 - 2억 3,400만 원) 증가하는 효과가 발생하는군요. 대상자는 이를 최대한 활용해야겠죠?

자영업자에 대한 규제?

> 자영업자 대출 때 소득 외 업종별 업황 등을 따지도록 한 게 골자다. 업황이 안 좋은 음식점, 소매업을 하는 자영업자들 은 앞으로 대출이 어려워질 수 있다는 얘기다.

제목에서 언급했던 자영업자에 대한 '칼날 규제'에 대한 내용입니다. 그런데 구체적인 내용은 없고 소득 외 업종별 업황 등을 따져서 대출한도를 결정한다는 내용이 전부입니다. 그나마 확인할 수 있는 것은 음식점, 소매업 등이 사정이 좋지 않은 업종에 속한다는 사실 정도입니다. 당연한 얘기지만 대출 문제 때문에라도 자영업자들은 어떤 업종을 운영할지에 대한 고민을 더욱 진지하게 해야 하지 않을까요?

그 외에도 서민들을 위한 정책이 소개되어 있습니다. 흥미로운 것은 주택연금의 경우 자식들의 동의 없이 배우자에게 소유권이전을 하더라도 이에 해당하는 등기비용을 지원해준다고 합니다. 참고로, 실제 거래가액이 6억 원 이하이면서 전용면적이 85m² 이하이면 해당 거래가액의 1.1%가 취득세로 부과되는데요, 예시의 경우 3억 원짜리 주택이라면 1.1%인 330만 원이 취득세로 부과되며, 관련 부대비용 등을 더하면 30만~40만 원 정도가 더 부과됩니다. 이 금액을 정부에서 지원한다고 이해하면 되겠습니다.

—

기사를 모두 살펴보니 대출 규제에 대한 다양한 내용이 종합적으로 나와 있고, 이와 더불어 서민들을 지원하는 내용도 소개되어 있군요. 한 가지 아쉬운 점은, 제목은 자영업자에 대한 규제가 주요 내용인 것처럼 보이는데, 실제로는 구체적인 내용이 없었다는 것입니다. 따라서 앞으로는 경제기사를 볼 때 제목이나 부제 등을 보고 내용을 성급히 짐작해서는 안 될 것입니다.

사실 위주로 기사 내용을 판단하되, 추가로 궁금한 부분에 대해서는 스스로 더 찾아보는 습관을 들이는 게 매우 중요합니다. 이런 습관이 모이면 기사 하나를 접하더라도 이전보다 훨씬 적극적으로 사고함으로써 경제 흐름을 이해하는 데 큰 도움이 될 것입니다.

여기서 잠깐! ....

기사 제목에 너무 현혹되지 마세요

글을 쓰는 사람들의 관심사는 당연히 자신의 글이 더 많이 읽히는 것입니다. 그런 이유로 모두가 그런 건 아니지만 경우에 따라서는 기사 제목을 매우 자극적으로 작성하는 경우가 있어요. 문제는 제목만 보고 본문 내용 전체를 미루어 짐작함으로써 잘못된 판단을 하거나 성급하게 결론을 내릴 수 있다는 것입니다. 따라서 너무 자극적인 제목이라면 아예 무시하거나, 꼭 본문 내용을 함께 따져봄으로써 제대로 된 기사인지 확인하는 습관을 들이는 게 좋습니다.

전세자금대출이 증가하면?

전세대출 이상 폭증… 또 다른 '가계빚 뇌관' (MBN 2018. 4. 20)

부동산 투자 또는 실거주 마련에 있어서 여러 가지 요소를 고려해야 하지만, 특히 대출과 세금은 가장 핵심적인 요소가 아닐까 생각됩니다. 여러 가지 이유가 있겠지만 통상 부동산은 금액 자체가 워낙 크기에 순수 자기자본만 가지고 구입하는 경우는 드물어 대출을 활용해야 하는 경우가 많기 때문입니다. 그리고 대출을 받을 때는 해당 금액을 사용하는 데 필요한 비용, 즉 이자를 내야 하기 때문에 금리의 흐름도 꼼꼼히 체크할 필요가 있습니다.

주택 관련 대출 중 많은 사람들이 활용하는 것 중 하나가 바로 '전세자금대출'일 것입니다. 우리나라에만 있는 제도인 전세는 임차인, 즉 세입자 입장에서 주택을 바로 구입할 수 없는 경우에 상대적으로 집값보다는 저렴한 보증금으로 집을 이용하고, 계약이 끝나면 온전히 보증금을 돌려받을 수 있는 장점이 있습니다.

반대로 임대인, 즉 집주인 입장에서는 전세보증금을 활용해 집값과 전세보증금의 차액에 해당하는 자금만 있다면 집을 소유할 수 있습니다(흔히 '전세 끼고 집을 산다'고 하는데, 이러한 방식을 요즘에는 '갭투자'라고 많이 표현합니다).

다시 임차인 입장에서 보면, 집값도 집값이지만 전세보증금도 부담이 되는 경우가 많기에 은행 등 금융기관을 통해 대출을 받을 수 있는데요, 이를 전세자금대출이라고 합니다. 그런데 최근 들어 이러한 전세자금대출이 급격하게 늘어나고 있다고 합니다. 그 이유가 무엇인지 함께 살펴보도록 하겠습니다.

전세자금대출이 증가하고 있다

> … 은행권에 따르면 KB국민·신한·KEB하나·우리·NH농협 등 5개 주요 시중은행의 3월 말 기준 전세자금대출 잔액은 총 50조 7,712억 원으로 집계됐다. 이는 지난해 3월 말 36조 118억 원에 비해 41.0% 늘어난 것이다. 특히 올해 들어 전세자금대출이 더 빠르게 늘어나고 있다. 1분기에만 5조 786억 원 늘었다. 이전까지 분기별 증가액이 4조 원을 넘은 적은 단 한 번도 없었다. …

우선 사실 확인부터 해볼까요? 2018년 3월 말 기준 전세자금대출은 50조 7,712억 원으로, 지난해 대비 무려 41.0% 늘었습니다. 그리고 1분기에만 5조 786억 원이 늘어 분기별 증가액은 처음으로 4조 원을 돌파했다고 합니다. 일단 전세자금대출 증가 속도가 매우 빠르다는 것은 확인되었습니다.

> 이 같은 전세자금대출 급증을 은행권에서는 금리 상승과 월세의 전세 전환 증가 영향으로 해석했다. 은행 관계자는 "저금리일 때는 집주인들이 전세보증금을 투자할 곳이 마땅치 않으므로 월세를 선호하지만 금리 상승기에는 전세금을 받아 여기저기 투자하고자 하는 수요가 커진다"며 "월세의 전세 전환이 늘면서 전세자금 수요가 늘어났기 때문"이라고 설명했다. …

이에 대한 원인으로 은행권에서는 금리 상승과 월세의 전세 전환 증가를 말하고 있는데요, 원리는 이렇습니다. 미국은 2018년 3월부터 금리 인상을 단행했습니다. 이에 우리나라도 선제적으로 지난 2017년 11월, 기준금리를 1.25%에서 1.50%로 인상했으며 17개월간 이어진 사상 최저금리 시대는 막을 내리게 되었습니다.

은행 관계자 말대로 저금리 시대에서는 집주인들이 전세보증금을 활용할 방법이 마땅치 않습니다. 보증금을 은행에 예치해봤자 받을 수 있는 이자가 너무 적기 때문입니다. 따라서 집주인 입장에서는 월세를 선호한 결과, 전세 공급은 줄고 월세 공급은 상대적으로 줄었던 것입니다. 하지만 금리 인상으로 월세보다 전세를 선호하게 된다면 반대로 전세 공급은 늘게 되죠. 또한 어쩔 수 없이 월세를 선택하려 했던 세입자들은 전세를 구할 수 있게 되고 이는 전세자금대출의 증가로 이어질 수 있다는 것입니다. 이렇게 금리 인상과 월세의 전세 전환에 따른 전세자금(대출 포함) 수요 증가로 이해하면 되겠습니다.

전세자금대출 증가의 원인과 그 결과

최근 전세자금대출이 비정상적으로 급등세를 보이는 것은 정부의 각종 대출 규제로 돈을 빌릴 방법이 마땅찮아진 개인들이 전세자금대출을 받아 갭투자나 생활비·사업비 등으로 사용하기 때문이라는 분석도 있다. … 은행에서 돈을 빌릴 때는 "전세자금으로 쓰겠다"고 말했지만 급전이 필요해 돈을 빌렸을 가능성도 있다는 것이다. 이는 일반 전세자금대출에 비해 상환 여력이 떨어질 가능성이 높아 은행의 신용 리스크를 높이는 요인이 될 수 있다. …

더 큰 문제는 바로 이것입니다. 예를 들어 A라는 사람이 있는데 전세보증금이 모두 자기자본이라고 가정합시다. 그런데 정부의 대출 규제로 신용대출 등이 막히자 '그래, 전세자금대출을 받아서 이걸 다른 곳에 활용하자' 이렇게 생각을 바꾸는 것입니다. 전세보증금이 2억 원, 자기자본 2억 원이 있었기 때문에 전세자금대출을 받을 이유가 없는데도 일부러 전세자금대출로 1억 원 정도를 대출받는 것이죠. 그리고 그것을 다른 용도로 활용하는 것입니다. 은행 입장에서는 해당 금액이 온전히 보증금으로만 활용한다는 전제로 대출을 해주었는데, 만약 향후 보증금 상환 시 문제가 발생한다면 그만큼 위험도는 높아지게 됩니다.

전국 아파트 매매가격이 4주 연속 하락하는 등 집값 하락세까지 겹치고 있는 것도 문제라는 지적이다. 집값 하락이 더욱 가속화하면 집주인이 세입자를 구하지 못하는 역전세난이 일어날 수 있다. 특히 자금 여력이 없는 갭투자자는 전세금을 돌려주기 위해 집을 팔거나 대출을 받아야 하는 상황에 처할 수도 있다. 급기야 집값이 전세금보다 낮아지는 '깡통전세'가 출현할 수 있다.

집값이 하락하면 왜 전세자금대출이 문제가 되는 것일까요? 예를 들어 A아파트 집값이 3억 원, 전세가 2억 5천만 원이라고 가정합시다. 그런데 집값이 2억 7천만 원, 전세가 2억 3천만 원으로 하락했다고 하면, 집주인은 시세대로 전세를 2억 3천만 원에 놓고 차액 2천만 원을 기존 세입자 또는 새로 들어오는 세입자에게 돌려줘야 합니다.

그런데 만약 집주인도 현금 2천만 원이 없다면 기존 전세가격인 2억 5천만 원에 전세를 맞추려고 무리를 하거나, 아니면 별도 대출을 받아 보증금을 돌려줘야 할 것입니다. 그것마저 안 된다면 해당 주택을 팔아서 그 돈으로 보증금을 돌려주거나, 최악의 경우 해당 집이 경매로 넘어가는 경우도 있을 수 있습니다. 물론 그래서는 안 되겠지만 경매로 집이 넘어갔을 때 경매 낙찰가가 전세금보다 낮아져버린다면 해당 집에서 살고 있었던 세입자는 자신의 보증금의 일부 또는 상당 부분을 날릴 수 있는 것입니다. 그런 경우가 많으면 많을수록 사회적으로 큰 문제가 되겠죠?

따라서 임차인 입장에서는 집값에 비해 전세가격이 너무 높은 집은 가급적 피하거나 임대인(집주인)의 경제적 사정 등을 미리 확인하는 게 좋습니다.

—

전세로 살고 있는 사람 입장에서는 집값이 조금 떨어지고 안정되는 게 좋다고 생각합니다. 그런데 아이러니하게도 이런 경우 '깡통전세'를 염려해야 하는 상황이니 실거주 마련은 참 쉽지 않아 보입니다. 그렇다고 매수를 하자니 타이밍 잡기가 어렵고요. 추세를 더 살펴봐야 하겠지만, 전세자금

대출이 급증한 원인은 전세에 대한 수요(임차인 입장)도 늘고, 전세 공급(임대인 입장)도 늘었기 때문으로 보입니다. 어떤 대출 항목이 늘고, 줄어드는지만 봐도 이면에 숨겨진 원리를 읽을 수 있으니 '아는 것이 힘이다'라는 격언이 새삼 느껴지는 순간입니다.

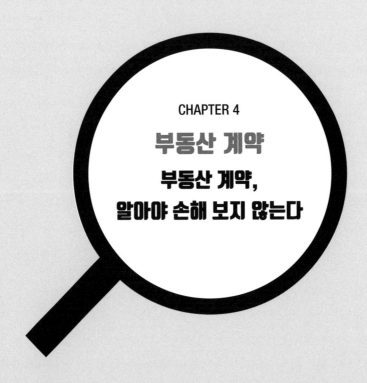

CHAPTER 4

부동산 계약

부동산 계약,
알아야 손해 보지 않는다

깡통전세의 위험

'깡통전세' 어디서 나올까? 입주 2년 된 송파·강동 경계경보
(이코노믹리뷰 2017. 8. 23)

혹시 '깡통전세'라는 말을 들어봤나요? 최근 전세가격이 급등하면서 이에 대한 말들을 많이 들어봤을 텐데요, 사실 전세제도는 우리나라에만 있는 독특한 제도입니다. 외국에 이런 제도를 소개하면 하나같이 '신기하다'는 의견과 함께 "집주인이 굉장히 착하다. 임차인만 좋은 것 아니냐"는 반응이 많답니다. 왜냐하면 주택을 보유하면서 내야 하는 재산세, 종합부동산세 등 보유세는 집주인이 내는 데 비해, 임차인은 특별한 하자만 없다면 전세보증금을 모두 돌려받을 수 있기 때문이죠. 게다가 집값 하락에 대한 우려도 없을뿐더러 상대적으로 저렴한 가격에 주거 서비스를 받을 수 있습니다.

하지만 그러한 임차인도 조심해야 하는 사항이 있는데요, 그중 하나가 바로 깡통전세입니다. 이번에는 과연 깡통전세가 무엇인지, 그리고 왜 위험한지에 대해서 살펴봅니다. 동시에 어떻게 하면 이에 대한 리스크를 줄일 수 있는지에 대해서도 알아보도록 하겠습니다.

깡통전세란 무엇인가?

> … '깡통전세'란 집값이 상승할 것이라고 예상하고 무리한 대출과 전세를 끼고 산 아파트가 집값이 하락하면 전셋값을 돌 려주기 어려워 경매 처분 때 세입자가 전 세금을 온전히 돌려받지 못하는 주택을 말한다. …

집값이 3억 원인 아파트에 전세 2억 8천만 원으로 임차해서 살고 있다고 가정해보겠습니다(매매가와 전세가의 차이는 2천만 원). 2년 후 계약 만기가 되어 다른 곳으로 이사를 가려고 하는데 전세로 살고 있는 집의 가격이 2억 7천만 원으로 하락했다고 합니다. 보통 집값보다는 전세금이 낮기 때문에 인근 전세 시세 역시 2억 5천만 원으로 내려갔다고 가정해보죠(이번에도 매매가와 전세가 차이는 2천만 원이라고 가정).

부동산 거래 관행을 보면 집주인이 전세보증금에 해당하는 2억 5천만 원을 현금으로 쥐고 있는 경우는 아주 드뭅니다. 그 대신에 새로운 임차인을 들여 보증금을 받아 전달하는 형식을 취하는데요, 시세대로 2억 5천만 원에 임차인을 들이더라도 돌려줘야 하는 전세보증금은 2억 8천만 원이기에 3천만 원을 별도로 준비해야 하는데, 경우에 따라서는 이런 금액이 없거나 부족할 수 있습니다. 1채라면 어찌 해보겠지만 이러한 집이 많다면, 다시 말해 전세가 하락으로 전세보증금을 돌려줘야 하는 주택이 많다면, 집주인이 준비해야 하는 현금이 크게 증가할 수도 있습니다. 이 경우 일부 임차인에게 보증금을 제대로 반환하지 못하는 경우도 있답니다.

이때 임차인은 전세보증금을 돌려받아야 하는 채권자로서 집주인을 상대로 법을 통해 강제로 제재를 가할 수 있는데요, 이게 바로 '경매'입니다. 경매를 통해 법원이 해당 주택을 매각하고 여기에서 나온 금액으로 임차인에게 전세보증금을 돌려주게 되어 있지만, 이게 말처럼 쉽지 않습니다. 우선 집값이 하락했기에 낙찰가가 넉넉하지 않을 수 있으며, 집값이 하락하는 추세라면 주변 시세보다 낮은 금액에 낙찰될 가능성이 큽니다. 여기에 경매 진행에 필요한 제반비용을 제하고 남은 금액이 배당되므로 임차인은 자신의 전세보증금을 온전히 돌려받지 못할 가능성이 큽니다. 그래서 깡통전세가 위험한 것입니다.

중개업소는 아파트를 소유한 주인이 집을 내놓고 집을 살 새 주인은 전세를 끼고 매입하려는 것이라고 설명했다. 이 씨는 "계약금을 치르고 난 뒤 알게 된 것은 이 씨의 집을 매입한 새 주인은 이미 갭투자(전세를 끼고 주택을 구매하는 투자방식)로 다주택자였다는 것을 알게 됐다"면서 "8·2 대책이 발표되고 양도세 중과와 대출 규제로 다급해진 주인은 집을 매입하라고 제안했다"고 말했다. 이 씨는 전세금을 떼이거나 집을 떠안아야 하는 것인지 불안해 하는 중이다. …

기사에서 든 사례는 주변에서 많이 볼 수 있는 상황입니다. 전세가 귀하면 심지어 집을 보지도 못하고 사진만 보고도 계약을 하는 경우가 허다하죠. 기사에 나온 30대 이지은 씨(가명)도 그러한 경우인데요, 전세 계약을 하고 보니 집주인이 바뀌는 경우입니다. 그리고 새로 바뀌는 집주인은 해당 주택을 전세를 끼고 매입한 경우로 최근 매매가와 전세가의 차이, 즉 갭(gap)이 작은 것을 활용해 투자한 경우가 많아서 이러한 경우를 '갭투자'라고 부르게 된 것입니다.

사례에서는 그렇게 갭투자를 한 주인이 8·2 부동산 대책으로 여러 채의 주택 보유가 부담되기에 곧바로 세입자인 이 씨에게 되팔려고 한 것이죠. 갭투자는 주택가격의 상승을 전제로 하는 투자이기에 갭투자자가 집을 판다는 것은 향후 시세차익이 예상되지 않거나, 다주택 보유에 따른 부담이 큰 것으로 이해하면 됩니다. 그래서 사례의 이 씨는 혹시라도 자신의 보증금이 떼일까 봐 불안한 것입니다.

노원구 상계동의 K공인중개업체 관계자는 "전세가율이 90%인 집의 경우 집값이 10%만 빠지더라도 전세 금액을 못 돌려준다"고 말했다. 그는 "2,000만~3,000만 원만 있어도 갭투자로 집을 살 수 있었던 사람들이 내년 4월 양도세 중과 전에 급매로 내놓고 싶어 한다. 세입자에게 돌려줄 전셋값을 돌려주기 어려워질 수도 있다"고 전했다. …

구체적으로 투기지역으로 지정된 노원구의 경우 2018년 4월 양도소득세 중과 전에 급매로 내놓기를 원하는 집주인이 늘어나고 있어 집값 하락이 예상되며, 그럴 경우 전세가격도 하락함으로써 세입자에게 전셋값을 온전히 돌려주기 어려운 상황이 닥칠 수도 있다는 의미입니다. 이 경우는 집값 하락으로 인해 깡통전세가 나올 수 있음을 우려하는 사례입니다.

입주가 많은 지역의 경우 당장은 임대물량이 많아 전세가율이 낮아진다. 갭투자가 많은 지역일수록 전세 공급이 증가한다. 일부 지역에서는 집주인이 세입자에 보증금 일부를 돌려주거나 세입자를 구하지 못하는 '역전세난'도 발생한다. … 공급 과잉으로 매매가격이 떨어지거나 전세 공급이 많아져 전셋값이 떨어지면 깡통전세로 이어질 수 있다. …

깡통전세 우려는 또 다른 경우도 있습니다. 앞서 살펴보았던 '전세의 수요와 공급' 내용을 기억하나요? 전세가격이 하락하는 경우는 수요가 줄고 공급이 증가하는 경우라고 했습니다. 이 중 전세 공급이 증가하는 경우를 말하는데요, 입주가 많은 지역의 경우 전체가 실거주가 아니고 일부는 임대를 놓기에 전세 공급이 증가하고 전세가는 낮아집니다.

이러한 전세 공급은 또 있습니다. 바로 갭투자가 성행하는 곳입니다. 매매가와 전세가 차이가 작기에 갭투자를 하는 것인데요, 더 근본적으로는 자신의 투자금을 최소화하기 위해 전부 전세로 임대를 놓습니다. 이런 이유로 갭투자가 성행하는 곳은 전세 공급이 늘고 이게 수요를 초과하면 전세가율이 낮아질 수도 있는 것이죠.

깡통전세의 위험에서 벗어나려면

이영진 고든리얼티파트너스 대표는 깡통전세가 나오는 곳은 신규 물량보다 2년 지났던 물량이라고 말했다. 이 대표는 "입주 후 일반적으로 계약기간인 2년이 지난 뒤 전셋값이 떨어지면 기존 세입자가 전세금을 돌려받지 못한다"면서 "세입자는 집값 대비 전세가율을 조정하기가 어렵다. 전세가율이 많이 높은 아파트라면 반전세로 보증금을 줄이고 월세 비중을 늘리는 것이 안전하다"고 조언했다.

그렇다면 이러한 깡통전세의 위험으로부터 벗어날 수 있는 방법은 무엇일까요? 이영진 대표는 차라리 반전세로 보증금을 줄이고 월세 비중을 늘리라고 조언합니다. 적어도 보증금은 떼이지 말라는 것이죠.

우리는 흔히 집을 매수하는 경우를 제외하면 전세는 좋은 것이고 월세는 안 좋은 것이라고 생각합니다. 그만큼 전세의 장점이 많기 때문이죠. 앞으로는 임차인으로서 이러한 선택지가 훨씬 줄어들지도 모릅니다. 집주인도 전세보다는 월세를 선호할 것이며(갭투자는 제외), 임차인 입장에서도 역설적으로 차라리 반전세나 월세를 하는 것이 보증금을 떼일 염려가 없기 때문입니다.

> 또한 전세 계약 시 집이 경매로 넘어갈 경우 선순위 임차보증금이나 은행대출이 있는지를 살펴볼 것도 권했다. 임대차보호법상 소액보증금 최우선 변제를 받기 위해서는 계약 당일 확정일자, 전입신고 등을 빼먹지 않아야 한다.

마지막으로 우리가 임차인인 경우 반드시 놓치지 말아야 하는 부분이 바로 전입신고와 확정일자입니다. 확정일자를 받아야 보증금을 지킬 수 있죠. 전입신고를 하고 확정일자를 받음으로써 임차보증금이 물권화되어 우선순위가 높게 변제받을 수 있습니다.

간혹 이렇게 하지 않더라도 무조건 1순위로 보장받을 수 있는 금액이 있는데 이를 '소액보증금'이라고 합니다. 일정 금액만큼은 보장해준다는 것이죠. 한 가지 유의할 점은 해당 보증금이 해당 범위 안에 들어가야 한다는 것입니다.

예를 들어 2018년 10월 서울에서 거주하고 있다면 보증금이 1억 1천만 원 이하일 경우 소액보증금을 받을 수 있으며, 그때 최우선으로 돌려받는 금액은 3,700만 원이 됩니다. 만약 보증금이 1억 1천만 원을 초과하면 해당 요건에서 벗어나는 것이죠. 또한 집주인에게 은행대출이 있다면 해

지역별 소액보증금 적용 기준

최선순위 담보권 설정일자	지역	임차보증금 범위	최우선 변제금액
2018. 9. 18~	서울특별시	1억 1천만 원 이하	3,700만 원
	수도권 중 과밀억제권역, 세종특별자치시, 용인시, 화성시	1억 원 이하	3,400만 원
	광역시(군지역 제외), 안산시, 김포시, 광주시, 파주시	6천만 원 이하	2천만 원
	그 밖의 지역	5천만 원 이하	1,700만 원

당 대출과 임차인의 보증금 간의 순위를 따져야 하며 순위가 높은 순으로 경매 시 배당이 진행됩니다. 그렇기 때문에 앞서 이야기한 것처럼 전입신고를 하고 확정일자를 하루 빨리 받아야 하는 것입니다.

—

의식주 중에서 집은 우리에게 특별한 의미를 갖습니다. 의식주 모두 우리가 생활을 영위하면서 모두 반드시 필요한 요소이지만, 특히 집은 금액이 클 뿐만 아니라 삶의 질과도 직결되는 요소지요. 그렇기에 고려할 사항도 많고 주택 매수를 함에 있어서는 그 어떤 때보다 신중해지는 것 같습니다. 그나마 우리나라의 경우 전세제도라는 독특한 제도가 있기에 거주 부담을 어느 정도 줄일 수 있는데요, 그만큼 깡통전세 등 조심해야 하는 요소도 매우 많답니다.

이번 기사를 통해 바로 그 깡통전세에 대해 알아봤습니다. 이 책에서는 주택을 매수하는 것이 좋은지, 사지 않는 게 더 좋은지에 대해 별도로 언급하지 않겠습니다. 다만 현재 시장에서 벌어지고 있는 일들에 대해서는 어느 정도 알고 있기를 바랍니다.

늘어나는 전세보험 가입자

깡통전세·역전세난에 4월 전세보험 가입 '쇄도'… 전년比 128% ↑
(뉴스1 2018. 5. 4)

주택을 소유하지 않는다면 임차해야 하는데요, 특별한 사정이 없다면 임차인 입장에서는 월세보다는 전세를 선호할 것입니다. 월세는 소멸하고 없어지는 지출이지만, 전세보증금은 계약기간이 만료되면 이를 돌려받을 수 있기 때문입니다(물론 전세보증금에 해당하는 금액이 없다면 월세를 택할 것입니다). 하지만 전세라고 해서 위험이 전혀 없는 것은 아닙니다. 월세에 비해 상대적으로 보증금액이 크기 때문에 만에 하나 이를 돌려받는 데 차질이 생기면 임차인 입장에서는 큰 손해를 볼 수도 있습니다.

전세 계약 만료에 따라 임차인이 이사를 간다고 가정할 경우, 보통은 2~3개월 전에 집주인에게 이를 통보하고 새로운 세입자가 오면 여기에서 받은 보증금으로 기존 전세보증금을 돌려주는 게 일반적입니다. 이때 세입자를 구하지 못하거나 세입자를 구하더라도 전세금이 하락하는 경우가 발생할 수 있는데요, 이 경우 부족한 금액은 집주인이 전세 계약 만료일에 맞춰서 보충해서 돌려주는 것이 의무입니다.

그런데 실제로는 예상치 못한 일이 가끔 벌어지기도 합니다. 이미 전세 계약기간은 끝났는데 세입자가 구해지지 않아서 집주인이 보증금을 못 돌려주겠다고 하는 경우가 생기곤 하죠. 혹은 집주인이 원하는 수준의 전세 보증금을 맞춘 임차인이 없다며 전세 계약을 진행하지 않는 경우도 있습니다. 집주인 입장에서야 현금 부족 등의 사정으로 그렇다고 하겠지만, 임차인 입장에서는 이사 일정도 있고 엄연히 돌려받아야 하는 금액인데 받지 못하면 얼마나 속상하겠어요.

이때 집주인의 사정과는 상관없이 전세금을 온전히 돌려받을 수 있는 수단이 있는데요, 이게 바로 '전세금 반환보증보험(이하 전세보험)'입니다. 혹시 전세로 집을 임차 중이거나 임차할 계획이 있다면 더 집중해서 봐야겠죠?

전세보험이란 무엇인가?

대출 가능 금액이 줄어 매매 대신 전세 계약을 연장하려던 A씨는 전세금 반환보증보험(전세보험)에 가입했다. 집주인이 갭 투자(전세를 낀 매매)를 했다는 얘기가 있어 혹시 경매에 넘어가거나 계약 만기일이 지나도 전세금을 받지 못할 때를 대비한 것이다. 게다가 올해 초부터 집주인 동의가 없어도 가입이 가능한 것도 마음에 들었다. …

기사에 소개된 A씨 같은 사례가 많을 것입니다. 거주할 집을 매수하려 했는데 우물쭈물 하는 사이에 집값이 너무 올라서 이러지도 저러지도 못하고 있는 사이, 금리 인상에 대출까지 막혀서 결국 다시 전세를 선택하는 경우 말입니다. 그런데 알고 봤더니 집주인이 흔히 언론에서 말하는 갭투자자인 것 같을 때 '혹시 나중에 전세금을 제때 돌려받지 못하면 어쩌지?' 하고 고민하는 것입니다. 이런 고민이 있을 때 전세보험에 가입하는 경우가 많은데요, 특히 2018년부터는 집주인의 동의가 없어도 가입이 가능하다는 장점이 더해져 가입건수가 더욱 늘고 있다고 합니다.

> HUG(주택도시공사) 관계자는 "전셋값 하락으로 전세 세입자가 쉽게 구해지지 않아 전세금 반환이 지연되거나 전셋값과 매매가 차이가 줄어들면서 깡통전세 우려가 커졌기 때문으로 풀이된다"며 "집주인의 동의가 없어도 전세보험에 가입할 수 있고 모바일로도 24시간 쉽게 신청할 수 있어 급증했다"고 설명했다. …

전세보험에 대한 임차인의 관심이 높아지는 이유는, 집주인의 경제적 상황이 나빠져 보증금을 돌려받지 못하거나, 전세금 반환이 지연될 때 등 혹시라도 발생할 수 있는 리스크에 대비하기 위함입니다. 일단 전세보험에 가입하면 전세 계약 만료 시 보증기관이 임차인에게 해당 전세금을 먼저 돌려줍니다. 그리고 보증기관이 집주인을 상대로 전세금을 대신 돌려받는 구조입니다.

특히 최근 매매가와 전세가의 차이가 줄어든 점, 집주인의 동의가 없어도 가입이 가능한 점, 모바일을 통해 24시간 신청이 용이한 점이 인기 요인이라고 합니다. 기존에는 이런 상품에 가입하려면 집주인의 동의가 있어야 했는데, 전세 공급이 적다 보니 임차인들은 어쩔 수 없이 보험 가입을 하지 못했던 것입니다.

전세보험의 장점과 유의사항

> HUG의 보증보험에 사고 접수를 하고 전세금 대리 청구를 신청할 수 있는 시점은 전세 계약 종료 한 달 이후부터다. 한 달간 집주인과 세입자 간의 이견조율 기간을 거치는데 이 과정에서 전세금 반환이 이뤄지는 시점은 가입자마다 다르다. HUG 관계자는 "계약 만기 1개월이 지난 뒤 보증금 반환을 청구하고 법원에서 임차권 등기명령 신청만 받아오면 곧바로 전세금 지급이 된다"면서 "세입자뿐 아니라 집주인의 입장도 배려해야 하다 보니 한 달의 유예기간은 필요하며 이 같은 약관은 계약 때 안내가 된다"고 말했다.

이런 일이 실제로 있으면 안되겠지만, 만약 본인이 전세로 임차 중인데 집주인이 제때 전세금을 돌려주기 힘들다고 합시다. 이 경우는 보증보험에 전세금 대리 청구라는 것을 해야 하는데요, 전세 계약이 종료되었다고 바로 할 수 있는 게 아니라 한 달 후부터 가능합니다. 이는 앞서 말한 기존의 거래 관행도 있는 데다 집주인의 입장을 배려해 한 달 정도는 유예기간을 둔 것입니다. 전세보험에 가입하면 이런 내용은 안내된다고 하니 전세보험을 이용 중이거나 활용 계획이 있다면 꼼꼼히 챙겨야 하겠습니다.

> 한편 HUG의 전세보험은 전셋값이 서울 포함 수도권은 7억 원, 그 외 지역은 5억 원 이하여야 한다. 아파트 기준 HUG의 보증료율은 전셋값의 연 0.128%다. 보증금 1억 기준으로는 연 12만 8,000원이다. 월 1만 원의 보증료를 내고 보증금 1억 원을 전세 계약 만료에 맞춰 되돌려 받을 수 있다는 점에서 큰 매력이 아닐 수 없다. 여기에 부부 합산 소득이 4,000만 원 이하면 저소득 가구 할인을 받을 수 있다. 이 밖에 다자녀, 노인 부양 가구 등 해당 사항이 있으면 40%를 추가로 할인해준다. 다세대·단독·오피스텔의 보증료율은 0.154%다.

전세보험의 장점과 유의사항에 대해 좀 더 알아보겠습니다. 우선 고액 전세는 가입이 불가합니다. 서울을 포함한 수도권(서울·경기·인천)은 7억 원, 그리고 그 밖의 지역은 5억 원 이하여야 합니다. 전세 계약 시 전세보험을 염두에 두고 있다면 주의가 필요합니다.

다음으로 보험료를 체크해야 하는데요, 전세보증금이 1억 원이라고 한다면 연간 12만 8천 원을 보험료로 납부해야 합니다. 보증료율은 1년 0.128%로, 기사에서 잘 설명되었듯이 보증금 1억 원을 월 1만 원으로 안전하게 지킬 수 있다는 점에서 매우 매력적이라고 할 수 있습니다.

또한 부부 합산 소득이 4천만 원 이하, 다자녀·노인 부양 가구 등에 해당한다면 추가 할인이 있다고 하니 전세보험 가입 시 꼭 이를 확인하기 바랍니다.

임차인들이 집을 매수하지 않고 전세 계약을 하는 데는 여러 가지 이유가 있겠지만, 그중 하나는 향후 집값이 상승하지 않거나 오히려 하락할 것이라고 생각하기 때문입니다. 집값이 오를 기미가 없는데 굳이 무리해서 집을 살 필요도 없고, 전세보증금은 나중에 모두 돌려받을 수 있으니 매우 합리적으로 보입니다.

하지만 역설적으로 전세보증금을 온전히 돌려받으려면 집값이 올라야 합니다. 그래야 최악의 경우 오른 집값으로 전세보증금을 돌려받기 용이해집니다. 또한 언론에서 계속 말하는 전세가율 역시 낮아집니다. 전세가율을 구하는 식은 '전세보증금액/집값'이기 때문입니다.

그런데 정말로 집값이 오르면 임차인이 기뻐할까요? 그렇게 되면 '그때 집을 살 걸' 하는 상대적 박탈감을 맛보게 될 것입니다. 반대로 집값이 떨어졌다고 생각해봅시다. 그때는 역전세, 깡통전세에 대한 걱정을 해야 합니다.

—

제가 여기서 하고 싶은 말은 임차인 입장에서는 지금까지 상대적으로 불리한 싸움을 해왔다는 것입니다. 집값이 오르면 오르는 대로, 내리면 내리는 대로 속앓이를 해야 했던 것이죠. 하지만 '전세금 반환보증보험'에 가입하면 적어도 집값 하락에 대한 걱정은 덜 수 있게 됩니다. 집주인의 동의도 필요 없고 보증금 1억 원의 경우, 월 1만 원에 해당하는 보험료만 납부하면 되기 때문입니다. 매우 유리한 제도임이 틀림없습니다.

그런데 혹시 집값이 오르면 어떡하냐고요? 그런 경우를 대비해 양쪽 모두를 보완해주는 보험상품이 나오면 참 좋겠죠? 현재 그런 상품은 아직 없습니다. 이에 대해서는 본인이 어떤 것을 택할지, 현명한 선택이 필요해 보입니다.

임대차 계약 시 세입자가 주의할 것

전세 계약 끝나는데 불안하시죠? (머니S 2018. 5. 3)

전세 계약 만료가 돌아올 예정이라면 이번 내용을 잘 봐야겠습니다. 앞서 살펴본 전세금 반환보증보험과 연계해서 보면 더 좋을 듯합니다. 저 역시 전세로 임차해 거주할 때 '전세 계약기간이 만료가 되었는데 왜 보증금을 돌려받지 못하는 경우가 생기는 거지?' 하고 의아했던 경우가 많았습니다. 법적으로 계약기간이 종료되면 보증금은 당연히 돌려받을 수 있는 것이고 이에 맞춰 이사 날짜 등을 모두 합의했는데, 집주인이 이를 틀어버리는 경우가 간혹 있다는 주변 사람들의 이야기를 듣고도 이해하지 못했던 것이죠.

이번 기사에서는 왜 그런 일이 생기는지, 그리고 어떻게 하면 이런 상황을 현명하게 해결할 수 있는지에 대해 살펴보겠습니다. 전세로 살고 있거나 전세 계약을 앞두고 있다면 눈여겨보는 게 좋겠습니다.

전세금 못 받을까 봐 두려운 세입자

최근 전세 계약 종료를 앞둔 김 씨는 스트레스가 이만저만이 아니다. 이사 날짜가 한 달 앞으로 다가왔는데도 집주인이 새 세입자를 구하기 전까지 전세금을 돌려줄 수가 없다며 버티는 탓이다. 법적으로 엄연히 돌려받을 권리가 있는 돈이지만 김 씨는 소송비용이나 시간 등을 생각하면 엄두가 안 나 집주인에게 사정하며 전셋값을 내리도록 설득 중이다. 또 지인들이나 동네 인터넷 커뮤니티, 직방 등에 직접 매물을 알리며 새 세입자를 구하느라 시간적·정신적으로 피해를 입는 상황이다. …

이런 일이 발생하면 안 되겠지만 실제로 이런 경우가 발생할 수 있습니다. 특히 최근에 언급되는 '역전세'가 발생하는 지역이라면 더욱 그러할 것입니다. 보통은 전세 임차로 지내다 다른 곳으로 이사를 가는 경우에, 계약 만료 2~3개월 전에 임차인은 이러한 사실을 집주인에게 통보하고 그다음 임차인이 구해지면 새 임차인에게서 받은 보증금으로 기존 보증금을 내주는 방식으로 거래가 진행되는 경우가 일반적입니다.

문제는 기존 전세보증금보다 시세가 더 떨어지는 경우입니다. 모두가 그런 것은 아니겠지만, 간혹 일부 임대인(집주인)은 본인이 원하는 임대조건(기존 전세보증금과 동일한 수준 등)과 맞지 않으면 새로운 임차인을 받을 수 없고, 그 결과 전세보증금을 내줄 수 없다고 말하는 경우가 있습니다. 이는 당연히 계약위반입니다.

하지만 이때 임차인이 할 수 있는 게 사실 많지 않습니다. 혹자는 보증금 반환소송을 하면 된다고 하지만 기사에 나오는 것처럼 법에 대해 잘 모르는 일반인들이 진행하기는 상당히 부담스럽습니다. 그렇다고 변호사 등 전문가에게 도움을 받으려면 그 비용도 만만치 않습니다. 게다가 당연히 돌려받아야 할 돈인데 왜 이렇게까지 스트레스를 받아가며 일을 진행해야 하는지를 생각하면 더 힘든 것이죠.

그래서 보통은 부동산 중개업자를 통해서, 또는 임차인 본인이 시세에 맞게 임대보증금을 내려달라고 하소연하거나, 주변에 직접 매물을 등록함으로써 원래는 집주인이 알아봐야 할 세입자를 대신 구하기도 합니다. 집주인 입장에서도 부족한 차액을 돌려주려 했으나 자금이 부족할 시 대출을 활용해볼 수 있을 것입니다. 하지만 계속해서 정부는 가계대출을 규제하고 있기에 이마저도 쉬워 보이지는 않습니다.

전셋값이 하락하면 일반적으로는 세입자에게 유리한 경우가 많지만 김 씨 사례처럼 집주인에게 차입이 많은 등의 이유로 전세금을 돌려받지 못하는 피해가 우려된다. 지난해 법원 '사법연감'을 살펴보면 임대차보증금 관련 1심 민사소송 건수는 글로벌 금융위기 당시인 2009년 7,743건을 기록했다가 2013년 7,506건, 2016년 4,595건 등으로 줄어들었다. 그러나 부동산 전문가들은 앞으로 관련 소송이 늘어날 수 있다고 전망한다. …

최근 전세시장이 안정되는 건 반가운 현상이지만 위 사례와 같은 분쟁은 더 늘어날 것 같습니다. 실제 법원 임대차보증금 관련 소송 건수를 보면 과거 글로벌 금융위기 당시 최고치를 기록했다가 이후 점차 줄어들었습니다. 줄어든 기간을 보니 지난 수도권 부동산 시장의 상승시기와 일치한다는 점이 흥미롭습니다.

반면 전문가들은 향후에 이와 관련된 소송건수가 더 늘어날 것으로 전망하고 있습니다. 앞서 말한 것처럼 실제 보증금 반환소송까지 가는 경우가 드물다고 가정하면, 보증금 반환과 관련된 집주인과 세입자의 갈등은 이보다 훨씬 많다고 볼 수 있겠습니다.

임대차 계약이나 계약 종료를 앞둔 세입자를 위한 팁

먼저 임차기간 중 집주인과 연락이 닿지 않는다면 계약서상 주소로 계약만기 한 달 전까지 계약갱신 거절의 내용증명을 보내야 한다. 만약 반송되면 임대차 계약서와 내용증명을 지참해 주민센터를 찾아가서 집주인 주소를 확인할 수 있다. 이후에도 집주인과 연락이 안 될 경우 '임차권 등기명령'을 신청할 수 있다. 임차권 등기명령은 세입자가 법원에 우선변제권을 요청할 수 있는 제도로 전세 계약이 종료된 후에만 신청할 수 있다. 임차권 등기를 설정하면 우선변제권이 있는 상태로 이사할 수 있다. 임차권 등기명령은 보증금 전액뿐 아니라 일부만 돌려받지 못한 경우도 신청할 수 있다.

우선변제권을 얻었다면 보증금 반환청구소송을 제기해야 한다. 보증금 반환청구소송은 계약조건과 임대차기간 등을 증명할 수 있는 계약서가 있으면 변호사 없이도 가능하다. '대한민국 법원 나홀로소송'에서 임대차보증금 소장 작성하기 코너의 도움을 받으면 인지세와 송달료 등 기본적인 비용만 부담하므로 소송비용을 아낄 수 있다.

최악의 경우 세입자 입장에서 할 수 있는 방법은 무엇이 있을까요? 우선 가장 먼저 본인의 의사를 명확하게 사전에 고지하는 것이 중요할 것입니다. 이 경우 전화 통화보다는 문자 메시지가, 메시지보다는 '내용증명'이 유리한데요, 내용증명은 말 그대로 어떠한 내용에 대해 제3자(여기서는 우체국)를 통해 내용을 전달하고 이를 증명하는 도구입니다. 내용증명 자체에 대해서도 설명할 내용이 많지만 여기에서는 이 정도만 언급해두어야 할 것 같습니다.

만약 내용증명이 제대로 전달되지 않는다면 이번에는 '임차권 등기명령'을 활용해볼 수 있습니다. 이는 세입자가 법원에 자신의 임대보증금에 대해 우선변제권을 신청하는 제도로, 전세 계약이 종료된 이후에만 가능합니다. 앞서 살펴본 기사에서도 전세보험 역시 계약 만료 후 한 달이 지나야 반환 신청이 가능하다고 했습니다. 여기까지 잘 되었다면 우선변제권이 확보되었기에 다른 집으로 이사를 갈 수 있습니다. 그리고 이후 보증금 반환청구소송을 진행할 수 있는데요, 현실적으로 이사를 하려면 기존 보증금을 활용해야 하기에 그 부분이 가장 큰 걸림돌이 됩니다. 그러니 이런 제도가 있다는 것을 아는 것과 모르는 것의 차이는 매우 크겠죠?

> 가장 기본적인 대처는 전세 계약 당시 전입신고와 확정일자 받기, 전세금 반환보증보험에 가입하는 방법 등이 있다. 다만 보험은 수십만 원의 비용이 발생하는 단점이 있다.

하지만 저는 그보다는 위의 내용이 더 중요하고 간편하다고 말하고 싶습니다. 우선 계약을 하면 반드시 전입신고와 확정일자를 받아야 합니다. 이를 통해 자신의 보증금을 '물권화'할 수 있습니다. 즉 보증금은 등기부 등본에 별도로 기재되는 건이 아니기에 집주인과 세입자 사이에서 다툼이 발생할 때 채권의 역할만 합니다. 하지만 법에서 이를 보호하고자 전입신고와 확정일자를 통해 물권과 같은 효력을 갖게 해주었습니다.

이것만 제대로 지켜도 보증금을 받는 데 큰 지장은 없습니다. 예외적으로 해당 집이 경매로 넘어가고 낙찰가가 낮아, 선순위 비용 등을 제하고 보증금보다 낮은 금액을 세입자가 배당받으면 손해를 볼 수 있습니다. 안타깝게도 전세보증금을 100% 완벽하게 지키는 방법은 거의 없다고 봐야 합니다.

그런 의미에서 전세보험은 아주 매력적입니다. 조건에 맞춰 가입만 하면, 전세 계약 만료 후 한 달이 지나 신청하면 기관을 통해 보증금을 받을 수 있습니다. 그리고 이후 집주인을 상대로 한 구상권은 해당 기관에서 갖기 때문에 크게 스트레스를 받을 일이 없는 것입니다. 물론 보험료가 발생하지만 보증금 1억 원당 1년에 약 13만 원 꼴이니 부담이 전혀 없는 금액은 아니지만 가급적 가입하는 게 유리해 보입니다.

—

사실 부동산 계약에 대해서는 알아야 하는 내용이 꽤 많습니다. 주로 민법에 대해 알아야 하는데요, 잘못하면 배보다 배꼽이 더 클 수 있기에 반드시 알아야 하는 내용 위주로 구성했습니다. 위에서 전세보증금을 100% 안전하게 지키는 방법은 없다고 했는데요, 관련 법에 대해 공부해보신 분들은 이 말이 무슨 뜻인지 이해할 것입니다. 전세제도는 참 좋은 제도지만 이런 맹점이 있기에 임차인은 스스로 자신의 보증금을 지킬 방안에 대해 알아두는 게 필수입니다.

예전에는 전세보험 가입 시 집주인의 동의가 필요했지만 이제는 그렇지 않습니다. 더 좋은 방향으로 바뀐 것이죠. 비록 보험료는 나가지만 현재로서는 자신의 전세보증금을 지키기 위한 가장 좋은 방법이 전세보험이라고 생각합니다.

전세 계약이 만료되었는데 집주인이 보증금을 돌려주지 않을 때

이런 경우 많이들 있죠? 저 역시 비슷한 경험이 있습니다. 대부분의 세입자는 '기간이 끝났으면 당연히 보증금을 돌려줘야지!'라고 생각할 거예요. 하지만 현실은 많이 다릅니다. 집주인이 현금을 가지고 있어서 보증금을 돌려주면 아무 문제가 없겠지만 "자금이 없으니 새로운 세입자가 나타나면 그때 돌려주겠습니다"라고 한다면 현실적으로는 이를 기다리는 수밖에 없죠.

물론 소송 등을 통해 해결할 수도 있겠지만 그게 말처럼 쉽지 않습니다. 소요 기간도 오래 걸릴뿐더러 정신적인 스트레스도 무시하지 못하기 때문에 차라리 그 시간에 새로운 세입자를 구하는 게 더 낫다고 생각하게 됩니다. 따라서 이런 일을 사전에 방지하려면 미리 주변 시세를 확인하고, 집주인에게 이사한다는 사실을 여유 있게 통보하며 상호 협조하는 것이 더 현명할 수도 있습니다.

갭투자자 집주인에게 전세금 돌려받는 법

[Q&A] 집주인이 갭투자자, 전세금 온전히 돌려받을 수 있나요?
(한겨레 2018. 4. 17)

2018년 상반기 전세가격이 하락하고 있다는 소식이 들리고 있습니다. 자가가 아닌 전세로 임차를 하는 사람도 많기 때문에 얼핏 보면 이러한 뉴스는 반갑게 들려야 할 것 같은데요, 현실에서는 꼭 그렇지만은 않은 것 같습니다. 그 이유가 무엇인지 기사를 통해 살펴보겠습니다.

> … 갭투자자 보유 주택이나 일반 주택이나 집값이 하락하면 세입자가 전세금을 돌려받지 못할 위험이 생기는 것은 똑같다. 그런데 갭투자 주택은 전세금과 매매 가격 차이가 적은 게 특징이다. 따라서 집값이 떨어질 경우 기존 전세금을 건지지 못하는 '깡통전세'로 전락할 가능성이 상대적으로 높은 편이다.

갭투자라는 말이 최근에 생겼을 뿐 이런 방식의 투자는 이전부터 이뤄졌습니다. 세가 잘 나가는 집이나 본인이 살고 싶은 집을 전세를 끼고 산 후에, 전세금을 올리거나 집값이 오르면 그 집으로 이사를 가는 것이죠.

다만 최근에 자주 등장하는 갭투자는 이러한 전세와 매매가의 차이가 극히 작다는 것이 문제입니다. 그 차이가 작게는 몇백만 원, 심지어는 거의 차이가 나지 않는 경우가 있다고 하는데요, 이럴 경우 해당 주택의 전세가격이 내려가면 문제가 심각해질 수 있습니다. 세입자는 보증금을 돌려받고 이사를 해야 하는데 해당 집주인이 그에 대한 준비를 해놓지 않고 있을 경우 이사 날짜를 맞추지 못한다든지, 혹은 내려간 보증금을 돌려받지 못함으로써 여러 가지 문제가 발생할 수 있는 것입니다.

혹자는 받은 보증금을 다 쓰지 않고 남겨두어야 하는 것 아니냐고 반문할지도 모르지만, 그 금액은 이미 주택을 취득하는 데 활용되었기 때문에 집주인은 만져보지도 못한 금액입니다.

전세보험 가입과 선순위 채권 확인

◎ 1순위로 근저당 설정이 소액 있고 2순위로 확정일자를 받아둔 상태다. 깡통전세를 대비해 전세 계약기간 중간이라도 전세금 반환보증 상품에 가입할 수 있나?
= 주택도시보증공사(HUG)의 전세금 반환보증은 '깡통전세'가 되더라도 공사가 세입자에게 전세금 반환을 책임지는 상품이다. 그러나 전세 계약기간이 2년인 경우 절반이 경과하기 전에만 가입할 수 있고 이후에는 불가능하다. 또 선순위 채권이 있는 때는 선순위 채권과 전세보증금의 합계액이 매매시세를 밑돌아야 가입이 가능하다. 이 상품은 매매가격 대비 전세금 비중이 높거나 선순위 채권이 있는 주택에 세를 들 때 계약과 동시에 가입하는 게 좋다.

그렇다면 위에서처럼 계약기간이 만료가 되더라도 본인의 전세보증금을 온전히 지키려면 어떻게 해야 할까요? 최근 인기 있는 대안 중 하나가 바로 앞에서 설명했던 주택도시보증공사의 전세금 반환보증, 즉 전세보험입니다. 유의해야 할 것은 전세 계약이 시작된 이후 1년 이내만 가입이 가능하다는 거예요. 통상 전세 계약이 2년인 경우를 고려하면 이러한 안전장치를 만들 경우 전세 계약을 하자마자 바로 신청해야겠죠?

또 한 가지 고려해야 하는 점은 선순위 채권이 있는 경우인데요, 선순위 채권이란 전세보증금보다 우선해서 배당받을 수 있는 채권으로 경매 등이 진행될 시 배당 순서를 정할 때 필요한 정보입니다. 아무리 전세보험을 활용한다고 하더라도 선순위 채권과 전세보증금의 합이 해당 주택의 집값을 넘어선다면 이는 전세보험으로도 보장되지 않으니 유의해야 합니다. 그래서 보통은 월세가 아닌 전세로 집을 구할 경우, 단 돈 천만 원의 선순위 채권이 있다 하더라도 가급적 들어가지 않는 것이 좋습니다.

전세금 반환소송 및 경매처분

◎ 보증상품에는 가입하지 않았고 계약 만기일이 다가오는데 전셋값이 수천만 원 하락했다. 갭투자자인 집주인이 현금이 없다면서 버티면 어떻게 대응해야 하나?

= 세입자 요구에 따라 집주인이 전세금을 100% 반환해주거나 차액을 돌려준 뒤 재계약하는 게 정상이다. 그러나 갭투자자인 집주인이 막무가내식으로 나온다면 전세금 반환소송을 제기한 뒤 확정 판결을 받아 주택을 경매처분하는 게 대안이다. 이 경우 경매 진행 상황에 따라 세입자가 해당 주택을 싼 값에 낙찰받는 것도 고려해볼 수 있다. 이때는 반드시 전문가와 상담을 거쳐 입찰을 결정해야 한다. 또 집주인과 협상해 거주 중인 주택을 시세 이하로 매입하면서 전세금을 정산하는 것도 시도해볼 수 있다. …

실제 주변에서는 이런 일이 종종 일어납니다. 저 역시 세입자로서 같은 설움을 겪어봤는데요, 사실 기사에 쓰여진 것처럼 계약기간이 만료되었다면 당연히 집주인이 보증금을 돌려주거나 시세만큼 차액을 돌려주고 재계약을 해야 할 것입니다. 하지만 모든 집주인이 그렇지는 않습니다. 현금이 없다면서 버티는 경우가 있거든요. 기사에서 말한 대로 소송을 진행하고 해당 주택을 경매처분하는 것에 대해서는 신중하게 생각해봐야 합니다.

먼저 해당 집에 대해 경매신청을 했는데 집값이 하락해 경매 낙찰가가 기존 집값보다 낮아졌다고 가정합시다. 예를 들어 예전에는 3억 원 하던 집에 2억 7천만 원으로 전세를 살고 있었는데, 2년 후 집값이 2억 7천만 원으로, 전세는 2억 5천만 원으로 하락했다고 가정하겠습니다. 그런데 집주인이 현금이 없다고 하자 세입자가 경매를 신청했고 이 집이 2억 7천만 원에 낙찰되었다고 합시다. (이 경우도 사실 집값 하락기에는 더 낮은 가격에 낙찰될 가능성이 높습니다.) 그렇다면 2억 7천만 원 전부를 세입자가 배당받을까요? 그렇지 않습니다. 경매에 필요한 제반비용 등은 최우선으로 변제되어야 합니다. 이게 1천만 원이라고 치더라도 세입자는 자신의 보증금 1천만 원을 날리게 되는 셈입니다.

그렇다면 해당 집을 세입자가 낙찰받으면 어떨까요? 이때는 세입자가 해당 주택을 매수할 의도가 있어야 합니다. 즉 본인이 선호하는 집이어야 합니다. 그렇지 않다면 굳이 낙찰받아야 할 이유가 있을까요? 따라서 현실적으로는 집주인과 협의해 이사 날짜를 조정하거나 집이 안 나가면 시세대로 조절해 진행하는 경우가 현실에서는 훨씬 더 많은 것입니다.

계약이라는 게 참으로 중요하지만 어려운 게 사실입니다. 문제는 이러한 계약에 대해 우리가 별도로 교육을 받거나 조언을 받을 기회가 많지 않다는 것입니다. 하지만 생각해보세요. 모든 사람은 부동산과 관련해 반드시 한 번 이상은 계약을 하게 됩니다. 그게 자가가 될 수도 있고, 전세 또는 월세 계약이 될 수 있다는 차이만 있을 뿐입니다. 집주인이라고 또는 임차가 아닌 자가 소유를 위한 매매 계약이라고 해서 이를 등한시할 수는 없습니다.

부동산이라는 게 워낙 금액이 크기 때문에 확인하고 또 확인하는 자세가 필요합니다. 이럴 때는 계약을 많이 해본 사람에게 도움을 받는 것이 가장 쉬운 방법입니다. 부동산 계약 시 직거래보다는 부동산을 끼고 하는 것이 유리한 이유입니다. 이를 통해 사고가 날 수 있는 부분을 미연에 방지할 수 있어 유리하며, 혹시라도 문제가 생기면 일정 부분은 보험 지원을 받을 수도 있습니다.

또 하나 중요한 것은, 잘 모르는 건 계속해서 물어보고 확인하는 습관을 들여야 한다는 것입니다. 모르는 건 창피한 게 아닙니다. 모르면서도 괜히 아는 척하는 게 더 위험하고 부끄러운 행동입니다. 처음부터 다 아는 사람은 없으니 잘 모르면 반드시 물어보고 확실히 이해하면서 짚고 넘어가는 자세가 필요합니다. 이 2가지만 조심하더라도 어지간한 계약 사고는 충분히 피할 수 있을 것입니다.

아파트 입주 시 꼼꼼히 확인하기

새 아파트 입주 시 집주인·임차인 체크사항은? (매일경제 2018. 4. 22)

이번에는 부동산 계약과 관련해 신규 아파트인 경우에는 어떤 사항을 확인해야 하는지 살펴보도록 하겠습니다. 새 아파트라고 해도 기존과 크게 다른 점은 없지만 그래도 몇 가지는 유의할 필요가 있습니다. 이에 대한 내용을 미리 살펴보고 새 아파트에 입주할 경우 현명하게 활용하는 것이 좋겠습니다.

임차인(세입자)이 주의할 점

… 서울시 송파구 내 한 대단지 아파트의 경우 입주가 6개월 이상 남았지만 벌써부터 전세매물이 시장에 나오고 있다. 그만큼 집주인들의 고민이 깊다는 방증인 것이다. 주변에 입주 아파트가 있는 노후 단지 집주인이나 임차인 입장에서는 마음이 불편할 수밖에 없다. 특히 전세 계약기간이 1년 채 남지 않은 상황이라면 쏟아지는 새 아파트의 입주물량이나 전세시장을 유심히 지켜볼 필요가 있다. …

전세가격이 하락하고 안정되면 세입자 입장에서는 유리하다는 생각이 들겠지만, 반대로 신경 써야 하는 부분도 있기 마련입니다. 특히 기사에서는 전세 만료기간이 1년이 채 남지 않았다면 유의해야 한다고 하는데요, 이는 인근에 새 아파트 입주물량이 많아서 전세 공급이 충분할 경우 전세가격 하락으로 이어질 수 있고, 최악의 경우 자신의 전세보증금을 돌려받는 데 애를 먹을 수 있기 때문입니다.

여기에 기존 전세 계약 당시에는 상대적으로 전세가격이 높았는데 전세보험에 가입해놓지 않았다면 전세금 반환에 대한 리스크가 높을 수도 있습니다.

물론 집주인의 자금사정이 넉넉하다면 전세 계약 종료 후 보증금을 무리 없이 반환하겠지만, 다음 임차인의 보증금으로 내 보증금을 충당해야 하는 상황이라면 집주인에게 계약갱신 거절의사를 미리 말하고 최대한 빨리 전세매물로 내놓는 게 좋다. 전세기간이 만료됐지만 집주인이 보증금을 돌려주지 않을 경우 임차권 등기명령이나 소송 등을 통해 돌려받을 수 있지만, 절차 진행 과정에서 상당한 시간이 걸릴 수 있다.

앞서 살펴본 기사보다는 여기에 나온 내용이 더욱 현실적입니다. 이미 설명했던 것처럼, 전세 계약기간이 만료되었다면 당연히 보증금을 돌려받아야 하지만, 현실적으로는 다음에 들어오는 임차인의 보증금으로 충당하는 경우가 많기 때문에 기간을 여유 있게 잡고 미리 매물로 내놓는 것이 중요합니다.

더욱 중요한 것은 집주인에게 계약갱신 거절의사를 명확히 밝히는 것입니다. 그렇지 않고 계속해서 지내는 경우 시세가 낮아짐에 따라 임차보증금을 이에 맞게 낮춰줄 것을 명확하게 말해야 합니다. 이때는 아무래도 구두로만 전달하는 것보다는 문자 메시지 등을 통해 확실하게 의사 표현을 하는 것이 더 좋습니다. 그래야 향후 분쟁이 생기더라도 이를 참고해 의견을 조율할 수 있기 때문입니다.

새로운 전셋집을 찾는 임차인이라면 새 아파트 입주물량이 많은 지역을 노려볼 만하다. 잔금 마련에 어려움을 겪는 집주인들이 전셋집을 내놓는데, 입주가 한꺼번에 몰리는 곳은 가격이 내려갈 수밖에 없다. 기존 거주 지역 인근에서 시야를 조금 더 넓혀 다른 지역에서 살아보는 것도 추후 아파트 매입 시 도움이 될 수 있다. 다만 택지지구나 신도시는 기반시설 완비까지 오랜 시간이 걸리는 만큼 아파트 선택 전에 자녀의 학교 배정이나 생활기반시설이 얼마나 갖춰졌는지 미리 확인해야 한다. …

이상과 같이 집주인과 협의를 거친 후에 기존 집이 아닌 인근의 새 아파트로 이사를 하는 경우를 생각해보겠습니다. 이때는 신규 아파트 입주 초기라서 아무래도 전세물량이 많기에(공급 증가) 상대적으로 전세가격은 낮을 가능성이 높습니다. 상대적으로 저렴한 가격(전세보증금)으로 새 아파트에서 생활할 수 있는 좋은 시기임에는 틀림없지만, 인근에 기반시설이 없는 경우가 많을 수 있으니 이 부분은 감안해야 합니다. 이 외에도 주의해야 하는 사항이 또 있습니다.

새 아파트 계약자라면 '등기부'가 확실치 않은 미등기 상태에서 전세 계약을 하기 때문에 분양계약서의 명의인과 계약자가 동일인물인지 확인을 해야 한다. 또한 계약 시 집주인이 은행대출을 해야 하는 상황이라면 설정금액을 계약서에 명시하는 것이 좋다. 특히 소유권이전등기가 입주 시작일로부터 1~2개월 뒤에 이뤄지는 것을 고려해 입주 후 소유권이전등기가 나왔을 때 등기부등본에서 집주인 명의가 맞는지 한 번 더 체크해야 한다. 미등기 아파트에 전세로 들어간다고 해도 걱정할 필요는 없다. 전입신고와 확정일자를 할 수 있고 집주인이 전세보증금으로 잔금을 완납해야 건설사가 아파트 열쇠를 주기 때문에 잔금날 집주인과 동행하는 것도 불안을 없애는 좋은 방법이다.

아울러 당장은 대규모 입주 아파트의 전셋값이 저렴할 수 있지만 재계약 시점이 도래하는 2년 또는 4년마다 전셋값이 치솟는 사례가 많은 만큼 추후 전세금이 올라갈 경우를 미리 대비해놔야 급전 마련에 따른 낭패를 면할 수 있다.

먼저 계약의 가장 기본이 되는 사항 중 하나는 계약 당사자가 내가 들어가는 집의 실제 집주인이 맞는지를 확인하는 것입니다. 이는 분양 계약서의 명의자가 임차 계약서에 있는 사람과 같은 사람인지를 살펴봄으로써 확인 가능합니다.

또한 집주인이 추가 대출 등을 받을 수 있기 때문에 계약 과정에서 이야기된 금액을 특약으로 적어두는 것이 좋습니다. 이 역시 향후 추가 대출 등에 따른 분쟁을 막기 위함입니다. 그리고 소유권이전등기가 나오면 등기부등본 열람을 통해 집주인이 말하지 않고 추가로 받은 대출은 없는지 확인할 필요가 있는데요, 사실 이는 기존 구축 아파트 전세 계약에도 동일하게 적용되는 것입니다. 물론 명의자가 동일한 사람인지도 함께 체크해야겠죠?

여기에 미등기 아파트라 하더라도 집주인이 잔금을 완납해야 건설사가 아파트 열쇠를 주기 때문에 정 불안하다면 잔금 날 집주인과 동행해 제대로 잔금을 치르는지 확인하는 것도 도움이 될 수 있습니다.

하지만 신규 아파트의 경우 초기에는 전세가격이 낮지만 계약기간이 만료되는 시점에는 전세가격이 큰 폭으로 상승하는 경우가 많으니 이런 부분은 충분히 예상하고 전입해야 합니다.

집주인도 하자를 살펴야 한다

새 아파트를 임차인에게 먼저 내어준 집주인도 유의해야 할 점이 있다. 통상 건설사의 하자 보수기간은 2년이다. 이에 계약서상에 하자 보수와 관련해 성실히 임할 것을 명시하고 임차인에게 적극적으로 하자 보수를 해달라는 요구를 해야 한다. 비록 거주를 하지 않더라도 아파트 입주자 카페에 가입해 하자 보수 신청 건이나 입주와 관련해 사항을 챙기는 것이 내 재산을 지키는 바른 자세다.

마지막으로 건설사의 하자 보수기간은 보통 2년이기에 새 아파트에서 생활하다가 문제가 발생하면 즉각 집주인에게 말해서 하자를 해결하는 것이 좋습니다. 집주인 입장에서는 해당 집에서 살지 않기 때문에 어떤 문제가 생기더라도 알 수가 없습니다. 그런데 이를 세입자가 방치해서 하자 보수기간을 놓친다면 집주인과 임차인 간에 서로 좋을 일이 없겠죠? 그럴 경우 오히려 재계약기간에 아쉬운 소리를 하는 쪽은 임차인이 될 가능성이 높습니다. 앞서 살펴본 것처럼 전세가격은 올라갈 가능성이 높기 때문입니다.

—

새 아파트가 대규모로 들어서는 단지의 경우 그만큼 전세물량이 많기 때문에 이를 잘 활용하면 저렴한 가격에 전세로 지내면서 새 아파트에서 쾌적하게 지낼 수 있습니다. 하지만 기반시설이 아직 다 갖춰지지 않은 경우 등 몇 가지 유의해야 하는 사항도 있는 게 사실입니다. 게다가 아직 미등기 상태인 경우 대출금액 등 유의해야 할 사항도 있기에 이에 대한 내용을 잘 챙기려는 자세가 필요합니다.

PART 2

세금

조세정책 : 조세정책에 따라 울고 웃는다 | 양도소
득세 : 절세의 핵심은 양도소득세다 | 보유세 : 보
유세 합법적으로 절세하기 | 주택임대사업 : 임대
사업자라면 꼭 주목하자

누구나 세금은 피할 수 없지만 부동산은 특히 더 그렇습니다. 취득할 때는 '취득세', 보유할 때는 '보유세(재산세 · 종합부동산세 · 주택임대소득 등)', 그리고 매도할 때는 '양도소득세'가 부과되는데요, 특히 정부의 2017년 8 · 2 대책으로 양도소득세 중과가 시행 중이며, 종부세 인상 및 주택임대소득에 대한 보유세도 큰 폭으로 인상될 예정입니다.

이러한 정부 정책의 흐름을 보면, 우선 다주택자들이 주택을 매도할 수 있는 일정 기간을 두며 양도소득세 중과를 예고했고, 현재는 양도소득세 중과 시행으로 일정 조건의 주택 매도 시 꽤 많은 세 부담을 받게 했습니다. 동시에 매도하지 않고 버티는 다주택자들에게는 종부세 인상을 예고하고 있으며, 그다음 단계로 주택임대소득에 대해서도 등록 여부에 따라 차등과세 및 미등록 시 가산세를 부과할 예정입니다. 즉 보유하는 주택을 팔자니 양도소득세가 걱정이고, 그렇다고 이를 그냥 가지고 있자니 보유세를 올린다고 하니 걱정인 것이죠.

문제는 이러한 부동산 세법이 너무 빨리, 그리고 자주 바뀐다는 것입니다. 그렇지 않아도 용어가 생소하고 내용도 어려워 세법이 바뀌면 일반인들이 체감하는 혼란은 더욱 클 것입니다. Part 2에서는 이에 대한 기사를 살펴보며 내용을 정리하려고 합니다.

우선 부동산 세금 관련 기사를 볼 때는 '용어'에 유의해야 합니다. 세금은 법(法)에 근거해 부과되는 것이며, 국민의 재산권에 직접 영향을 미치는 것이기에 매우 엄격하게 적용되는 것이 특징입니다. 따라서 용어 하나에 따라 그 결과는 천지 차이가 될 수 있음을 기억해야 합니다.

그리고 사실과 추측을 구분하면서 읽어야 합니다. 세금은 법에 근거해 과세된다고 했습니다. 이러한 법을 개정하려면 국회를 거쳐야 하며 통상 연말에 개정됩니다. 따라서 그 이전에 나오는 예측 내용에 대해서는 참고만 할 뿐, 해당 내용이 개정된 것이라고 오해하면 곤란합니다.

마지막으로 본인이 관심을 갖는 주제에 대해 다른 매체의 기사를 검색하면서 보는 게 좋습니다. '주택임대소득'이 궁금하다면 동일한 키워드와 내용으로 검색해 유사한 기사를 찾아서 보는 식으로 말입니다. 그렇게 비교하다 보면 내용이 풍부하고 쉽게 쓰여 있는 기사를 볼 수 있습니다. 이를 구독해서 보면 더 유리합니다. 요즘에는 특정 기자의 기사도 구독이 가능하니 이 방법을 활용해도 좋겠습니다.

여기서는 투자수익률을 결정하는 '양도소득세', 정부가 강조하는 '종부세 인상', 그리고 최근 이슈가 되고 있는 '주택임대소득' 순으로 차근차근 살펴보겠습니다.

CHAPTER 5

조세정책

**조세정책에 따라
울고 웃는다**

누가 세금을 정하는지 알면 더 쉽다

본격 가동된 재정특위, 무엇을 어떻게 논의하나 (조세일보 2018. 4. 16)

"인사가 만사다"라는 말이 있습니다. 사람을 채용하고 적절한 자리에 배치하는 인사활동이 모든 일에서 가장 기본이 된다는 의미인데요, 관심 있는 일이 어떤 방향으로 흘러갈지 보려면 그 일을 추진하는 사람의 성향 등을 보는 것이 도움이 되는 이유입니다.

그런 의미에서 문재인 정부의 향후 조세정책의 큰 방향을 알려면, 이에 대해 큰 방향을 잡는 '재정개혁특별위원회(이하 재정특위)'라는 것에 관심을 두어야 합니다. 더 나아가 여기에 소속된 인원들이 어떤 사람들인지를 알면 도움이 될 것입니다. 이번에는 재정특위에 대해 살펴보도록 합니다.

재정개혁특별위원회 출범

먼저 재정특위 명단을 볼 필요가 있습니다. 총 30명으로 구성되어 있으며 위원장 1명, 예산 분야 15명, 조세 분야 14명으로 이뤄져 있습니다. 위원회를 구성하는 위원 각각의 성향, 업적 등에 대해서는 조금 후에 다시 보

재정특위 명단

구분	성명	소속	비고
위원장	강병구	인하대 경제학과 교수	
예산(15)	국경복	전북대 석좌교수	
	김대호	목원대 서비스경영학부 교수	
	김정훈	한국조세재정연구원 부원장	부위원장 (소위원장 겸직)
	김진영	건국대 경제학과 교수	
	김태일	고려대 행정학과 교수	
	박용주	한국재정정보원 재정정보연구본부장	
	박인화	재정개혁특별위원회 위원	
	박정수	이화여대 행정학과 교수	
	박진	KDI 국제정책대학원 교수	
	변창흠	세종대 행정학과 교수	
	윤영진	계명대 행정학과 교수	
	조규홍	기획재정부 재정관리관	당연직
	조영철	고려대 경제학과 교수	
	주병기	서울대 경제학부 교수	
	하연섭	연세대 행정학과 교수	
조세(14)	구재이	세무법인 굿택스 대표	
	김병규	기획재정부 세제실장	당연직
	김우철	서울시립대 교수	
	김유찬	홍익대 경영대학 교수	
	박명호	홍익대 경제학부 교수	
	박훈	서울시립대 세무학과 교수	
	신승근	한국산업기술대 교수	
	이우진	고려대 경제학과 교수	

구분	성명	소속	비고
조세(14)	이창희	서울대 법학전문대학원 교수	
	주만수	한양대 경제학부 교수	
	최병호	부산대 경제학과 교수	소위원장
	최봉길	세무사 최봉길사무소 대표	
	허용석	삼일회계법인 상임고문	
	홍종호	서울대 환경대학원 교수	

(출처 : 조세일보)

기로 하고, 일단은 전반적인 흐름을 보면 좋을 것 같습니다.

대부분 교수직으로 구성되어 있으며 예산 분야는 경제학, 행정학이 눈에 띕니다. 조세 분야는 교수직 외에 세무법인 대표, 회계법인 고문 등이 보이네요. 참고로 '당연직'이 2명 보이는데요, 모두 기획재정부 소속입니다. 세법을 집행하는 부처는 국세청이지만 관련 법을 만들고 어떻게 적용할지 해석하는 상위조직은 기획재정부라서 그렇습니다. 이제 왜 당연직이 각각 예산과 조세에 배정되었는지 아시겠죠?

… 조세제도 개편과 관련해 재정특위는 투트랙으로 접근한다는 방침인 것으로 전해졌다. 구체적으로 향후 3~4개월 동안 보유세 개편안을 포함해 조기 실행이 가능하거나 필요한 부분을 집중적으로 논의해 올해 정부의 세법개정안 발표 (7월~8월) 전 권고안 형태로 내놓겠다는 것이다. 아울러 중장기적 관점에서 접근해야 할 조세제도 개편안들은 중장기 과제 형태로 묶어 정부에 개선을 권고한다는 계획이다. …

재정특위 운영 방향은 큰 틀에서 2가지가 될 것으로 보입니다. 우선 보유세 개편과 관련해 초기에 집중할 것입니다. 이를 통해 세법개정안 전 권고안 형태로 제출하는 것이 목표라고 합니다.

2018년 10월 기준으로, 정부는 9·13 부동산 대책을 발표함으로써 재정특위가 제시한 보유세 인상안보다 더욱 강화된 규제책을 내놓았습니다. 종부세 세율 강화는 물론이고 6억 원 이하 과표구간을 2단계로 구분해 세 부담을 높였습니다. 해당 내용은 연말 세법 개정을 통해 최종 확정될 것입니다.

출범 초기인 만큼, 어느 정도 방향성이 두드러진 보유세 개편안을 제외하고는 어떤 내용들이 논의될지 여부는 확정되지 않은 상황이다. 재정특위 조세소위에 소속된 14명의 위원들이 각자 염두에 두고 있는 조세제도 개편안들을 발제하는 등 소위 논의 및 채택이 이루어지면 이를 전체회의에 부의해 논의한 후 최종적으로 채택하는 방식으로 운영될 것이라는 전언이다. 채택된 방안들은 '공청회'를 열어 여론의 반응을 살핀 후 가감하는 방안도 검토할 것이라는 설명이다. …

다만 보유세 개편 외에 아직 명확한 방향은 나오지 않은 것으로 보입니다. 하지만 재정특위에서만 의견 교환을 하기보다는 공청회 등을 통해 의견을 수렴할 수도 있습니다. 위원들의 성향을 볼 때 주로 교수(학계)와 세무·회계법인 대표(업계) 등이 있었다는 점을 보면 다소 파격적인 내용들이 제기될 수도 있겠죠.

특히 지방재정 분야(주만수, 최병호 교수)와 에너지 분야(홍종호 교수) 등 조세제도와 직접적으로 관련이 없는 분야 전문가들이 조세소위로 참여했다는 측면에서 정부가 중장기적으로 추진하고 있는 에너지세제 개편 방안과 중앙-지방정부 재원 배분 문제도 궁극적으로 중장기 조세제도 개편 권고안에 담길 것이라는 전망도 나오고 있다. 아울러 강 위원장이 평소 가업상속공제 등 고소득층의 비과세 감면·축소, 종교인 및 종교법인에 대한 과세체계 정상화, 역외탈세 방지, 근로빈곤층에 대한 세제 지원 등을 조세개혁의 과제로 제시한 바 있기 때문에 이 부분들에 대한 논의 및 개편안이 도출될 것으로 보인다. …

재정특위 소속 위원들의 과거 연구업적과 성향 등을 파악함으로써, 향후 이들이 어떤 의견을 내놓을지 짐작해볼 수 있습니다. 예시로 든 사례를 보면 에너지세제 개편 방안은 물론 중앙-지방정부 재원 배분 문제, 즉 국세와 지방세 간의 관계에 대해서도 다룰 수 있을지 모르겠습니다.

특히 해당 특위를 이끄는 리더인 강병구 위원장에 대해서도 관심을 가질 필요가 있는데요, 고소득층의 비과세 감면·축소, 종교인 과세 강화 등에 대한 내용을 조세개혁 과제로 제시한 이력이 있는 만큼 이에 대해서도 관심을 가질 필요가 있겠죠?

기사 말미에 나온 것처럼, 재정특위는 일단 1년 동안 한시적으로 운영될 예정이지만 경우에 따라서는 연장될 수도 있다고 합니다. 물론 해당 특위에서 나오는 권고안을 정부와 국회에서 얼마나 인용할지는 미지수입니다. 하지만 현재 정부가 지향하는 가치, 방향 등을 고려해보면 이들이 내놓는 의견에 촉각을 기울일 수밖에 없을 것으로 보입니다.

부동산 임대정책의 주체

부동산 임대정책 '컨트롤타워' 법무부 → 국토부로 넘긴다
(한국경제 2018. 4. 18)

우리가 흔히 말하는 임대사업은 크게 2가지로 분류할 수 있습니다. 하나는 일반임대로 주변에서 쉽게 볼 수 있는 상가가 있으며, 다른 하나는 주택임대가 그것입니다. 현재 상가는 의무등록을 해야 하며 여기에서 발생하는 임대소득은 신고하는 것이 원칙입니다.

그런데 주택임대는 조금 다릅니다. 실거주와 직접적으로 연관되어 있고, 대부분 사업자 규모가 영세하기 때문에 이에 대해서는 비과세 등 일반임대에 비해 상대적으로 큰 혜택을 주었던 것이죠.

하지만 이로 인해 발생하는 문제도 많습니다. 주택을 임대하면서 발생하는 수입에 대해서는 연간 2천만 원 이하는 비과세(2018년까지, 그 이후는 분리과세), 2천만 원 초과는 종합과세가 되어야 하는 것이 원칙이나, 행정력 부족, 관계부처 간 정보 교류의 어려움 등의 이유로 이에 대해서는 제대로 과세가 되지 않았던 것이 현실입니다.

문제는 그다음입니다. 이로 인해 주택임대사업자들 중 일부는 '아, 이렇

게 해도 세금을 내지 않는구나'라고 잘못 인지할 수 있다는 점인데요, 문재인 정부는 주거복지 로드맵을 통해 임대주택은 계속해서 늘리며, 이에 대해서는 원칙대로 과세할 것임을 지속적으로 알리고 있습니다. 이에 대해 관계부처 간 역할을 한곳으로 집중화할 것 같은데요, 기사를 통해 자세히 살펴보겠습니다.

법무부에서 국토교통부로

… 국토부와 법무부, 더불어민주당에 따르면 정부와 여당은 주택임대차보호법과 상가건물임대차보호법의 정책 부문을 국토부에 넘기기로 최근 합의했다. 법률 해석을 통한 유권 해석, 권리관계 등은 법무부가 맡지만 임대차 보호를 위한 실질적인 업무는 국토부가 책임진다. 정부는 상반기 안에 정부 입법으로 개정안을 발의할 방침이다. …

임대정책과 관련된 법은 「주택임대차보호법」, 「상가건물 임대차보호법」을 들 수 있습니다. 「주택임대차보호법」은 주거용 건물의 임대차 관련, 「상가건물 임대차보호법」은 영업용으로 활용하는 상가건물의 임대차에 대한 내용을 다루는 법입니다. 말 그대로 '법'이기 때문에 법무부에서 법률해석 등을 담당하지만 실제 행정에서 적용하는 데 있어서 국토교통부에서 주관하는 등 혼란이 있었던 게 사실입니다.

하지만 이에 대해 정부는 정책 부문을 국토교통부가 주관하고, 기타 권리관계 등은 법무부가 주로 담당하게 함으로써 급변하는 임대차 환경에 빠르게 대응하도록 했습니다. 어떤 정책을 시행하기 위해서 정부는 근거

부동산 임대 관련법 주요사항

법	내용	정책 주무부처	권리·법률 등 주무부처
주택 임대차보호법	국민 주거생활의 안정을 보장하기 위해 1981년 제정, 1989년 전세 임대기간을 기존 1년에서 2년으로 늘리는 등 아홉 차례 개정	국토부(정) 법무부(부)	법무부(정) 국토부(부)
상가건물 임대차보호법	상가 임차인 보호를 목적으로 2001년 12월 29일 제정, 과도한 임대료 인상 방지 등을 위해 다섯 차례 개정	국토부(정) 법무부(부)	법무부(정) 국토부(부)

(출처 : 한국경제)

가 되는 법안을 마련해야 하고(법무부), 이를 행정력을 바탕으로 집행해야 하는데(국토교통부), 이에 대한 교통정리를 명확하게 함으로써 발 빠른 대응을 주문한 것입니다.

국토부는 그동안 부동산 정책 주무부처임에도 '부동산 임대 3법'에 대한 개정안 발의 권한이 없었다. 2년 단위로 계약하는 전세제도 등을 고치려 해도 '월권'이란 비판이 나와 손을 놓고 있었다. 관련 통계도 체계적으로 쌓아두지 못했다. 반면 법무부는 재산권 보장과 법적 안정성을 중요시하는 부처 특성상 정책 입안에 소극적이었다. 156개의 법무부 담당 법안에서도 후순위로 밀렸다.

그렇다면 왜 이런 일이 발생한 것일까요? 이에 대해 이해하려면 이를 관장하는 부처의 특징을 알 필요가 있는데요, 국토교통부의 경우 어떤 법을 어떻게 바꿔야 한다는 개정안을 내놓을 권리가 없습니다.

이에 대한 발의권은 법무부에서 가지고 있지만 상대적으로 타 부처에 비해 보수적으로 보일 수밖에 없는데, 이는 법적 안정성 때문에 그렇습니다. 일종의 기득권입니다만, 꼭 이게 나쁘다고만은 할 수 없습니다. 만약 이러한 법적 안정성을 보장해주지 않는다면 일반 국민들의 삶은 매우 불안할 수밖에 없으니까요. 가령 입시정책이 수시로 바뀐다거나, 부동산 정책이 어제와 오늘이 달라져버린다면 국민들은 매우 혼란스럽겠죠?

「주택임대차보호법」의 개정

특히 주택임대차보호법은 1981년 이후 37년간 개정 횟수가 아홉 차례에 그쳐 국토부 내에선 "헌법만큼 고치기 어렵다"는 푸념이 나왔다. 국회 국토교통위원회 민주당 간사인 민홍철 의원은 "과거엔 세입자의 계약기간 보장, 집주인 변경 시 계약 승계 등 법률 운영이 중요해 법무부가 맡았지만 이젠 시대가 바뀌었다"며 "주거 복지 차원의 접근을 위해 국토부가 담당하는 게 맞다"고 말했다. 민 의원은 "전문성에 기반해 주무부처가 바뀌면서 문재인 정부의 주거복지 공약인 전월세상한제와 계약갱신청구권 개정 논의가 속도를 낼 것"이라고 덧붙였다. …

그렇다면 이렇게 된 배경에는 어떤 이유가 있을까요? 주거용 건물의 임대차를 관장하는 「주택임대차보호법」의 경우 개정 횟수가 매우 적었던 것이 사실입니다. 이 자체가 앞에서 말한 법적 안정성을 지켜주기 위함이었습니다. 국민의 주거환경과 직접적으로 연관된 법인 만큼 신중하게 진행하기 위한 것으로 보입니다.

그런데 기존에는 계약기간 보장, 승계 등 법률 운영이 중요했기에 법무부가 주로 업무를 맡았다면 이제는 정부가 주거 복지 차원에서 접근해야 하고, 그렇게 하기 위해선 상대적으로 신속한 대응을 할 수 있는 국토교통부에서 이를 관장하라는 것입니다. 대표적인 항목으로 전월세상한제와 계약갱신청구권을 예로 들고 있는데요, 이에 대해서는 아래 내용으로 설명을 대신합니다.

● 전월세상한제 : 집주인이 세입자와 재계약 때 전월세 인상률을 일정 수준으로 제한하는 제도

● 계약갱신청구권 : 주택 임대차 계약을 맺고 2년 거주한 세입자가 원할 경우 1회에 한해 2년 재계약을 요구할 수 있도록 보장한 제도

—

실제로 주택임대사업을 하다 보면 어떤 것은 「민간임대주택에 관한 특별법」, 즉 주택법 영역에 속하고, 절세 측면에서는 「소득세법」과 「조세특례제한법」을 봐야 하는 등 확인해야 할 사항이 매우 많고 여기저기 흩어져 있다는 느낌을 많이 받습니다.

이에 대한 강의를 하다 보면 많은 분들이 "내용이 복잡하다", "부서마다 이야기가 다르다"라며 어려움을 토로합니다. 문제는 이를 안내하는 구청이나 세무서에서도 각자의 영역밖에 모른다는 것입니다. 정부에서는 '렌트홈(www.renthome.go.kr)'이라는 사이트를 통해 원스톱 서비스를 한다고 하지만, 이 글을 쓰는 현재도 만족할 만한 답변을 받긴 힘든 편입니다. 결국 실제 임대사업을 하는 사람들은 불편하더라도 본인 스스로 관련 내용을 찾아보고 대응하는 것이 최선일 것입니다.

고가 1주택자의 보유세

'똑똑한 한 채' 소유자는 표정 관리 중 (한겨레 2018. 6. 25)

보유세 개편안 발표 후, '똑똑한 한 채'에 대한 인기는 더욱 높아지는 것 같습니다. 양도소득세 중과로 보유 물건에 대한 정리를 계획하고 시행 중이던 다주택자들이 '어차피 보유해봤자 세금만 더 늘어난다'는 인식으로 하나의 물건에 집중하는 모양새입니다. 어떠한 이유로 이런 생각들을 하는지, 그리고 정말 똑똑한 한 채가 유리한 것인지 다음 기사를 통해 살펴보겠습니다.

고가 1주택자, 공동명의의 종부세

서울 서초구 반포동에 사는 장아무개 씨는 앞으로 추진될 보유세 개편에 촉각을 곤두세워왔다. 그는 다주택 양도소득세 중과세 시행을 앞둔 지난 2월 송파 위례 새도시에 전세를 놓고 있던 아파트 한 채를 처분하면서 1주택자가 됐다. 이른바 '똑똑한 한 채' 소유자가 된 것이다. 거주 중인 반포동 아파트는 최근 1년 새 집값이 5억 원가량 올라 현재 시세가 24억 원 안팎이지만, 공시가격은 16억 원이다. 단

사례의 장아무개 씨는 2주택 보유자였습니다. 편의상 1번 주택을 거주 중인 반포동 아파트, 그리고 2번 주택을 전세 놓고 있던 위례 아파트라고 하겠습니다. 기사에 나온 것처럼 장아무개 씨는 전세를 놓고 있던 2번 주 택을 2018년 2월에 매도하고 1주택자가 되었습니다. 4월 이전인 2월에 양도함으로써 양도소득세 중과를 피한 것으로 보이는데, 추정컨대 일시 적 2주택 비과세 특례는 적용받지 못한 것으로 보입니다.

어쨌든 1주택자가 되면서 현재는 그곳에서 거주하고 있는데 최근 1년 새 집값이 5억 원가량 올라 현재 시세가 24억 원에 육박한다고 합니다. 하 지만 중요한 것은 시세가 아니라 공시가격입니다. 보유세(재산세·종부세) 의 과세기준 때문인데요, 장아무개 씨는 이를 절세하기 위해 부부 공동명 의로 해두었습니다. 그 결과 24억 원 아파트의 공시가격은 16억 원이고, 이를 다시 명의자별로 한다면(5:5 지분 가정) 각각 8억 원(=16억 원×0.5 지 분)을 보유하고 있는 셈이 됩니다. 종부세 과세기준은 인별이고 각각은 한 채만 있는 것으로 보지만 이때 유의해야 할 것이 있습니다. 그건 바로 종 부세에서 보는 1세대 1주택은 단독명의일 때만 그렇다는 것입니다. 따라 서 기사 사례는 공동명의이기 때문에 각각의 공제액이 9억 원이 아닌 6억 원이 되고, 이때는 개인별 공시가격이 6억 원을 초과한 8억 원이라 종부세 과세 대상이 됩니다. 기사에 나온 내용은 정정이 필요합니다.

그나마 이들 부부에게 희망적인 것은 6월 22일에 발표된 '보유세 개편안'을 보면 1주택자와 다주택자 차등 방안도 거론되었다는 것입니다. 앞으로 종부세 과세 대상에서 빠지거나 혜택을 받을 가능성이 다소 있다는 뜻이죠.

> 실제로 최근 고가 1주택 소유자들은 내심 안도하는 분위기가 적지 않다. 우려했던 고강도 개편안이 나올 조짐이 안 보이는 탓이다. 무엇보다 1주택자는 현행 제도에서 공시가격 기준 다주택자(합산 6억 원)보다 많은 9억 원까지 공제받는데, 재정개혁특위가 내놓은 시나리오에서 이 기준은 바뀌지 않았다.

현행 종부세 과세 산식을 보면 1주택자라면 공시가격 9억 원까지 차감하며, 2주택 이상자는 6억 원까지만 차감합니다. 어찌 보면 이미 그 이전부터 1주택자에 대해서는 어느 정도 혜택을 주고 있었던 것입니다. 이번 개편안에서도 이에 대해서는 별다른 조정이 되지 않았습니다.

> 또 부부 간 보유 부동산을 합산하지 않고 인별 과세하는 현행 방식에 대해서도 개선책은 전혀 언급되지 않았다. 외려 재정개혁특위는 1주택 소유자와 다주택자 간 차등과세안을 제시했다. 1주택 소유자는 실수요자에 가깝고 고가 주택에 거주하더라도 소득은 적은 노령가구도 많아 이들의 급격한 세 부담 증가 문제를 고려했기 때문이다. …

기사는 부부 간 보유 부동산은 합산해야 하지 않느냐는 뉘앙스입니다만, 이미 이에 대해서는 노무현 정부 때 위헌 판정을 받은 바 있습니다. 부부라 하더라도 과세는 개인별로 해야 한다는 것이죠.

여기에 이번 개편안 중 하나로 1주택자와 다주택자 간 차등과세안도 나왔습니다. 몇 번 이야기한 것처럼 1주택 소유자의 경우 실수요자일 가능성이 많고, 부동산 외에 별다른 소득이 없는 경우도 많아 이들에게까지 과세할 경우 조세 저항이 클 것으로 예측해 이렇게 차등 적용한 것으로 분석하고 있습니다.

—

기사 말미에서 한 부동산 전문가는 '똘똘한 한 채' 보유 심리가 강화될 것으로 예상하고 있습니다. 그 대상으로 서울 강남, 서울 용산, 부산 해운대 등 특정 지역의 고가주택을 언급했습니다.

그 이유는 무엇일까요? 이건 본인이 그 입장이라고 생각해보면 의외로 쉽게 이해할 수 있습니다. 누구나 갖기를 원하고 살고 싶어 하는 지역의 물건이라는 것이죠. 물론 현실적인 문제로 그렇게 하지 못한 사람들이 대부분이겠지만 여기서 강조하고 싶은 점은 사람들의 심리는 비슷하고 누구나 원하는 물건과 지역은 크게 다르지 않다는 것입니다. 그리고 그 안에 투자 포인트가 숨어 있을 가능성이 매우 높기에, 결국엔 부동산도 사람에 대한 이해가 선행되어야 할 것입니다.

8·27 부동산 대책 ① : 수요 억제

서울 '동작·종로·동대문·중구' 투기지역 신규 지정 (아시아타임즈 2018. 8. 27)

2018년 하반기 들어 상승하는 서울 집값에 정부도 여전히 신경이 쓰이나 봅니다. 이에 정부는 또 한 번의 규제책을 내놓았는데요, 발표일을 본따 '8·27 부동산 대책'이라고 합니다. 총 2개의 기사를 통해 8·27 부동산 대책은 어떤 내용이고 부동산 시장에 어떠한 영향을 미칠지 살펴보고자 합니다. 첫 번째는 규제책 중심의 내용입니다.

전국적으로 안정세를 보이던 주택시장이 최근 서울을 비롯한 일부 지역에서 국지적 과열양상을 보이면서 정부가 다시 규제의 칼을 꺼내 들었다. 이와 함께 수도권 공공택지를 개발해 신규 공급에도 힘쓸 방침이다.

8·27 부동산 대책을 한마디로 정리할 수 있는 내용이라고 생각합니다. 이 규제책은 규제를 함과 동시에 수도권 주택 공급도 함께 늘리는 정책입니다. 그동안 집값 상승에 대해 '투기수요에 의한 집값 상승'이라고 줄기

차게 공표해왔던 정부의 고민이 더욱 깊어짐을 알 수 있는 대목이죠. 그래서 이번에는 공공택지 개발로 수요 억제뿐만 아니라, 공급 증가도 동시에 진행하겠다는 복안인 것입니다.

투기지역 및 투기과열지구 추가 지정

27일 국토교통부는 서울 동작구, 종로구, 중구, 동대문구 등 4개 지역을 투기지역으로 신규 지정한다고 밝혔다. 지난해 8·2 대책에서 투기지역으로 신규 지정된 서울 마포·용산·노원·영등포구 등 11개 구에 이은 추가 규제다. …

우선 투기지역으로 서울 동작구, 종로구, 중구, 동대문구 4개 지역을 추가로 지정했습니다. 그 결과 투기지역은 서울에서만 총 15개 구가 되었습니다.

이와 함께 경기도 광명시와 하남시를 투기과열지구로 추가 지정했다. 투기과열지구는 주택가격 상승률이 물가상승률보다 현저히 높은 지역으로서 직전 2개월간 해당 지역의 청약경쟁률이 5 대 1을 초과하거나 중소형 주택의 경쟁률이 10 대 1을 초과하면 지정할 수 있다. 이 지역은 금융규제 강화(LTV·DTI 40% 적용 등), 재건축 조합원 지위 양도 금지, 정비사업 분양 재당첨 제한, 청약 규제 강화, 분양권 전매제한, 3억 원 이상 주택 거래 시 자금조달계획 신고 등을 적용받게 된다. …

이어서 광명시, 하남시가 투기과열지구가 되었습니다. 이렇게 되면 대출도 줄게 되고 재건축 조합원 지위를 쉽게 매매하기가 힘들어집니다. 분양권 거래도 마찬가지로 위축될 가능성이 높으며, 실거래가 3억 원 이상인 경우 자금조달계획 신고서를 작성해 제출해야 합니다. 전형적인 수요 규제책이라고 보면 됩니다.

구리시, 안양시 동안구, 광교는 조정대상지역에 추가 지정됐다. 광교의 경우 2015년 이후 신규 분양이 없지만 향후 청약과열이 우려돼 조정대상지역에 포함됐다. 실제로 광교 대장 아파트로 불리는 광교 자연앤힐스테이트 공급면적 109㎡는 지난해 7월 7억 원에 거래됐지만 지난 달에는 무려 9억 5,000만 원까지 상승했다. 다만 조정대상지역 지정 공고 전에 매매계약을 체결하고 계약금을 지급한 경우, 다주택자 양도소득세 중과 및 분양권 전매 시 양도소득세율 50% 적용 대상에서 제외되도록 소득세법 및 같은 법 시행령 개정을 추진한다.

세금, 특히 양도소득세와 관련해서 유의해야 할 사항은 바로 '조정대상지역'입니다. 이번 대책으로 구리, 안양 동안구, 광교가 조정대상지역에 새롭게 추가되었습니다. 해당 지역에 소재한 주택을 취득할 경우 2년간 거주해야 비과세가 가능하고, 양도소득세 중과가 적용될 수 있으며, 분양권 전매의 경우 50% 중과세율이 부과되기 때문에 특별히 주의를 요합니다. 반드시 해당 소재 주택 및 분양권 매도 시에는 세무사 등 전문가와 상의한 후에 진행해야 합니다.

이미 계약을 체결한 경우 계약 체결 당시 세대 기준 무주택 상태이고, 계약금을 지급한 사실이 있다면 중과 대상에서 적용 제외가 가능합니다. 이는 일종의 구제책이므로 혹시 본인이 이에 해당하는지 꼼꼼한 확인이 필요하겠죠. 정확한 주택의 취득일은 잔금일 또는 등기접수일 중 빠른 날이기 때문에 원칙대로 하자면 현재 계약분은 조정대상지역 규제 대상이 될 것입니다. 하지만 당사자 입장에선 이에 대해 미리 예측하지 못했으므로 규제 공지 전 계약분 중 무주택 세대주를 위해 이러한 구제책을 내놓은 것입니다.

주택가격 안정에 따른 조정대상지역 해제

반면 주택가격이 안정세에 접어들고 청약과열 우려가 상대적으로 완화된 지역은 규제가 완화됐다. 부산의 경우 일광면을 제외한 7개 지역(해운대, 수영, 남, 동래, 연제, 부산진, 기장)은 조정대상지역에서 해제됐다. 아울러 투기지역, 투기과열지구, 조정대상지역으로 지정하지는 않았지만 가격 불안을 보일 우려가 있는 지역은 주택가격, 분양권 등 거래동향, 청약상황 등을 상시 모니터링할 계획이다. …

정부는 동시에 변동하는 주택가격을 모니터링해 과열 우려가 진정된 지역은 조정대상지역에서 해제하기도 했습니다. 부산시 기장군(이 중 일광면은 제외)이 그러한데요, 이렇게 되면 해당 지역 소재 주택을 양도할 때는 양도소득세 중과가 적용되지 않습니다. 그 결과 다주택자의 매물이 나올 수도 있을 텐데, 이럴 경우 오히려 침체된 시장의 분위기를 더욱 침체시킬 수도 있지 않을까 하는 생각이 듭니다. 실제로 2018년 10월, 부산 등 일부 지자체에서는 국토교통부에 이러한 규제지역 해제를 건의하고 있는 실정입니다. (기사에는 일광면을 제외하고 부산시 7개구 전체가 조정대상지역 해제라고 쓰여 있는데요, 이 부분은 수정이 필요해 보입니다.)

동시에 정부는 주택가격이 과열될 우려가 있는 지역은 계속해서 모니터링해 추가로 규제 지역으로 지정한다는 계획입니다. 즉 계속해서 과열된 곳은 규제책을, 그렇지 않은 곳은 규제를 해제함으로써 수요를 조정한 다는 입장입니다.

—

이상의 내용을 볼 때 주택가격 상승에 대한 정부 규제책은 수요 억제가 중심입니다. 계속해서 주택가격을 모니터링하고 이에 대한 기준을 넘어서면 조정대상지역, 투기과열지구, 투기지역 등으로 지정하고 세금을 더 부과함으로써 수요를 억제하는 정책입니다.

하지만 경제 원리의 가장 기본은 수요와 공급이기에 언제까지 이러한 수요 억제책이 계속 먹힐지는 의문입니다. 정부도 이에 대해 고민이 되는 모양입니다. 다음에 보게 될 공급 확대 정책이 이를 말해줍니다.

8·27 부동산 대책 ② : 공급 확대

수도권 택지개발로 30만 가구 추가 공급 (아시아타임즈 2018. 8. 27)

8·27 부동산 대책에 대해 더 알아보도록 하겠습니다. 이번 정책의 특징은 지금까지의 수요 억제 위주의 방법에서 벗어나 공급 확대를 함께 제시했다는 것인데요, 그럼에도 불구하고 이 정책이 잘 진행될지에 대해서는 의견이 분분합니다.

먼저 정부 스스로 자신들의 논리를 스스로 깨뜨렸다는 의견이 제시되고 있습니다. 그도 그럴 것이 지금까지 주택가격 상승의 원인으로 정부는 늘 투기세력과 다주택자를 지목했습니다. 하지만 이러한 수요를 억제하기 위한 정책이 효과가 없자 다른 방법으로 공급 확대를 쓴다는 것은 정부 스스로도 고민이 깊어지고 있다는 것을 의미하는 것이죠.

두 번째는 이제부터 차근차근 보겠지만 정부가 제시하는 공공택지 개발은 그 효과가 꽤 오래 걸린다는 것입니다. 최소 4~5년 정도가 걸리는 것이기에 지금 당장 진행되고 있는 주택가격 상승을 잠재우기에는 염려가 된다는 것이죠. 더 구체적인 내용은 기사를 통해 살펴보겠습니다.

공공택지 개발로 주택 공급 확대

> … 27일 국토교통부는 수도권 내 교통이 편리한 지역에 양질의 주택 공급을 확대하기 위해 30여 곳의 공공택지를 추가 개발해 30만 가구 이상의 주택공급 여력을 갖출 계획이다.

기존과는 달리 수요 억제책뿐만 아니라 주택 공급 계획까지 함께 발표한 것이 이번 8·27 부동산 대책의 가장 큰 특징이라고 볼 수 있습니다.

> 정부는 … 향후 5년간 주택 수급이 원활할 것으로 전망했다. 지난해 말 기준으로 수도권 내 미매각·미착공으로 주택 공급이 가능한 약 48만 가구의 공공택지를 이미 보유한 상태다. 또한, 신혼희망타운과 일반주택 공급을 위해 서울을 포함한 수도권 내 성남 복정, 구리갈매 역세권, 남양주 진접2 등 서울과 인접하고 교통이 편리한 지역을 중심으로 14개 신규 공공주택지구의 입지를 이미 확정한 바 있다. 이 물량까지 포함하면 총 가용 공공택지는 54만 2,000가구 규모다.

이 부분은 이미 정부가 발표한 내용입니다. 정부는 향후 5년간 서울과 수도권 주택 공급이 충분하다고 봤습니다. 48만 가구의 공공택지 및 신규 공공주택지구 마련으로 총 54만 2천 가구를 공급한다는 것이죠. 그래서 주택 공급에 대해서는 별다른 계획을 내놓지 않고 있었던 것입니다.

> 이 같은 안정적 주택 수급 기반 위에 향후 수도권 내에서 교통이 편리한 지역에 양질의 저렴한 주택 공급을 확대한다. 국토부는 30만 가구 이상의 주택공급이 가능토록 다양한 규모의 30여 개 공공택지를 추가로 개발할 계획이다. 이 가운데 지자체 협의가 완료된 일부 사업지구의 구체적인 입지 등을 내달 중 공개한다. …

그런데 정부는 이러한 안정적 주택 공급 54만 2천 가구 외에 추가로 주택 공급을 확대한다고 합니다. 그리고 그 규모는 30만 가구 이상이라고 하는데요, 만약 정부 계산대로 시행한다면 이는 공급과잉으로 이어져 주택 가격의 안정을 넘어서 주택가격 하락까지 초래할 수 있을 것입니다. 아무리 좋은 재화나 서비스라도 공급이 많으면 그 가치가 떨어진다는 것은 경제 원리의 가장 기본이니까요.

2018년 10월, 주택 공급과 관련해 주관부서인 국토교통부에서는 가급적 광역교통 대책을 포함해 연말에 함께 발표할 계획이라고 보도했습니다. 단순히 주거공간만 공급하는 것이 아니라 교통 등 핵심 인프라도 함께 준비함으로써 이에 대한 수요를 유도하겠다는 의미로 보입니다.

—

저는 정부가 주택 공급을 늘리는 정책으로 가는 것은 맞는 방향이라고 생각합니다. 다만 이왕 이렇게 하려면 조금 더 일찍 시작했으면 좋았겠다는 아쉬움이 있습니다. 수요는 억제하면서 동시에 공급은 늘림으로써 선호도가 높은 지역에 신혼부부나 일반 시민들이 진입할 수 있는 경로를 다양하게 만들어줘야 할 것입니다. 수요 억제와 공급 확대를 동시에 진행해야 집값이 진정되지 않을까요?

집 부자들의 보유세 인상 강화

부동산 자산가 정조준한 종부세 강화··· '부자증세' 기조 유지
(파이낸셜뉴스 2018. 7. 30)

2018년도 세법개정안이 발표되었습니다. 아직 국회 통과라는 최종 관문이 남아 있지만 이 세법개정안은 정부의 조세정책을 가늠할 수 있는 중요한 자료이며, 특히 부동산 세법의 경우 기존 재정특위에서 제시한 보유세 인상을 더욱 강화함으로써 부동산 자산가는 반드시 확인해야 하는 내용으로 가득합니다. 부동산 영역의 경우 종부세 강화와 주택임대소득에 대한 세금 규제 강화로 크게 요약할 수 있는데요, 이에 대해 더 자세히 살펴보겠습니다.

부자에게 종부세 더 걷는다

정부가 30일 발표한 2018년 세법개정안의 특징은 조세지출로 소득분배에 초점을 두면서도 초고가·다주택자 종합부동산세 인상을 통해 '부자증세'의 맥을 이어갔다는 점이다. ···

이 한 문장에 2018년도 세법개정안의 핵심이 잘 나타나 있습니다. 종부세 인상을 통해 정부는 계속해서 부동산 다주택자 및 자산가들에 대한 압박을 이어나갈 것으로 보입니다. 후술하는 주택임대소득 역시 반드시 확인해야 할 내용입니다. 계속해서 보겠습니다.

정부는 우선 종부세 개편으로 집 부자에 대한 과세 의지를 명확히 했다. 문재인 대통령의 공약에 나와 있는 자산가의 자본이득 과세 강화 일환이다. 현행 80%인 공정시장가액비율을 연 5%포인트씩 90%까지 인상하고 주택 과표 6억 원 초과 구간부터 세율은 0.1%에서 0.5%포인트 올렸다. 여기다 3주택 이상 다주택자에겐 0.3%포인트를 추가 과세했다.
주택 3채 합계 가격별 종부세 부담은 시가 합계 17억 1,000만 원(공시가격 12억 원) 159만 원, 23억 6,000만 원(16억 5,000만 원) 507만 원, 34억 3,000만 원(24억 원) 1,341만 원, 50억 원(35억 원) 2,755만 원 등이다. 다만 종부세와 재산세를 합친 보유세 총액이 전년도에 견줘 150%를 초과할 경우 초과분은 과세에서 제외되는 세부담 상한제가 있기 때문에 실제 과세액수는 이보다 줄어들 것으로 추정된다.

우선 종합부동산세입니다. 종부세의 경우 공시가격의 6억 원을 초과한 금액에 대해 현재는 공정시장가액비율을 80%로 적용하고 있는데요, 향후 매년 5%포인트 인상해 이를 90%까지 단계적으로 인상합니다. 여기에서 그치지 않습니다. 세율 역시 인상했는데요, 주목할 만한 점은 3주택 이상 다주택자에겐 0.3%포인트를 추가 과세합니다. 이는 앞서 살펴보았던 '재정특위 권고안'에서 '설마 이 부분을 적용할까' 생각했던 사람들에게는 꽤 부담으로 다가설 수 있을 것으로 보입니다. 그만큼 정부의 의지가 강력하다고 봐야겠죠?

이렇게 할 경우 공시가격에 따른 종부세 부담액은 보유 주택이 3채인 경우 기사 내용과 같습니다. 종부세와 재산세는 세 부담상한이 있기에 정확한 세액은 본인 상황에 맞게 미리 점검해야 할 것으로 보입니다.

주택임대소득에 대한 과세

정부는 세금 사각지대에 숨어 있던 집주인이 수면 위로 나오도록 주택 임대소득 세제도 손을 봤다. 내년부터 2,000만 원 이하 주택 임대소득에 대해 비과세를 없애고 14% 세율로 분리과세한다. 이때 등록임대사업자(기본공제 400만 원·필요경비율 70%)와 미등록 집주인(200만 원·50%)의 혜택을 차등화했다. 예컨대 주택 3채 보유자가 1채는 월세 100만 원을 받고 1채는 보증금 10억 원에 전세를 주면서

연간 1,956만 원의 임대소득을 얻고 있을 경우 현재 세 부담은 53만 5,000원이다. 그러나 개정 세법이 시행되는 내년부턴 등록을 하지 않은 집주인은 지금보다 2배가량 늘어난 109만 원을 부담해야 한다. 반면 등록임대사업자는 6만 5,000원만 내면 된다. 둘 사이 세금 차이는 16배 이상이다. 임대주택 등록자에겐 건강보험료도 40~80% 수준으로 감면해준다.

종부세 다음으로 주목해야 할 요소는 바로 주택임대소득에 대한 과세입니다. 우선 정부는 임대로 생기는 수입금액 2천만 원 이하에 대해서는 예정대로 분리과세를 적용하기로 했습니다. 기존에는 비과세 기간이 계속 연장되었는데요, 이제는 더 이상 늦추지 않고 이를 과세하겠다는 것입니다.

특히 임대주택 등록분과 미등록분에 대한 차등과세를 예고했습니다. 가령 3주택 보유자가 월세 100만 원, 그리고 보증금이 10억 원 있다면 이에 대한 수입금액은 다음과 같습니다.

- 월세 = 100만 원 × 12개월 = 1,200만 원

- 간주임대료 = (10억 원 - 3억 원) × 60% × 1.8% × 365일/365일 = 756만

  원(간주임대료는 실제 임대기간을 고려해서 적수를 적용해야 하는데, 편의상 1년

  내내 임대했다고 가정했습니다.)

- 수입금액 = 월세 + 간주임대료 = 1,956만 원

이 경우 임대소득세를 비교해보자면 다음과 같습니다.

- **현행** : (1,956 - 1,956 × 60%) - 400만 원 = 382만 4천 원

  → 382만 4천 원 × 14% = 53만 5천 원

- **미등록** : (1,956 - 1,956 × 50%) - 200만 원 = 778만 원

  → 778만 원 × 14% = 108만 9천 원

- **등록** : (1,956 - 1,956 × 70%) - 400만 원 = 186만 8천 원

  → 186만 8천 원 × 14% = 26만 1천 원

  → 여기에 준공공 3호 이상이므로 75% 감면을 적용하면, 26만 1천 원 ×

    (1-75%) = 6만 5천 원(단, 준공공 임대소득세 감면은 향후 양도 시 또 다른 과

    세가 발생할 수 있으므로 사전에 전문가와 상담 후 진행하길 권합니다.)

이렇듯 임대주택으로 등록한 경우가 훨씬 낮은 세금을 적용받게 됩니다. 게다가 건강보험료 역시 획기적으로 줄여준다고 하니 정부 입장에서는 임대주택등록을 위한 꽤 큰 유인책을 준 셈입니다.

위 수입금액 계산 사례에서 간주임대료는 보증금의 합(전월세 불문)에서 3억 원을 차감하고 다시 60%를 곱한 후 1.8%를 곱해서 나온 값인데요, 이 경우 '소형주택'에 해당하는 주택은 간주임대료 계산에서 제외가 됩니다. 여기에서 소형주택이란 전용면적 60m² 이하, 기준시가 3억 원 이하 주택을 말합니다.

2019년부터는 이러한 범위도 더욱 강화해 전용면적 40m² 이하, 기준시가 2억 원 이하 주택만 소형주택 특례를 적용하기로 했습니다. 따라서 이러한 주택이 아닌 경우에 월세나 전세를 놓고 있다면 해당 보증금의 합을 모두 더해 간주임대료를 계산해야 하는 만큼, 다주택자 임대소득 부담은 더욱 늘어나게 되는 것입니다.

─

이 외에 개정세법 내용은 많이 있습니다. 하지만 부동산 세금 관련해서는 이상의 내용이 가장 핵심으로 보입니다. 다시 정리하자면 종부세 강화로 다주택자의 보유세를 더욱 인상했으며, 주택임대소득에 대해 등록한 주택과 미등록한 주택의 차등과세를 한 것이 특징입니다.

한 가지 더 말씀드리자면, 정부가 임대주택을 미등록한 것과 등록한 것으로 차등과세를 한다는 것은 이에 대한 데이터 확보는 물론, 실제 미등록한 주택도 과세를 하겠다는 의지의 표현입니다. 이를 위해 챕터 8에서 살펴볼 '9월 임대차 통계시스템'을 가동하는 것이며, 기사에는 나오지 않았지만 2019년부터는 주택임대사업자 역시 사업자등록 의무화 사업자로 편입, 미등록 시에는 0.2%의 가산세를 부과할 방침입니다(이 내용은 다음 표를 참고하기 바랍니다).

이상의 내용을 참고해서 향후에는 보유세 인상의 경우 재산세와 종부세뿐만 아니라 주택임대소득에 대한 부분도 반드시 고려해 절세 전략을 세워야 합니다.

소득세법상 사업자등록 대상 확대(소득법 §168 ①)

현행	개정안

• 소득세법상 사업자등록 대상
  - 새로 사업을 시작하는 사업자(단, 분리과세되는 주택임대소득만 있는 사업자는 제외)
  - 부가가치세법상 사업자등록을 한 경우 제외
	• 대상 확대
	  - 좌동(분리과세되는 주택임대소득만 있는 사업자 포함)
	  - 좌동

• **개정이유** : 주택임대사업자 관리 강화

• **적용시기** : 2019. 1. 1 이후 주택임대사업을 개시한 경우 적용

• **경과조치** : 2019. 1. 1 이전에 주택임대사업을 개시한 경우 2019. 12. 31

  까지 등록

주택임대사업자 미등록가산세 신설(소득법 §81 ⑮)

현행	개정안
• 사업자 미등록 시 가산세 　– (과세, 겸업사업자) 부가법상 미등록가 　　산세(과세 공급가액×1%) 부과 　– (면세사업자) 가산세 없음	• 면세사업자 미등록 시 가산세 부과 　– 좌동 　– 주택임대사업자에 대해 소득세법상 　　미등록가산세(면세　공급가액×0.2%) 　　부과

• **개정이유** : 주택임대소득 세원 관리 강화

• **적용시기** : 2020. 1. 1 이후 발생하는 분부터 적용

(출처 : 기획재정부가 7월 30일 발표한 '2018 세법개정안' 중)

CHAPTER 6

양도소득세
절세의 핵심은
양도소득세다

양도소득세 확정신고 빠뜨리지 말자

양도세 신고, 누가 어떻게 해야 하나요? (조세일보 2018. 5. 8)

「소득세법」에서 정한 주택 등의 자산을 대가를 받아 양도하고 이를 통해 소득이 발생했다면 양도소득세를 납부해야 하는데요, 이에 대한 계산 및 신고 납부는 당사자가 직접 해야 합니다. 혹시라도 신고를 누락하거나 계산 과정에 오류가 있다면 이는 과세당국이 아닌 본인이 책임을 져야 하는데 이를 '신고납부제도'라고 합니다. 반대로 과세당국에서 해당 세액을 결정해 고지하는 것을 '정부부과제도'라고 합니다. 양도소득세 대상 자산은 여러 가지가 있지만 여기서는 부동산 중 주택을 중심으로 어떻게 신고하는지, 그 과정에서 주의할 사항은 무엇인지 살펴보겠습니다.

양도소득세 확정신고 대상자

다음에 해당하는 납세자의 경우 2018년   세무서장에게 신고해야 합니다.
5월 1일부터 5월 31일까지 납세지 관할 1. 2017년에 누진세율 과세 대상 자산 양도소득세 신고에는 크게 '예정신고'와 '확정신고'가 있습니다. 우선 예정신고는 말 그대로 예비적 신고에 해당합니다. A라는 사람이 주택①을 2017년 4월에 양도했다면 이에 대해서 '양도일이 속하는 달의 말일로부터 2개월 이내'인 2017년 6월 30일까지 예정신고를 해야 합니다.

그런데 A가 같은 해 10월에 주택②를 양도했다면 주택② 역시 12월 31일까지 예정신고를 해야 합니다. 편의상 주택①, ②는 모두 보유기간이 1년 이상으로 기본세율(누진세율)을 적용받는다고 가정하겠습니다. 그렇다면 A는 그다음 해인 2018년 5월 31일까지 주택①, 주택②에 대한 확정신고를 해야 하는데요, 이는 주택①과 주택②의 과세표준을 합산해 정확한 과표를 구한 다음, 이에 해당하는 세율을 적용해 양도소득세를 더 부과하거나 환급받는 절차를 의미합니다.

그렇다면 A는 왜 확정신고를 해야 할까요? 현행 양도소득세 과세기준일이 매해 1월 1일부터 12월 31일까지이며 이 기간 동안 양도한 자산이 2회 이상이고 모두 누진세율(기본세율)을 적용받는다면, 이에 대해 정확한 세금 계산이 필요하기 때문입니다. 즉 일종의 정산 개념인 것이죠.

그런데 여기에서 매우 중요한 절세 팁이 나오는데요, 그건 바로 '양도소

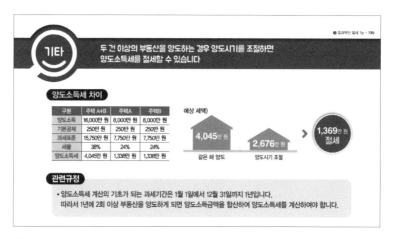

〈양도소득세 절세 팁〉 양도시기를 조절하면 절세할 수 있다. (출처 : 국세청 양도소득세 종합안내 사이트)

득세 합산과세'입니다. 기본세율(누진세율)이 적용되는 양도소득세 대상 자산을 동일 연도에 2회 이상 양도했다면 이를 합산해서 계산하는 것이 원칙이기 때문에 이를 잘 활용해야 합니다.

가령 주택①에 양도차익, 주택②도 양도차익이 났다고 가정합시다. 이 때 특별한 사유가 없다면 이 둘은 나눠서, 즉 연도를 달리해 양도하는 게 유리합니다. 값이 더해질수록 양도소득세 과세표준이 커지고 적용되는 세율 역시 증가하기 때문입니다. 물론 동일 구간이라면 상관 없습니다.

반대로 둘 중 하나라도 양도차손이 났다면 같은 연도에 양도를 해서 합산하는 것이 유리합니다. 그래야 어느 한쪽이 마이너스(–) 값이기 때문에 해당 과세표준이 줄어들고, 그에 따른 세율도 줄어들 수 있겠죠? 이 역시 동일 세율 구간이라면 절세 효과는 없습니다.

한 가지 유의할 점은 양도차손 값은 이월해 적용되지 않으니 이를 활용하려면 해당 연도에 바로 합산해야 한다는 것입니다. 자세한 것은 국세청 양도소득세 종합안내 사이트에 나오는 내용을 참고하면 좋습니다.

양도소득세 확정신고기한

Q. 양도소득세 확정신고 대상자가 확정신고기한까지 신고·납부하지 않는 경우에는 가산세 부과는?
양도소득세 확정신고 대상자가 이번 5월 중에 확정신고·납부하지 않는 경우 다음과 같이 가산세를 추가로 부담하게 됩니다.
신고불성실 가산세 : 신고하지 않은 경우 무신고가산세(20%), 과소신고한 경우 과소신고가산세(10%) 부과, 부정한 방법으로 양도소득세 과세표준을 무(과소)신고한 경우 40%의 신고불성실가산세 부과
납부불성실 가산세 : 납부기한의 다음 날부터 자진납부일(또는 고지일)까지 1일 0.03%(연 10.95%)의 납부불성실가산세 부과 …

만약 이러한 확정신고를 이행하지 않으면 어떻게 될까요? 그때는 '가산세'라는 것을 부담해야 하는데요, 만약 신고 자체를 하지 않았다면 20%, 세금을 줄여서 신고했다면 10%의 가산세가 부과됩니다. 혹시라도 인정되지 않은 필요경비를 허위로 가공하는 등 부정한 방법으로 세 부담을 줄였다면 이때는 무려 40%의 가산세가 부과되므로 이렇게 하면 안 됩니다.

여기에서 끝나는 게 아닙니다. 이와 더불어 납부하지 않은 것에 따른 '납부불성실 가산세'가 하루마다 0.03%씩 붙으니 이를 연으로 환산하면 무려 10.95%의 매우 높은 연체이자율이 적용됩니다. 따라서 신고 대상이라면 꼭 기한 내에 확정신고를 하고 납부를 마치는 것이 곧 절세의 지름길이라 할 수 있습니다.

매년 5월은 세무서는 물론 세무 대리 업무를 하는 세무사 사무실도 무척 바쁩니다. 종합소득세 신고 및 양도소득세 확정신고가 몰리기 때문이죠. 세무 관련 업무가 가장 몰리는 시기이니 신고 대상자라면 미리 준비하는 것이 여러모로 유리합니다.

우선 필요한 자료를 여유 있게 챙길 수 있어서 누락되는 것을 방지할 수 있으며, 사전에 미리 일을 맡겨야 세무 대리인도 한결 수월하게 업무 지원이 가능할 것입니다. 물론 그와 관련된 상담도 더 잘 되겠죠? 앞서 살펴본 것처럼 가산세는 생각보다 큽니다. 어차피 신고 대상이라면 미리 챙겨서 양질의 서비스를 받고, 불필요한 가산세는 내지 않는 것이 절세에 매우 유리하다는 사실, 잊지 마세요!

여기서 잠깐! ···

Q   양도소득세 확정신고란 무엇이며, 언제까지 해야 하는 것일까요?

A   1년에 주택을 2채 이상 매도하는 경우, 해당 주택에 적용되는 세율이 모두 기본세율(누진세율)일 때 확정신고 대상자에 속하며, 해당 대상자는 주택을 양도한 다음 해 5월 1일부터 5월 말일까지 관할 세무서에 확정신고를 해야 합니다.

시장에 따라 양도소득세는 천차만별

5년간 2.5배 오른 마곡지구 아파트, 양도세는 '0원' (한국경제 2018. 5. 3)

부동산이든 주식이든 투자를 하는 대부분의 사람들은 세금을 가장 마지막에 고려하는 경향이 강합니다. 예를 들어 주택(아파트)만 하더라도 일단 주택을 사고(취득세), 보유하면서(보유세), 적당한 때가 오면 팔게 되죠(양도소득세). 그렇게 하다 보면 적절한 절세 플랜(Tax Planning)을 세울 수가 없습니다. 그런데 가급적이면 사전에 세금이 어느 정도 나오고 어떻게 하면 이를 줄일 수 있는지를 먼저 체크하는 게 좋은데요, 그에 대한 대표적인 사례를 하나 소개할까 합니다.

불과 5년 전만 하더라도 정부에서는 특정 주택을 취득하면 취득일로부터 5년 동안 발생하는 양도소득세에 대해 100% 감면해주는 정책을 펼쳤습니다. 그런데 요즘 같은 시기에는 양도소득세를 오히려 중과합니다. 언제 그랬을까 싶을 정도로 정부 정책이 극과 극이죠. 이는 앞서 살펴본 조세의 자동안정화 기능과도 연관되어 있는데요, 이런 점을 투자와 연계해 큰 수익을 보는 사람들이 있다고 합니다. 어떤 내용인지 한번 보겠습니다.

부동산 침체기에는 양도소득세 감면

> 2013년 6월 서울 강서구 마곡동 '마곡엠 밸리4단지'를 4억 원대에 분양받은 A씨는 집값(호가 기준 12억 원)이 2.5배 이상 올랐지만 양도소득세를 한 푼도 내지 않는다. 2013년 한시적으로 시행된 양도세 비과세 혜택을 받는 까닭이다. …

일단 기사 내용 중에서 한 가지를 정정해야 할 것 같습니다. 기사 본문에 적힌 "한시적으로 시행된 양도세 비과세 혜택"이라는 문구에서 '비과세'는 '감면'으로 수정되어야 합니다. 비과세와 감면이 '그게 그거'라고 생각하다간 큰 코 다칩니다.

비과세는 말 그대로 과세하지 않는 것으로, 과세당국인 정부가 과세권을 포기한 것입니다. 세금 자체가 없기 때문에 신고 의무도 없으며 당연히 세금을 한 푼도 내지 않습니다. 반면에 감면은 세금을 감해주고 면해주는 것인데 이 사례의 경우는 '양도소득세 100% 감면'에 해당합니다. 양도소득세는 100% 줄여주지만 양도소득세의 20%에 상당하는 농특세는 납부해야 하는 것입니다. 가령 납부해야 하는 양도소득세가 5천만 원이라면 20%인 1천만 원에 대해서는 농특세를 납부해야 하는 것이죠. 납부해야 하는 세금이 있기에 당연히 신고 의무가 있으며, 감면 요건에 맞지 않으면 감면을 못 받을 수도 있으니 주의해야 합니다.

> 여러 대책에도 부동산 시장이 살아날 기미를 보이지 않자 정부는 2013년 4월 1일 양도소득세 감면 카드를 꺼내 들었다. 2013년 4월 1일부터 12월 31일까지 신

축주택·미분양주택·1세대 1주택자가 소유한 주택을 취득하는 경우 취득 후 5년간 발생한 양도차익에 대한 양도소득세를 100% 감면해준다는 내용이었다. 당시 시장에 나온 모든 주택에 해당하는 것은 아니었다. 실거래가가 6억 원 또는 전용면적(연면적) 85㎡ 이하의 아파트 및 오피스텔이 대상이었다. 예컨대 해당 기간 중 전용 84㎡ 5억 원짜리 아파트를 분양받아 5년 이내에 되팔 경우 양도소득 금액을 내지 않아도 된다. 5년이 지난 후 추가로 3억 원의 시세차익을 얻었다면 이 차익에 대한 양도소득세만 내면 된다.

다음 부분에서는 '감면'이라고 단어를 바로잡았네요. 위 내용처럼 정부는 부동산 경기를 살리기 위해 특단의 조치를 취했습니다. 바로 흔히 '4·1 부동산 대책'이라고 하는 양도소득세 감면 정책입니다.

물론 모든 주택에 대해 그러한 혜택을 준 것은 아닙니다. 취득가가 6억 원 이하이거나 전용면적이 85m² 이하인 아파트나 오피스텔이 기본요건으로, 신축주택·미분양주택·1가구 1주택자의 주택 등이 대상이었습니다. 정부 입장에서는 "미분양 주택이 쌓여 있으니 좀 사달라", "그 전에 집을 산 1가구 1주택자들의 집을 사주면 매도자나 매수자 모두 이익을 주어 거래를 활성화시키겠다"와 같은 메시지를 정부 정책을 통해 시장에 보낸 것입니다.

한 가지 재미있는 것은 해당 주택 요건 중 취득가 6억 원 이하 '또는' 전용면적이 85m²라는 거예요. 이 2가지 중 하나만 만족시키면 혜택을 주겠다는 뜻입니다. 부동산 경기를 살리려는 정부의 확고한 의지를 읽을 수 있죠?

고수는 세금을 보고 매매를 결정한다

드디어 지난달부터 순차적으로 5년이 돌아오고 있다. 당시 주택을 매입한 이들은 매도 여부를 저울질 중이다. 추가 상승을 기대하는 이들은 보유를 선택하는 분위기다. 추가로 올라봐야 내야 하는 양도세가 미미한 까닭이다. … 엠밸리 6단지 전용 84㎡를 4억 원에 분양받은 A씨는 지난달 말 9억 9,000만 원에 아파트를 팔았다. 세금을 물지 않아 6억 원 가까운 돈을 챙겼다. …

이 정책이 2013년 4월에 시작되었으니 2018년 4월이 5년째 되는 시기입니다. 5년 동안 상승한 이득을 거의 온전히 누리려는 소유자들은 이때부터 매도를 시작할 것입니다.

기사에서는 4억 원에 분양받은 아파트를 9억 9천만 원에 팔아 6억 원에 가까운 돈을 챙겼다고 들고 있는데요, 앞서 말한 것처럼 당초 양도소득세의 20%에 해당하는 금액은 농특세로 납부해야 하는 점은 알아두도록 합시다.

지난 4월부터 양도세 감면 기한 5년이 순차적으로 끝나지만 혜택을 받은 아파트 소유주들은 '문제없다'는 입장이다. … 강서구 마곡동 M공인 관계자는 … "올해 들어선 2013년 매입한 이들의 물건이 거의 나오질 않는다"고 말했다. 함영진 직방 빅데이터센터장은 … "진짜 고수들은 집값이 급등할 때가 아니라 양도세 감면 혜택이 나왔을 때 매물을 사들인다"고 말했다.

그렇다면 그 당시 아파트나 오피스텔을 취득한 사람들이 5년만 채우고 양도소득세 감면을 받기 위해 모두 매도를 할까요? 그렇지는 않을 것입니다. 취득 후 5년까지는 양도소득세 100% 감면(농특세 20%는 납부해야 함)이며, 그 이후 추가로 가격이 상승한다면 해당 분에 대해서만 양도소득세를 납부하면 되기 때문입니다. 따라서 해당 물건을 매도하느냐 마느냐는 향후 주택시장이 더 상승하느냐 그렇지 않느냐에 따라 다를 것입니다. 기사에서는 해당 물건이 거의 나오지 않는다고 한 것으로 보아, 앞으로도 주택시장이 더 상승할 것으로 기대한다고 봐야겠죠? 물론 이는 지역마다 다를 것입니다.

—

사실 제가 강조하고 싶은 내용은 기사의 마지막에 잘 나와 있습니다. 처음에 저는 대부분의 사람들이 세금은 마지막 단계에서 고려하는 경향이 강하다고 했습니다. 그런데 정작 투자를 잘하는 사람들은 처음부터 세금을 따져보고 매수 또는 매도를 결정하는 경우가 많습니다. 특히 이번 기사에서 살펴본 4·1 부동산 정책의 '양도소득세 100% 감면'은 10년에 한 번꼴로 나오는 정책으로, 다시 이런 정책이 나올지 의심이 들 정도로 아주 큰 혜택이었습니다.

현재 부동산 정책을 보면 수요를 억제하고, 특정 지역의 부동산 양도 시 세금을 아주 많이 부과하고 있습니다. 이렇게 보면 현재는 어떻게 해야 하는지 방향을 잡을 수 있겠네요. 정부 정책을 통해 부동산을 사고파는 타이밍을 파악할 수도 있다는 사실을 잊지 마세요.

정부 정책대로? vs. 정부 정책과 반대로?

얼마 전 지인을 만나 재미있는 이야기를 들었습니다. 그 사람은 평범한 가정주부인데, 남편의 월급을 알뜰히 모은 돈을 굴리고 싶으나 마땅한 투자처가 없다는 것이었습니다. 그때 들어온 뉴스가 정부의 '신규 주택 양도소득세 감면정책(2013년 6월)'이었다고 합니다. '그래, 내가 들어가서 살 곳인데 이 참에 집 한 칸 장만하자'라고 생각한 그분은 현재 시세차익을 보고 놀라고, 그 집을 팔아도 양도소득세는 없고 농특세만 부담하면 된다고 하니 또 한 번 놀라고 있습니다. 그분만이 아닙니다. 2014년 여름에도 정부에서 대출 확대 등으로 집을 사라고 해서 서울에 사둔 집 한 채를 볼 때마다 마음이 든든하다고 하네요.

그런데 지금은 정부에서 집을 팔라고 합니다. 과연 이분은 어떤 고민을 하고 있을까요? 그리고 어떻게 하는 게 현명한 것일까요? 이에 대한 결과는 시간이 말해줄 것 같습니다.

어린이집의 양도소득세

집 아닌 집… 양도세에 우는 어린이집 (조세일보 2017. 7. 12)

정부의 고강도 부동산 정책의 시작점이라고 할 수 있는 8·2 부동산 대책으로 인해 부동산 세금에 대한 관심이 그 어느 때보다 높아졌습니다. 실거주를 알아보는 사람, 그리고 부동산으로 투자를 하려는 임대사업자 모두 양도소득세에 관심이 많은데요, 양도소득세에서 가장 중요한 것은 '주택 수 산정(계산)'이라고 해도 과언이 아닙니다. 주택 수가 1채인지, 2채인지에 따라 적용되는 양도소득세 세율과 계산방식 등이 완전히 달라지기 때문입니다.

　이번에 살펴볼 기사에는 우리 주변에서 흔히 볼 수 있는 어린이집에 대해 양도소득세가 어떻게 적용되는지 소개되어 있습니다. 기사 내용 중 주요 부분을 중심으로 읽으면서 과세당국인 정부가 어린이집에 대해 가지고 있는 생각을 간접적으로 살펴보겠습니다.

주택을 구분하는 기준

세법에서는 비단 주택뿐만 아니라 세금을 부과할 때 실질에 의해 과세를 하는데 이를 '실질과세의 원칙'이라 합니다. 겉으로 보이는 현상과 실제가 다를 경우 실질적인 상황과 용도에 따라 세금을 부과한다는 의미죠. 조세 부과에 있어서 가장 큰 원칙 중 하나입니다.

모든 법은 예외가 있죠? 더 나아가 '예외의 예외'도 존재합니다. 특히 세법이 더욱 예외가 많아서 세금을 무척 어렵다고 여기는 것 같습니다. 여기서 조세 부과의 대원칙인 실질과세의 원칙의 예외도 등장합니다. 실질적으로는 특정 주택을 어린이집으로 사용하더라도 '언제든지 주택으로 사용할 수 있는 가능성'이 있다면 사업장이 아닌 주택으로 판단하겠다는 것입니다. 이에 대한 구체적인 근거나 이유는 다음과 같습니다.

대한민국은 법치주의(法治主義) 국가입니다. 세금 부과와 같은 행정을 할 때는 반드시 그 근거를 법률에 두어야 한다는 것이죠. 우리가 쉽게 생각하는 '○○법'이 그 근거로, 이를 조금 어려운 말로 하면 '법원(法源)', 즉 법의 근원이라고 합니다.

이러한 법의 근원은 헌법, 법률 등이 대표적이며, 특히 대법원 판례 역시 법률과 거의 동일한 효력을 가지고 있다고 보면 됩니다. 쉽게 말해 대법원 판례가 나오면 해당 내용은 법 조문과 거의 동등한 효과를 갖기에 하위 조직에서는 이를 근거로 특정 행위를 할 수 있는 것입니다.

그런 이유로 국세청, 조세심판원 같은 곳에서는 2005년 대법원 판례를 근거로 해 어린이집을 주택으로 과세했습니다. 당시 대법원의 논리는 비록 가정어린이집이 실제 어린이집으로만 사용되었음에도 불구하고, 언제든지 제3자에게 주택으로 양도할 수 있다는 점을 들어 주택으로 보았던 것입니다.

조세심판원에서도 납세자가 피해를 보고 있어 이를 개선할 필요가 있다는데 의견을 모으고, 타 어린이집(국공립어린이집, 직장어린이집)과 동일하게 가정어린이집도 1세대 1주택 비과세 적용을 받을 수 있게 하는 세법 개정 건의서를 기재부에 제출했다. …

하지만 이에 대한 반론도 만만치 않다고 합니다. 대표적인 납세자 권리 구제기관인 조세심판원에서는 이로 인한 납세자 피해가 우려된다며 지속적으로 개선을 요구하고 있으며 세법 개정 건의서를 기획재정부에 제출

1세대 1주택 판정 시 가정어린이집을 보유 주택 수에서 제외(소득령 §155)

현행	개정안

거주주택 양도 시 1세대 1주택 비과세 적용
• (적용요건) 1세대가 거주주택과 다음의 주택을 1채씩 소유
  – 장기임대주택
 	
〈추가〉
	1세대 1주택 판정 시 보유 주택 수에서 제외하는 범위 확대
	• 좌동
	  – 좌동
	  – 세대원이 5년 이상 운영한 가정어린이집(시·군·구 인가를 받아 사업자등록한 가정어린이집으로서, 가정어린이집으로 사용하지 않은 날부터 6월이 경과하지 않을 것)

• 개정이유 : 민간어린이집과의 형평성 감안

• 적용시기 : 영 시행일 이후 양도하는 분부터 적용

(출처 : 기획재정부 '2017 세법개정안' 보도자료)

한 것입니다.

실제로 기획재정부에서 8월 2일 발표한 '2017 세법개정안' 보도자료를 보면, 1세대 1주택 판정에 있어서 가정어린이집을 보유 주택 수에서 제외하는 법안을 발의했습니다. 물론 세대원이 5년 이상 운영해야 한다는 조건이 붙게 되죠.

—

이 책이 출간된 시점에는 세법개정안이 최종 통과되어 앞으로는 가정어린이집도 일정 요건을 갖추면 주택 수에서 제외됩니다. 이렇게 되면 세대 기준으로 자가주택이 1채가 있고, 어린이집 1채를 운영하며 생계를 유지하는 가정의 경우 '1세대 1주택'이 되기에 거주하는 주택을 양도할 경우 비과세가 가능할 것입니다.

물론 어린이집으로 운영하는 주택의 경우 세대원이, 시·군·구 인가를 받아 사업자등록을 한 가정어린이집으로서, 5년 이상 운영(공실은 6개월 이내)해야 한다는 3가지 조건을 충족해야 합니다.

아파트 단지 내 1층 집을 활용해 어린이집을 운영하는 사례를 많이 봤을 것입니다. 이런 경우라면 향후 주택을 양도할 경우 해당 어린이집이 주택 수에서 제외되는지를 반드시 확인하고 양도할 것을 권합니다. 주택 수에 따라 적용되는 양도소득세 계산방식이 더욱 복잡해졌기 때문입니다.

주변 어린이집을 볼 때마다 '실질과세의 원칙', '대법원 판례', '1세대 1주택 비과세 특례' 등에 대해 상기하면 이 내용을 더욱 쉽고 재미있게 이해할 수 있을 거라고 생각합니다. 이런 내용을 알고 있다면 뜻하지 않게 절세 혜택을 기대해볼 수도 있을 것입니다.

여기서 잠깐! ··

Q   형식이 아닌 '실질'에 의해 과세하는 조세원칙은 무엇일까요?

A   바로 '실질과세의 원칙'입니다. 조세부과의 대원칙으로, 이에 따라 기존 과세원칙과 판례 등이 뒤바뀐 경우가 많답니다.

다주택자의 양도소득세 중과에 대비하기

다주택자 양도세 폭탄? '돈 되는' 절세 비법 있다 (이데일리 2018. 4. 3)

2018년 4월부터는 부동산 세금과 관련해 반드시 확인해야 할 사항이 하나 생겼습니다. 바로 '양도소득세 중과'입니다. 중과(重課)는 말 그대로 세금을 무겁게 매긴다는 의미로, 쉽게 말해서 기존의 양도소득세보다 세 부담이 더 늘었다는 것을 의미합니다.

그렇다면 얼마나 부담이 더해지는 것일까요? 2주택자가 조정대상지역에 있는 주택을 팔면 2가지 요인에서 중과가 됩니다. 첫째, 장기보유 특별공제를 받을 수 없으며, 둘째, 기본세율에 10%포인트가 가산됩니다. 만약 3주택 이상자라면 마찬가지로 장기보유 특별공제 배제에 기본세율 20%가 추가됩니다.

'기본세율에 10% 가산이니 내가 내야 하는 세금에 10% 정도 추가되는 건가?'라고 생각하면 큰일 납니다. 양도차익 1억 원, 장기보유 특별공제 3년 10%라고 가정할 경우 일반적으로는 양도소득세가 1,578만 원 나오지만(지방세 제외), 2주택 이상자이면서 중과에 해당될 경우는 무려 2,897만

5천 원이 나옵니다. 3주택 이상일 경우에는 3,872만 5천 원으로 금액이 매우 큰 폭으로 상승합니다. 결국 주택 수를 줄이거나 4월 1일 이전에 매도하거나, 조정대상지역이 아닌 주택을 매도하는 것이 중요합니다.

이렇게 본다면 어떻게 해서든 양도소득세 중과를 피하는 것이 상책입니다. 생각지도 못한 세금으로 인해 수익률이 줄어드는 것은 물론이고, 상황에 따라서는 분명 더 비싼 값에 집을 팔았는데 세금으로 납부할 현금이 없어서 대출을 받는 경우도 생길 수 있습니다.

기존에는 부동산 투자를 하고 나중에 세금을 생각하는 경우가 많았지만, 이제는 실거주 또는 투자 전에 반드시 세금에 대한 사전 계획이 필요하며 이에 따라 투자법도 달라져야 한다고 생각합니다. 그럼 이제 기사를 통해 돈 되는 절세법은 무엇인지 함께 보겠습니다.

2014년 4월 이후 조정대상지역 내 주택 양도 시 계산 사례

양도차익 1억 원/보유기간 3년이라고 가정

구분	4월 1일 이전	2주택자	3주택자
양도차익	1억 원	1억 원	1억 원
장기보유 특별공제	1천만 원(10%)	–	–
양도소득 금액	9천만 원	1억 원	1억 원
기본공제	250만 원	250만 원	250만 원
과세표준	8,750만 원	9,750만 원	9,750만 원
세율	24% (-522만 원)	35%+10% (-1,490만 원)	35%+20% (1,490만 원)
세액	1,578만 원	2,897만 5천 원	3,872만 5천 원

부부 간 증여 또는 임대주택등록

이 내용은 사실 조금 어려운 내용입니다. '배우자 이월과세'라는 것인데요, 부부 간에는 10년간 6억 원까지는 증여를 할 수 있습니다. 남편 A가 부인 B에게 C라는 집을 증여하는데 해당 가액이 5억 5천만 원이라고 가정하면, 6억 원까지는 증여재산 공제가 되므로 증여세가 한 푼도 나오지 않습니다.

해당 금액(5억 5천만 원)은 10년간 누적해서 증여세를 따지긴 하지만, 그래도 꽤 큰 금액에 대한 증여세가 나오지 않기에 아주 매력적입니다. 물론 이를 받은 부인 B는 해당 주택에 대해 취득세를 내야 합니다. 명의가 바뀌었기 때문이죠. 주의할 것은 이때 취득세율은 4%라는 것입니다. 아파트이면서 신규라면 시세인 5억 5천만 원의 4%인 2,200만 원의 취득세를 납부해야 합니다. 물론 시세보다 낮은 공시지가의 4%로 계산하는 경우도 있지만 보수적으로 생각하는 게 더 낫습니다.

그런데 이다음부터는 마법이 일어납니다. B 명의로 된 주택을 6억 원에 팔았다고 가정하면 이때 양도차익은 5천만 원(=6억 원-5억 5천만 원)이 됩니다. 양도소득세를 아주 아낄 수 있는 것이죠. 따라서 과세당국에서는 이러한 방법을 막기 위해, 만약 배우자 간 주택을 증여하고 이를 다시 5년 이내에 양도할 경우에는 원래 취득자인 A가 취득했을 당시 가액으로 양도소득세를 계산해버립니다. 그렇게 되면 양도차익은 2억 원(=6억 원-4억 원)이 되어 A가 굳이 B에게 증여할 이유가 사라지게 됩니다(물론 B가 취득할 당시의 취득세는 필요경비로 인정되긴 합니다).

따라서 이를 정말 활용하고자 한다면 배우자에게 증여를 하고 최소 5년은 보유할 수 있어야 합니다. 5년 동안의 양도차익이 증여로 인한 취득세보다 더 클 때 배우자 간 증여를 하고, 5년 이상 보유하면 세 부담 측면에서 유리한 것입니다. 조금 어렵죠?

> 공시가격이 6억 원 이하인 수도권 주택이라면 주택임대사업자로 등록하고 임대 의무기간(3월 31일 이전 등록 시 5년 이상, 4월 1일 이후 8년 이상)을 채워 양도세 중과를 피할 수 있다. 준공공임대주택으로 등록해 8년 이상 임대하면 양도세 장기보유 특별공제 비율도 50%에서 70%로 상향된다.

양도소득세 중과를 피하는 두 번째 방법은 해당 주택을 임대주택으로 등록하는 것입니다. 한 가지 유의해야 할 점은 본인이 거주하는 주택은 임대주택등록이 불가능하다는 것입니다. 주택임대사업자의 취지를 고려하면 이건 당연한 것이겠죠?

임대주택으로 등록만 한다고 해서 양도소득세 중과가 배제되는 건 아닙니다. 몇 가지 요건을 만족해야 하는데요, 먼저 시·군·구청 및 세무서 양쪽 모두에 주택임대사업자 등록을 해야 합니다. 다음으로 등록 당시 공시가격이 수도권은 6억 원 이하, 수도권 외는 3억 원 이하 주택이어야 합니다. 너무 비싼 주택은 설령 등록하더라도 양도소득세 중과 배제를 피할 수 없는 것이죠. 마지막으로 의무 임대기간이 5년 이상(2018년 4월 1일 이후 등록은 8년)은 되어야 합니다. 이때 기존 민간단기임대로 등록한 경우 4년이라고 알고 있는 사람이 많아 더욱 주의해야 합니다.

이상의 조건을 모두 갖춘 상태에서 준공공임대주택으로 등록하고 8년 이상 임대하면 장기보유 특별공제도 70%를 받도록 법 개정이 예고되어 있습니다. 2018년 세법개정을 통해 기존 50%에서 70%로 상향 조정될 예정입니다.

양도소득세 중과 배제도 피하고, 여기에 장기보유 특별공제까지 추가로 받는다면 꽤 괜찮은 조건이라고 생각합니다. 다만 이를 받기 위해서는 국가에서 원하는 조건을 모두 갖춰야 한다는 것을 반드시 기억하시기 바랍니다.

규제 대상이 아닌 주택부터 팔기

투자용 주택을 처분할 생각이 있다면 처분 순서에 유의해야 한다. 모든 주택이 중과 대상이 아니기 때문이다. 실제 보유하고 있는 주택이 2채 이상이라도 조정대상지역 내에 있지 않다면 양도세 중과를 적용받지 않는다. 현재 조정대상지역은 서울 전역과 경기도 성남·하남·고양·광명·남양주·동탄2·과천시, 세종시, 부산 해운대·연제·동래·수영·남·부산진구, 기장군이다. 처분하는 주택의 소재지가 이 밖의 지역이라면 규모와 금액에 상관없이 중과 대상이 아니다. 따라서 중과 대상이 아닌 주택을 먼저 처분해 보유 주택 수를 줄이는 것이 돈 들이지 않고 중과 부담을 줄이는 가장 쉬운 방법이다. …

여기에서 말하는 '투자용 주택'이란, 자가 주택이 아닌 그 외 모든 주택을 의미합니다. 조심해야 할 것은 '모든'의 의미가 개인이 아닌 '세대 기준'이라는 것입니다. 만약에 A라는 사람이 열심히 세무 상담을 끝마쳤는데, 마지막에 A의 배우자 명의로 된 집이 2채가 더 있다는 사실을 알게 됐을 경우 다시 처음부터 세무 상담을 진행해야 합니다. 왜냐하면 부부는 세대분리가 되지 않기 때문에 세대 기준 주택 수에 배우자 주택 수가 반드시 포함되어야 하며, 이 경우 양도소득세 절세 전략이 완전히 달라지기 때문입니다.

일단 양도소득세 중과가 되는 요건 중 하나는 조정대상지역 내에 위치한 주택을 팔 때입니다. 그렇지 않고 조정대상지역 외에 있는 주택을 양도할 때는 양도소득세 중과를 받지 않습니다. 집이 아무리 많아도 마찬가지입니다. 따라서 주택 수가 어느 정도 된다면 조정대상지역 밖에 있는 집을 먼저 양도해야 합니다. 위에서 본 사례처럼, 양도소득세 중과가 될 경우 세 부담이 워낙 크기 때문입니다. 조정대상지역은 앞의 기사 내용을 참고하기 바랍니다.

가령 주택이 3채가 있는데, 주택①, ②는 조정대상지역 밖에 있는 주택이고 주택③은 조정대상지역 주택이라면 주택③을 먼저 팔지 말고(이럴 경우 3주택으로 기본세율 20%가 가산될 수 있음), 일단 주택①, ②를 먼저 양도합니다. 물론 이때는 일반과세가 되지만 최종적으로 이들을 모두 양도하면 주택③ 하나만 남게 됩니다. 그러면 양도소득세 중과를 피할 수 있음은 물론이고 경우에 따라서는 비과세까지 받을 수 있습니다.

처분 순서와 기간 조절

처분 기간을 분산하는 것도 방법이다. 양도세는 1년 단위로 그해 발생하는 양도차익을 모두 합산한 금액을 기준으로 세율을 적용해 계산한다. 1,200만 원 이하 6%, 1,200만 원 초과 4,600만 원 이하 15%, 4,600만 원 초과 8,800만 원 이하 24%, 8,800만 원 초과 1억 5,000만 원 이하 35%, 1억 5,000만 원 초과 3억 원 이하 38%, 3억 원 초과 5억 원 이하 40%, 5억 원 초과 42%를 적용한다. 양도차익이 커질수록 높은 세율을 적용받는 만큼 그해 합산되는 차익을 최소화하는 것이 중요하다. 한 해에 몰아서 처분하기보다는 해를 넘겨가며 1채씩 처분하는 것이 유리하다는 뜻이다.

양도소득세는 1월 1일부터 당해 12월 31일까지 양도한 주택을 모두 합산해서 계산하게 되어 있는데요, 이를 '양도소득세 합산과세'라고 합니다. 대상은 기본세율(6~42%)을 적용받는 과세 대상 자산으로, 가령 주택①과 주택②를 같은 해에 양도했다면 이 둘을 합산해서 과세를 매기게 됩니다. 이때 양도한 지 2월 안에 신고하는 것을 예정신고라고 합니다(정확하게는 양도일이 속하는 달의 말일로부터 2개월, 가령 4월 1일 양도했다면 6월 30일까지 예정신고를 해야 합니다). 주택①과 주택②가 기본세율 대상이라면 이 둘을 합산해서 그다음 해 5월 31일까지 정확하게 정산해서 양도소득세를 계산해야 하는데, 이를 '확정신고'라고 합니다.

그렇다면 어떻게 해야 유리할까요? 일반적인 경우는 주택①과 주택② 모두 양(+)의 양도차익이 발생했을 것입니다. 그래서 집을 파는 것일 테니까요. 따라서 이때는 이 둘을 모두 더하면 그 값이 커지기 때문에 확정신고할 때 오히려 과세표준 구간이 증가해 세 부담이 늘어날 수 있습니다. 이럴 때는 두 주택을 양도하는 시기를 달리해, 즉 해(연도)를 구분해 양도하는 것이 유리합니다. 그래야 과세표준 값이 더 커지지 않겠죠?

반면 주택①과 주택② 중 어느 하나를 손해를 보고 팔았다고 합시다. 이때는 무조건 다른 주택을 같은 연도에 양도해 양도차손(-)과 양도차익(+)를 더해야 유리할 것입니다. 혹시 양도차손을 그다음 연도에 활용할 수 있냐고요? 아쉽지만 그렇게는 되지 않습니다. 양도차손은 해당 연도에만 합산과세가 되니 주의가 필요합니다.

—

양도소득세 중과는 우리가 상상할 수 없을 정도로 세 부담이 클 수 있습니다. 3주택 이상이면서 최고세율을 맞는다면 지방세를 포함해 무려 68.2%의 세금을 부담해야 합니다. 1억 원의 양도차익이 났는데 무려 70%에 육박하는 7천만 원이 세금으로 나갈 수 있다는 것입니다.

그런데 이번 양도소득세 중과정책은 내용이 너무나도 복잡하고 어려우며 예외사항이 많습니다. 여기서 인용한 기사 내용은 겉으로 보기에는 부담 없이 읽을 수 있을지 모르지만, 실제 이를 실무에서 적용하고 중과 여부를 판단하는 것은 전문가인 세무사들조차 어려워한다고 합니다. 따라서 기본적인 내용을 숙지했다면 사전에 반드시 세무 전문가와 상담을 하고 계약(매도)을 진행하는 것이 현명할 것입니다. 지금은 절세를 통해 수익률을 높여야 하는 시대입니다.

부부 간 증여 후 양도소득세 절세 전략

부부 간 증여 후 양도 절세 전략 (식품외식경제 2018. 6. 1)

양도소득세는 주택 등 부동산을 최종적으로 매각하면서 발생하는 소득(양도차익)에 대해 부과되는 세금으로, 가장 마지막 단계에 납부하는 세금이라 할 수 있습니다. 이러한 양도소득세가 중요한 이유는 첫째, 취득세나 보유세에 비해 상대적으로 부담이 클 가능성이 높으며(물론 그만큼 양도차익이 발생해야 합니다), 둘째, 양도소득세를 제하고 남은 금액이 최종 세후 수익인만큼 반드시 고려해야 하는 요소이기 때문입니다.

2018년 4월 1일 이후 조정대상지역에 있는 주택을 양도할 경우 장기보유 특별공제가 배제되고 기본세율에 10%포인트(2주택자), 20%포인트(3주택 이상자) 가산세율이 붙는 만큼 양도소득세 부담이 매우 커졌습니다. 이를 절세하기 위한 여러 가지 방법이 있으나, 이번에는 부부 간 증여를 통해 양도하는 방법을 소개하고자 합니다. 하지만 이 방법은 매우 복잡하고 여러 가지를 따져봐야 하므로 최종 진행 시에는 반드시 세무사 등 전문가와 확인 작업을 거친 후 의사결정을 하기 바랍니다.

부부 간 증여 후 양도

부부 간 증여 후 양도 절세 전략이란 조정대상지역에 투자해 가격이 크게 상승한 아파트나 분양권을 배우자에게 증여 후 증여받은 배우자가 해당 아파트를 양도하는 합법적 절세 방법 중 하나이다. 배우자에게 증여되는 시점의 현재 시세가 취득가액으로 인정받아 그만큼 취득가액이 높아져 향후 양도차익을 줄이는 효과가 있다. …

먼저 부부 간 증여 후 양도에 대해 개괄적으로 설명하고 있습니다. 예를 들어 투자용으로 사둔 A아파트가 가격이 크게 상승했다고 가정합시다. 그런데 이를 그냥 팔자니 조정대상지역에 위치해 있어 양도소득세 중과가 두렵습니다. 이 경우 양도소득세를 줄이는 방법 중 하나로, 배우자에게 증여하면 증여 당시의 시세가 취득가로 다시 인정받기에 이를 받은 배우자는 향후 양도 시 상대적으로 적은 양도차익에 대해서만 세금을 부담하면 되는 것입니다.

사례를 들어, 나절세 씨가 강남의 한 아파트를 10년 전 3억 원에 구입했고 시세가 현재 6억 원으로 올라 있다. 나절세 씨는 6억 원 상당의 아파트를 배우자에게 증여하고 이후 배우자는 해당 아파트를 타인에게 6억 원에 매도할 것으로 예상된다.

구체적인 사례를 하나 보죠. 나절세라는 사람이 10년 전 3억 원에 구입한 강남 아파트가 현재 6억 원이라고 할 때, 이를 배우자에게 증여하고 배우자는 이걸 다시 제3자에게 양도하는 사례입니다. 이때 중요한 건 '5년'이라는 숫자인데 그 이유는 이어서 설명하겠습니다.

이때 '5년 내에 양도했는지 후에 양도했는지'에 따라 세법은 다르게 적용된다. 5년 내에 처분했을 경우 세무서는 배우자가 취득한 금액을 증여 당시 평가한 6억 원이 아닌 남편이 당초 취득한 3억 원을 취득금액으로 적용해 절세효과가 없게 된다. 즉 증여받는 사람이 5년 내에 양도한 것은 조세를 회피하기 위한 목적으로 보아서 세법의 이월과세규정을 적용해 세금을 부과하는 것이다. 그러므로 양도차익 3억 원에 대해 과세하는 것이다.

먼저 증여를 받은 지 5년 내에 처분을 하면 과세당국은 조세 회피 목적이 있다고 간주하고, 증여 당시 가액인 6억 원이 아니라 당초 취득가인 3억 원으로 양도소득세를 계산해 과세합니다. 이 경우 양도소득세 절세 효과는 사라지며, 증여로 인한 취득세(4%)만 물게 되어 오히려 손해를 볼 수 있습니다. 그렇다면 5년이 넘어서 처분하게 되면 어떻게 달라질까요?

반면 5년 후 양도는 조세 회피 목적이 없다고 판단해 증여 당시 금액(6억 원)을 취득금액으로 봐 양도차익이 준다. 이 경우엔 부부 간 증여 후 양도하는 것이 절세 효과가 있다.

증여를 받고 5년이 지나 양도를 하면 이때는 조세 회피 목적이 없다고 판단해 취득가액을 증여받은 가액인 6억 원으로 봅니다. 미래의 일은 아무도 모르지만 5년 후 해당 아파트가 7억 원으로 올랐다고 한다면, 이때는 양도차익 1억 원(=7억 원-6억 원)에 대해서만 양도소득세를 납부하면 되기에 절세 효과가 있는 것입니다.

배우자 이월과세

만약 이월과세 대상이 아닌 아파트 분양권을 부부 간 증여 후 양도할 경우 6억 원까진 증여세가 없으며, 6억 원 이하의 분양권을 증여받아 즉시 양도를 하더라도 양도차익이 없어 절세효과가 있는 것이다. …

아파트 분양권 증여 후 매매하는 경우 몇 가지 주의할 점이 있다. 첫째, 부부 간에 과거 증여한 사실 여부를 파악해야 한다. 증여 공제는 10년간 증여한 재산에 대해 계산하기 때문에 10년 내에 증여된 내역이 있으면 증여세가 추가로 발생할 수 있어 절세 효과가 감소한다. 둘째, 양도소득세 절세를 극대화하려면 가급적 증여 후 3월 이내 처분하는 것이 유리하다. 셋째, 분양권 매각 시 반드시 분양권을 증여받는 '수증자'(배우자) 통장으로 매각 대금을 받아야 불필요한 오해를 피할 수 있다. 마지막으로 부부 간 증여 후 양도는 절세 수단으로 유용하지만 세무서도 이 방식을 통한 세금 탈세가 이뤄질 가능성이 큰 것으로 보고 주의 깊게 살펴볼 것이다. 부부 간 증여 후 양도방식을 활용할 땐 담당 세무사와 협의 후 진행하는 것이 안전하다.

한 가지 재미있는 건 분양권을 증여 후 양도할 때는 이러한 '배우자 이월과세'가 적용되지 않는다는 점입니다. 이유는 분양권은 그 대상이 아니기 때문인데요, 이러한 이유로 6억 원 이하의 분양권인 경우 배우자에게 증여하고 곧바로 양도함으로써 증여세도 없고(등기하지 않으므로) 양도소득세도 거의 없는(양도차익이 없으므로) 방식으로 절세를 할 수 있습니다.

하지만 유의해야 할 점도 있는데요, 증여재산공제는 10년간 증여한 내용에 대해 적용되기에 분양권 외에 다른 재산을 증여했다면 증여세가 과세될 수 있는 점, 가급적 증여 후 3월 이내 증여세 신고기한 내 처분이 유리한 점을 기억해야 합니다. 그리고 매각 대금은 증여받는 배우자의 통장으로 받는 것이 불필요한 오해를 줄일 수 있습니다. 물론 이 경우에도 과세당국은 예의주시한다고 하니 꼭 전문가와 상의하고 진행하는 것이 좋겠습니다.

배우자 이월과세는 기존의 양도차익이 큰데 양도소득세 중과가 두려운 경우 활용해볼 만한 방법입니다. 하지만 이 경우 증여로 인한 취득세 4%는 부담해야 하며 5년 이후에 양도해야 하는 것은 꼭 숙지하기 바랍니다. 5년 후 해당 주택의 가격이 어떻게 될지는 아무도 모르니까요. 거의 확실한 시세차익이 예상될 때 이러한 방법을 활용하는 것이 좋습니다.

이 외에 배우자가 아닌 특수관계자에게 증여를 할 때는 조세 회피 목적이 있다고 여겨지면 동일하게 위와 같은 이월과세가 적용됩니다. 부담하는 증여세와 양도소득세를 합한 금액(1번 금액)이 증여자가 직접 양도할 때의 양도소득세(2번 금액)보다 적다면, 이 경우 부당한 방법으로 조세 회피를 한 것으로 봐서(1번 금액보다 적은 2번 금액만 내면 되므로) 증여자가 그 자산을 직접 양도한 것으로 봅니다.

―

꽤 어렵고 복잡하죠? 그래서 위 내용을 적용하고자 할 때는 먼저 자신의 요건이 맞는지 확인하고, 최소 5년 이상은 보유할 계획이 있어야 하며, 전문가와 확인하는 작업이 필요한 것입니다. 그럼에도 불구하고 현 시점에서는 충분히 고려해볼 만한 방법임에는 틀림없어 보입니다.

여기서 잠깐! ....

절세에 유리하다고 판단될수록 꼭 세무사와 상의하세요

이 기사를 소개하고 한 가지 염려되는 점은 '이렇게만 하면 꽤 큰 금액을 절세할 수 있겠구나!'라고 너무 쉽게 생각하는 분들이 있지 않을까 하는 것입니다. 물론 앞에서 말한 방법이 가능하긴 하지만 세법이라는 게 워낙 복잡하고 개인별로 상황이 다르기에, 반드시 세무사와의 상담이 필요합니다. 특히 계약서를 작성하기 전에 상담하는 것이 무엇보다 중요합니다. 왜냐하면 계약서를 작성하는 순간 되돌리기는 매우 힘들기 때문입니다.

세무 상담 역시 가급적 한 명에게만 하지 말고, 적어도 2명 또는 3명 이상의 전문가와 상담하시기 바랍니다. 전문가라도 실수할 수도 있고, 상담을 하는 본인 역시 정확한 정보를 제공하지 않아 뜻하지 않은 결과가 나올 수 있습니다. 통상 세무 상담료는 세무사마다 다른데요, 이러한 비용은 일종의 보험료라고 생각하면 되겠죠?

다주택자 양도소득세 절세 전략

오늘부터 다주택자 '양도세 중과'… 절세 전략은? (뉴스웍스 2018. 4. 1)

2017년에 발표한 정부의 8·2 부동산 대책으로 2018년 4월 1일부터 2주택자 이상 다주택자는 양도소득세 중과를 조심해야 합니다. 양도소득세 중과란 말 그대로 기존 양도소득세보다 더 가중된 세금을 부여하는 것인데요, 이는 실거주 이외 주택에 대해서는 '집을 파시라'고 강조한 정부 입장을 그대로 대변해주고 있습니다. 즉 2주택자 이상자에게는 기존의 양도소득세보다 세금을 더 많이 부과함으로써 일종의 '징벌적 성격'을 강화한 것입니다. 전형적인 '수요 억제정책'이죠. 그렇다면 과연 그 효과는 어떠한지, 그리고 이를 피하기 위해서는 어떻게 해야 하는지 살펴보겠습니다.

다주택자의 양도세율

'양도소득세 중과는 일단 다음 2가지 요건을 최소한 갖추었을 때 적용됩니다. 하나는 2주택자 이상일 것, 다른 하나는 양도하는 주택이 조정대상지역 내에 위치할 것입니다.

여기서 중요한 건 조정대상지역인데요, 2018년 10월 기준 조정대상지역은 서울 25개구, 경기도는 과천, 성남, 하남, 고양, 광명, 남양주, 동탄2, 구리, 안양 동안구, 광교택지개발지구 10곳, 그리고 수도권 외 지역은 세종시와 부산시 6개구(해운대, 수영, 남, 동래, 연제, 부산진)가 해당됩니다.

이상의 조정대상지역 외에 위치한 주택을 양도할 때는 일단 양도소득세 중과가 적용되지 않으니 이에 대해서는 크게 신경 쓰지 않아도 됩니다. 반대로 조정대상지역에 위치한 주택을 양도할 때는 반드시 사전에 전문가와 양도소득세를 꼭 체크해야 합니다. 왜냐하면 세 부담이 너무 커지기 때문인데요, 먼저 양도소득세 중과가 적용되면 아무리 오래 보유한 주택이더라도 장기보유 특별공제가 적용되지 않습니다. 이를 통해 양도소득세 과세표준이 증가합니다. 여기에 다시 가산세율이 붙습니다. 2주택자는 기본세율에 10%, 3주택자 이상자는 기본세율에 20%가 가산됩니다.

실제 계산을 해보면, 양도차익이 1억 원인 경우 일반적인 양도소득세가 약 1,500만 원 정도라고 한다면(필요경비, 공동명의 여부 등에 따라 상이), 2주택자 양도소득세 중과인 경우는 대략 2,900만 원, 3주택자인 경우는 대략 4천만 원 정도가 되기에 상당히 조심해야 합니다.

양도소득세의 기본, 주택 수 계산하기

주택 수는 개인별이 아닌 가구별로 산정되기 때문에 자녀가 별도 세대를 꾸릴 수 있는 요건을 갖췄다면 자녀에게 집을 증여해 세대를 분리하는 것도 전략이다. 현행 세법에서는 자녀가 기혼자거나 30세 이상이면서 최저생계비 이상 소득이 있는 경우 세대 분리가 가능하다. 증여방법은 큰 틀에서 단순 증여와 부담부 증여 두 가지로 나뉜다. 이 가운데 부담부 증여는 부모가 가진 대출, 전세보증금 등의 채무를 자녀가 인수하는 방식으로 이뤄진다. 다만 전체 평가액에서 부채 승계금액에 대한 양도세가, 부채 승계금액을 제외한 금액에 대한 증여세가 부과된다.

양도소득세 기본 중 하나는 주택 수 계산인데요, 많은 분들이 명의 기준으로 주택 수를 계산하는 실수를 범하고 있습니다. 양도소득세 적용이 되는 주택 수는 개인이 아닌 세대 기준이라는 점을 유의하시기 바랍니다.

따라서 배우자 명의의 주택은 가장 먼저 체크해야 하는 것이며(배우자는 서류상 이혼을 하지 않는 한 세대분리가 되지 않습니다), 다음으로는 자녀 명의의 주택 수가 있는지도 살펴야 합니다. 만약 자녀 명의로 된 주택이 없는데 자녀가 세대 구성을 할 수 있는 요건을 갖추었다면, 자녀에게 주택을 증여하고 자녀를 세대 분리시키면 세대 기준으로 주택 수를 줄일 수 있기에 양도소득세 절세에 매우 유리해집니다.

다만 자녀가 세대 구성 요건을 갖추었는지를 주의해야 합니다. 세대를 구성하려면 우선 기혼자여야 합니다. 그렇지 않다면 만 30세 이상이거나 최저생계비 이상의 소득이 있어야 합니다. 따라서 별도 소득이 없고 결혼을 하지 않은 학생 신분의 자녀에게 주택을 증여하더라도 그 상태에서는 자녀가 세대 구성을 할 수 없습니다.

또한 증여방법도 고민해야 하는데요, 증여하고자 하는 자산에 부채가 있다면 '부담부 증여'가 될 수 있으니 사전에 체크해야 합니다. 부모가 자녀에게 아파트를 증여하는데 해당 아파트에는 전세보증금과 같은 채무가 있다고 한다면 해당 전세보증금에 대해서는 양도소득세가 적용됩니다. 그리고 나머지 순자산(=자산-부채)에 대해서는 증여로 처리되어 일반적인 증여 또는 부담부 증여 간의 세금 비교를 꼭 사전에 해봐야 합니다. 이 부분은 전문가의 도움을 받아서 진행할 것을 권합니다.

가족 간 증여 후 양도 시 주의사항

집값이 계속 오른다면 배우자나 가족에게 증여한 뒤 양도하면 세금을 줄일 수 있다. 증여한 뒤 5년이 지나면 증여세 기준금액이 취득금액이 아닌 증여 당시 금액으로 설정돼 양도차익이 줄어 양도세가 절감된다. 배우자에게 증여하면 주택 수가 줄어들지는 않지만 세법상 증여재산공제가 적용되기 때문에 주택가액 6억 원까지 공제를 받는다. 자녀에게 증여하면 5,000만 원, 미성년 자녀에게 증여하면 2,000만 원이 공제된다. 다만 가족에게 증여한 뒤 5년 안에 집을 팔면 조세 회피로 간주돼 취득금액을 기준으로 양도차익이 산정되므로 양도세 폭탄을 맞을 수 있으니 유의해야 한다.

또 다른 절세법 역시 증여를 통한 방법입니다. 가족 간 증여를 통해 일정 기간이 지난 후에 양도를 하는 거예요. 우선 배우자에게 증여하는 경우 증여재산공제액이 6억 원까지 가능하다는 점을 이용해 해당 금액까지는 별도 증여세를 내지 않습니다. 물론 이 경우 배우자 명의로 취득되므로 취득세는 내야 하는데, 이때 증여로 인한 취득세는 기존과 달리 4%라는 점에 유의합니다.

중요한 건 그다음입니다. 이렇게 증여받은 재산은 해당 증여 시점의 가액으로 취득가가 결정되고 향후 5년 이상 보유 후 매도한다면 높아진 취득가에서 매도 시점의 양도가를 차감하므로 상대적으로 양도차익이 줄어들 가능성이 큽니다. 그렇게 되면 양도소득세는 당연히 줄어들겠죠? 이때 증여를 한 후 최소 5년은 보유를 해야 합니다. 그렇지 않고 5년 이내에 증여받은 자산을 양도한다면 조세 회피 목적으로 보아 원래의 양도소득세로 추징될 수 있습니다.

임대주택사업자 등록

또 다주택자들은 임대주택사업자로 등록하면 양도세 중과를 피할 수 있다. 임대주택은 양도세 중과 대상을 산정하는 주택 수에서 제외되기 때문에 다주택자들이 일반 주택을 팔 때 양도세 절감에 도움이 된다. 게다가 종합부동산세와 재산세, 건강보험료 등이 감면되거나 면제되고, 혜택과 장기특별보유공제 혜택도 주어진다. 8년 임대 시 양도세 중과세가 적용되지 않고, 건보료의 80%가 감면되며, 임대기간이 끝난 뒤 집을 팔 때 매매차익의 70%까지 장기보유 특별공제 혜택도 받을 수 있다. 특히 10년 이상 임대하는 준공공임대로 등록하면 양도세가 100% 감면된다. …

증여 외에도 임대주택등록을 통해 양도소득세 중과를 피할 수도 있습니다. 임대주택으로 등록한 주택은 해당 임대주택을 양도할 때 양도소득세 중과를 배제하기 때문입니다. 다만 아무 임대주택이나 되는 것이 아니고 ① 등록 당시 기준시가 6억 원 이하(수도권 외는 3억 원 이하), ② 지자체와 세무서 양쪽 모두 등록, ③ 의무 임대기간인 8년 이상 임대할 경우 (2018년 4월 이전은 5년)입니다. 생각보다 이 요건을 놓치는 경우가 많으니 반드시 잘 확인하시기 바랍니다.

또한 임대주택등록을 하면 보유세도 절감할 수 있습니다. 재산세는 면적에 따라 감면율이 상이합니다. 다만 등록한 임대주택이 최소 2채 이상이어야 적용됩니다. 여기에 종부세도 합산 배제, 즉 비과세가 가능한데요, 이 역시 위에서 언급한 ①, ②, ③의 조건을 만족해야 종부세가 절감됩니다. 여기에 정부는 임대사업자 등록을 주저하게 하는 건강보험료까지 일정 부분 감면해줍니다.

마지막으로 등록한 임대주택 중 준공공으로 등록한 물건은 향후 해당 준공공임대주택을 양도할 경우 8년을 보유하면 장기보유 특별공제를 무려 70%나 적용해줍니다. 현재 실거래가 9억 원 초과 고가주택을 10년간 가지고 있을 때 장기보유 특별공제 80% 적용이므로 꽤 큰 혜택임을 알 수 있죠. 물론 올해까지 취득 후 3개월 이내 준공공으로 등록하고 10년 임대를 할 경우 '준공공 양도소득세 100% 감면'도 가능해요. 납부해야 하는 양도소득세의 20%만 농특세로 내면 되기에 이 역시 큰 혜택입니다.

양도소득세 중과는 매우 큰 부담이지만 이상과 같이 여러 방법을 통해 절세를 할 수도 있습니다. 양도소득세 절세의 기본은 세대 기준 주택 수를 줄이는 것입니다. 증여가 하나의 방법이 될 수 있지만, 세대 외 구성원 또는 증여 후 세대분리가 되는지 꼭 확인하고 진행해야 합니다. 다음으로는 임대주택등록을 통해 양도소득세 중과를 피할 수도 있습니다. 이때 중요한 것은 등록당시 기준시가 요건을 만족해야 한다는 것입니다.

취득-보유-양도 단계별 임대주택 세제 혜택

취득	보유/임대	양도
취득세 감면	보유세, 임대소득세 감면	양도소득세 감면

• 100% 감면
  – 신규+공동주택(주거용
    오피스텔 포함)
  – 60㎡ 이하
  – 1호 이상
  – 단 200만 원 초과 시
    85% 감면
• 50% 감면
  – 60~85㎡ 이하
  – 20호 이상
• 다가구는 배제
	• 종부세
	  – 합산배제(1호 이상)
	  – 기준시가 6억 원 이하
	    (수도권 외 3억 원)
	  – 5년 이상 임대
	• 재산세 감면(단기/준공공)
	  – 40㎡ 이하
	    (50%/100%)
	  – 40~60㎡(50%/75%)
	  – 60~85㎡(25%/50%)
	  – 2호 이상/다가구 배제
	• 임대소득세 감면
	  – 3호 이상
	  – 단기 30%/준공공
	    75%
		• 거주주택
		  – 거주주택 양도소득세
		    비과세
		  – 거주주택 : 2년 거주
		  – 임대주택 : 5년 임대/
		    기준시가 충족
		• (등록한) 임대주택
		  1) 민간단기
		    – 장기보유 특공
		      (40%, 10년)
		  2) 준공공장기(택1)
		    – 양도소득세 100%
		      감면(~2018)
		    – 장기특공
		      50%/70%

이걸 맞추지 못하면 양도소득세 중과 배제가 안 되니 유의해야 합니다. 또한 재산세, 종부세, 건강보험료 등 다양한 경우에 있어서 절세가 가능하니 참고하되, 의무 임대기간 동안은 매도가 불가하므로 꼭 사전에 전문가와 종합적인 상담을 받아볼 것을 권합니다. 참고로 의무 임대기간을 채우지 않고 매도할 경우 임대주택 1채당 과태료 1천만 원이며, 기존에 받은 세제 혜택(종부세 합산배제 등) 역시 다시 납부해야 하는 점도 잊지 말기를 바랍니다.

CHAPTER 7

보유세

**보유세 합법적으로
절세하기**

1가구 1주택자의 보유세

1가구 1주택자도 보유세 개편 논의 대상 (한겨레 2018. 4. 9)

보유세 개편에 대한 이야기가 자주 나오고 있습니다. 보유세는 말 그대로 특정 자산을 보유하는 것 자체만으로도 과세하겠다는 것인데요, 관심을 받고 있는 분야는 주택에 대한 보유세입니다. 주택 보유세는 다시 재산세, 종합부동산세(종부세)로 나눠지며, 그리고 주택을 임대할 경우 임대소득세를 부담해야 합니다.

이 중에서도 재산세는 주택을 보유하기만 하면 누구나 내야 하는 세금이기 때문에 재산세가 과연 인상될 것인지에 대해서는 의견이 분분했습니다. 왜냐하면 문재인 정부의 과세 기조가 '2주택자 이상 다주택자'를 타깃으로 하고 있기 때문입니다. 하지만 2018년 4월 기준으로 '1가구 1주택자' 또한 보유세 개편 논의 대상이 될 것이라는 기사가 나오면서 그 귀추가 주목됩니다.

조세의 재분배 기능 강화

어떤 일을 진행하는 데 사전계획은 매우 중요합니다. 하물며 그 대상이 국가 정책, 그것도 국민의 재산권과 직접적으로 연관이 있는 세금이라면 더욱 그렇겠죠.

대통령 직속 위원회가 2018년 4월 9일 출범했는데요, 이름은 '재정개혁특별위원회(재정특위)'입니다. 이곳에서는 부동산 보유세 방안을 수립해 정부에 권고했는데요, 정부는 그 내용을 바탕으로 7월 세법개정안을 발표하고, 9월에는 이를 더 강화한 9·13 부동산 대책을 내놓았습니다. 9·13 부동산 대책을 보면 1주택자 역시 세 부담이 일부 증가했는데, 재정특위의 권고안을 무시할 수 없었던 결과라고 할 수 있죠.

재정특위는 조세의 기능 중 '부의 재분배 기능'에 초점을 맞춘 듯합니다. 참고로 조세의 기능으로는 정부의 공공재 공급, 정부 재원 조달, 경제

활동의 규제 및 유도, 부의 재분배, 국민 경제의 안정과 성장을 들 수 있는데요, 이 중에서 부의 재분배를 강화하기 위한 조치 중 하나로 보유세를 개편하겠다는 것입니다.

참고로 재정특위를 맡게 된 강병구 위원장(이하 강 위원장)의 경우 진보적 경제학자라고 알려져 있습니다. 특위를 운영하는 장의 성향에 따라 운영방향이 정해지는 것이겠죠?

보유세 개편안을 분석해보자

강 위원장은 이날 현판식 뒤 기자들과 만나 "(보유세는) 조세소위에서 다뤄야 할 중요한 사안이라는 생각"이라며 "다주택자에 대한 세제뿐만이 아니라 1가구 1주택까지도 여러 의견이 있는데 조세소위에서는 균형 있게 고려해 세제 개편 방안을 도출하려 한다"고 말했다. 종합부동산세 세율 인상, 공정가격 현실화, 공정시장가액비율 조정 등은 물론 이른바 '똘똘한 1채'로 불리는 고가 1주택자를 겨냥한 세제 개편도 검토하겠다는 뜻으로 풀이된다. 정부가 지난 연말 '2018년 경제정책방향'을 발표하면서, 공평과세와 주거안정을 위해 다주택자 등에 대한 보유세 개편 방안을 검토하겠다고 공언한 지 3개월 만에 보유세 개편 논의가 본격화되는 셈이다. …

강 위원장은 기자들과의 인터뷰에서, 다주택자와 1가구 1주택자 모두 균형 있게 다루겠다고 답했습니다. 이에 대해 기사에서는 ① 종합부동산세 세율 인상, ② 공정가격 현실화, ③ 공정시장가액비율 조정 등을 통해 고가 1주택자를 겨냥한 게 아니냐고 해석했는데요, 이 부분은 해당 언론사의 주관적 견해로 봐야 하지 않을까 싶습니다. 실제로 강 위원장이 직접적으로 말한 것이 아니라 '1가구 1주택자에 대한 의견도 균형 있게 다루겠다'라는 말에서 유추한 것이기 때문입니다.

저는 이 부분을 이렇게 해석합니다. 앞서 살펴본 것처럼 1가구 1주택자의 경우 보유세는 일단 재산세가 직접적입니다. 그리고 해당 주택이 공시지가 9억 원이 넘는 고가주택일 경우 종부세 과세 대상이 됩니다. 마지막으로 1주택이라면 해당 소유자가 거주할 가능성이 높기 때문에 임대소득세는 거의 발생하지 않을 것입니다.

그런데 1주택자 누구나 납부하는 재산세를 올린다면 아무래도 조세저항이 커지겠죠. 따라서 이것보다는 일정 수준을 넘는 종부세를 상향시킬 가능성이 높을 거라고 생각됩니다. 그렇다면 종부세는 어떻게 구하는 것일까요? 종부세를 구하는 방법은 다음과 같습니다.

종부세 = (주택 공시가격의 합 - 9억 원) × 공정시장가액비율(80%) × 종부세 세율

참고로 괄호 안에 있는 9억 원은 1주택자일 경우이며, 2주택 이상일 경우 6억 원으로 낮아집니다(명의 기준). 그렇다면 종부세를 인상하려면 어떻게 해야 할까요? 가장 쉬운 방법은 종부세 세율을 높이는 것입니다. 그다음은 공시가격을 현실화하는 것입니다. 통상 시세의 60~70%인 공시가격을 시세와 유사하게 고시하는 방법이 있을 것입니다. 마지막으로 공정시장가액비율을 현행 80%에서 100%로 상향시키는 방법도 있습니다.

이렇게 하면 종부세만 올라가는 것일까요? 그렇지 않습니다. 앞에서 말한 ①~③ 중에서 ①은 종부세 인상과 직접적으로 연관이 있지만, ② 공정

가격 현실화, ③ 공정시장가액비율 조정은 재산세와도 연동되어 있습니다. 재산세는 다음과 같이 계산합니다.

재산세 = 해당 주택 공시가격 × 공정시장가액비율(60%) × 재산세 세율

만약 종부세 인상을 위해 ②, ③을 시행하면 어떻게 될까요? 종부세뿐만 아니라 재산세까지 인상될 것입니다.

—

그렇다면 정부는 어떻게 할 계획일까요? 정부는 2018년 9·13 부동산 대책을 통해 종부세 인상을 더욱 강화했습니다. 주요 내용은 ① 3주택 이상 및 조정대상지역 2주택 이상인 경우 : 종부세율 인상, 세 부담상한 300%로 증가(기존 150%), ② 과표구간 신설 : 기존 과표 6억 원 이하를 2개 구역으로 구분함으로써 과표 3억 원 이하는 기존과 동일(세율 0.5%)하게 하고, 과표 3억 원 초과 6억 원 이하는 세율 0.7%로 인상하는 것입니다. 따라서 주택 수가 많거나 조정대상지역 2주택 이상자인 경우는 향후 종부세 부담이 더욱 커질 것입니다. 더 정확한 내용은 연말 세법개정 등을 추가로 확인해야 합니다.

덧붙여, 기사를 볼 때 사실과 의견을 구분해서 읽는 습관을 가지길 바랍니다. 막연하게 기사에서 나온 의견을 그대로 받아들이는 것보다는 하나하나 따져가면서 내용을 확인한다면 훨씬 더 내용을 비판적으로 받아들이며 앞날을 예측해볼 수 있을 것입니다.

정부의 종합부동산세 정책 변화

되살아난 종부세… '세금 폭탄' 논란 벗고 '공평과세' 한 수 될까
(서울신문 2018. 1. 22)

보유세는 크게 재산세, 종부세 그리고 임대소득세가 있다고 했습니다. 만약 보유 중인 주택으로 별도의 임대활동을(전월세 등) 하고 있지 않다면 임대소득세는 신경 쓰지 않아도 됩니다.

하지만 나머지 둘은 이야기가 좀 다릅니다. 재산세는 주택을 보유한 사람이라면 누구나 납부해야 합니다. 그에 비해 종부세는 일정 기준 이상이어야 부과가 되죠. 경우에 따라서는 종부세 부담이 꽤 커지기도 합니다. 그래서 '세금 폭탄'이라는 말을 듣기도 하는데요, 문재인 정부에서는 이런 조세정책을 통해 공평과세를 달성한다고 합니다.

과연 어떤 원리로 공평한 과세가 가능해지는 것일까요? 최근 정부의 부동산 정책을 통해 조세의 기능은 무엇인지, 그리고 문재인 정부의 종부세 개정안에 대해 살펴보겠습니다.

우리나라에서 부동산은 '야누스의 얼굴' 을 갖고 있다. … 때로는 경기 활성화 수단으로, 때로는 조세 형평성 강화를 위해 역대 정부는 부동산 문제와 씨름을 벌였다. 특히 부동산 보유세를 강화하며 투기와의 전쟁을 치른 정부는 모두 실패했다고 해도 과언이 아니다. 부동산 세제 자체가 특정 집단에게 혜택을 부여하는 방식으로 구성돼 있는 데다 정부 스스로 집값 상승으로 상징되는 경기 부양책으로 중산층 지지를 얻어야 하는 상황에서 보유세 강화 정책이 제대로 작동하기도 쉽지 않은 실정이었다. …

우선 기사를 볼 때 겉으로 보이는 단어들에 지나치게 휘둘리지 않았으면 합니다. '야누스의 얼굴', '춤을 췄다', '씨름을 벌였다' 등등의 단어가 나오는데, 몇몇 단어로 인해 편향된 시각을 가지고 보는 게 아니라 사실 위주로 그 속에 담긴 원리를 중심으로 살펴보는 게 좋습니다.

사실 부동산뿐만 아니라 모든 투자 자산의 경우 호황과 불황을 반복합니다. 부동산만 '야누스의 얼굴'을 가지고 있는 게 아니라는 뜻이죠. 정부 정책이 춤을 췄다고 표현하지만, 조세 기능 중 하나인 경제활동의 규제 및 유도라는 측면에서 보면 이 역시 당연합니다. 부동산 가격이 오르면 규제책을 쓰고, 부동산 경기가 좋지 않으면 유인책을 쓰는 것입니다. 다만 정책을 입법하고 실제 적용하기까지는 꽤 긴 시차가 발생하기에 일반 국민들은 이를 체감하지 못하거나 오히려 '뒷북'이라고 실망하는 경우가 생기기도 합니다.

여기에 정치적인 요소도 고려하지 않을 수 없습니다. 보유세를 올리고 싶지만 부동산을 보유하고 있는 중산층의 지지를 얻으려면 고민스러운 게 어쩌면 당연하겠죠.

노무현·이명박 정부의 부동산 정책

노무현 정부가 도입한 종부세는 이전 정부에서 통용되던 공급 확대 대신 보유세 강화와 세제 개편이라는 수요 관리로 전환하는 계기가 됐다는 점에서 획기적인 접근법이었다. 노무현 정부는 토지와 건물을 합산해 시장 가격의 80% 수준에서 책정한 주택 공시가격 제도를 도입해 과세 기준을 시장의 자산 평가에 연동시켰다. 지방자치단체가 행사하던 과표 적용율 책정권을 폐지해 지역토호들이 행사하던 기득권을 박탈했다. 부부 합산 과세 방식을 통해 누진과세를 강화했다. 2005년에는 종부세법 개정안이 여야 합의로 통과됐다. 여기에는 세대별 합산, 기준금액을 주택 6억 원 및 토지 3억 원으로 조정, 과표 현실화율을 2006년 70%로 한 뒤 매년 10%포인트씩 인상 등의 내용이 담겼다. …

종부세는 노무현 정부 때 도입되었습니다. 특이한 점은 기존의 공급 확대를 통해 집값을 잡으려는 게 아니라 수요 관리, 즉 집을 사려는 수요를 억제함으로써 집값을 잡으려 한 것입니다.

이를 위해 주택 공시가격을 시세의 80% 수준에서 연동시켰으며, 개인이 아닌 부부 합산 과세방식으로 세 부담을 증가시켰습니다. 세대별 합산을 통해 과세 대상을 더 증가시켰고, 세 부담이 되는 금액을 주택은 6억원, 토지는 3억 원으로 조정했으며, 이에 대한 과표도 점진적으로 인상시킨다는 것이었습니다.

한마디로, 거주하는 주택이 아닌 주택을 보유할 경우 세 부담을 높임으로써 불필요한 수요(정부 입장에서 투기수요)를 억제해 가격 조정을 하려고 한 것입니다.

종부세는 부동산 부자는 물론이고 중산층의 격렬한 반발을 샀다. 국세 납세 인원 대비 종부세 납세 인원 비중은 0.7%(2005년 기준)에 불과한 마당에 종부세와 아무 상관도 없는 대다수 국민들한테 욕을 먹는 상황이 노무현 정부로선 억울할 수밖에 없었다. 하지만 전 세계적인 '거품 경제' 국면이었다. 모두가 '부자 되세요'를 외치던 상황에서 부동산 보유세는 부자 될 기회를 빼앗는 '세금 폭탄'이라는 비난에 취약할 수밖에 없었다.

그런데 재미있는 것은 그다음입니다. 종부세 부담을 증가시키려 하자 소위 말하는 부동산 부자(다주택자)는 물론이고 중산층 역시 심하게 반발한 것인데요, 종부세 납세 인원 비중이 그 당시 1%가 채 되지 않은 점을 보면(0.7%) 다소 의아한 생각이 들 수도 있겠습니다.

그에 대한 이유로 기사는 사람들의 '부자 되는 희망'을 가로막았기 때문이라고 분석합니다. 2008년 금융위기 직전, 전 세계적으로 집값이 상승하던 그 시기에 많은 이들이 집을 사면 돈을 벌 수 있을 것이라고 생각했을 텐데 세금을 늘리겠다고 하니 반대한 것이죠.

이명박 당시 서울시장 등이 주도한 종부세 반대 운동은 노무현 정부의 낮은 지지율과 상승 작용을 일으키며 국정 동력을 떨어뜨렸다. 결국 이명박 정부 출범 후 헌법재판소는 종부세가 재산세나 양도소득세와 중복 과세라는 주장은 받아들이지 않는 대신 세대별 합산 과세는 위헌이라고 결론을 내렸다. 이명박 정부는 종부세 핵심 제도를 무력화시키는 조치를 취했다. 사실 세대별 합산과세는 2005년 7월 20일 한나라당(현 자유한국당) 부동산대책 특별위원회가 부동산 정책을 발표하면서 주장한 내용이기도 했다. …

여론은 더욱 악화되어 노무현 정부의 국정 동력 상실은 물론, 헌법재판소를 통해 종부세 합산 과세는 위헌이라는 판결까지 받기에 이릅니다. 그런데 세대별 합산 과세는 사실 당시 이명박 서울시장의 지지기반이었던 한나라당에서 주장한 내용이었으니, 정부 정책이 표를 얻기 위해 오락가락하는 상황이 참으로 안타깝네요.

문재인 정부의 종부세 개정

문재인 정부가 들어선 뒤 여당에선 종부세를 이명박 정부 이전 수준으로 돌려놓겠다는 움직임이 활발해졌다. … 신중한 반응을 보이던 김동연 부총리 겸 기획재정부 장관 역시 보유세 인상론에 힘을 실어주고 있다.
이런 가운데 민주당 박주민 의원이 발의하는 종합부동산세법 개정안이 눈에 띈다. 다주택자 과세 강화와 1세대 1주택자 부담 완화를 핵심으로 하는 이 개정안은 공정시장가액 비율(과세표준을 정할 때 사용하는 공시지가의 비율·80%)을 폐지하고 공시지가를 기준으로 과세하며, 주택분 세율을 노무현 정부 당시로 되돌리는 내용을 담고 있다.

문재인 정부가 들어서면서 다시 종부세를 이명박 정부 이전 수준, 그러니까 노무현 정부 때로 되돌리려는 움직임이 활발해지고 있다고 합니다. 김동연 부총리 역시 기조를 바꾸고 있다고 하고요. 그중 민주당 의원이 발의한 개정안이 눈에 띈다고 기사는 말하는데요, 이건 기사 작성자의 개인적인 생각이 개입된 것이니 참고 정도로만 보는 게 어떨까 싶습니다.

간단하게 내용을 살펴보면 다주택자 과세를 강화하고, 1세대 1주택자 부담 완화를 큰 기조로 하되, 공정시장가액비율을 폐지하며, 주택분 세율을 기존 노무현 정부 당시로 되돌리는 내용을 담고 있다고 합니다.

이 부분은 내용 자체가 중요하다기보다는 과세방식에 대한 이해가 필요할 것으로 보입니다. 우선 아래 식을 보도록 하겠습니다.

종부세 = (주택 공시가격의 합 – 9억 원) × 공정시장가액비율(80%) × 종부세 세율

위 식은 종부세를 구하는 식입니다. 기사에 나오는 공정시장가액비율을 폐지한다는 의미는 해당 비율 자체를 100%, 즉 1로 하겠다는 의미입니다. 당연히 기존 80%에서 100%로 상승하니 세 부담은 더 증가할 것입니다. 그리고 종부세 세율 자체를 기존의 것으로 변경함으로써 세율 자체를 올리는 것도 하나의 방법으로 고려 중이라고 하는군요.

—

조세의 가장 큰 기능 중 하나는 '경제 자동안정화 기능'입니다. 경기가 너무 과열된다 싶으면 세금을 많이 걷어 사람들이 소비할 수 있는 소득, 즉 가처분소득이 상대적으로 줄어들게 됩니다. 그러면 경제활동이 위축되면서 경제가 안정화될 것입니다. 반대로 경기가 좋지 않으면 세제 혜택 등을 제공해 실질소득이 늘어나게 유도함으로써 경기가 살아나도록 지원하는 것이죠.

그런데 이런 순기능에도 불구하고 정책이 실제 경제에 반영되는 시차, 또는 정치적인 이유 등으로 제 기능을 다하지 못한 경우가 많습니다. 실제

로 아무리 좋은 정책이라 하더라도 적절한 타이밍에 사용되지 못하면 소용이 없겠죠? 정부의 정책을 볼 때 이런 부분도 함께 생각해보면 우리나라 경제가 현재 어떤 상황인지도 함께 유추할 수 있을 것입니다.

서울 고가주택 중심의 보유세 인상

서울 고가주택 보유세 급등 불가피… 얼마나 오를까? (SBS CNBC 2018. 4. 30)

2018년 4월부터는 양도소득세 중과에 이어 한 가지 세목에 더 주목해야 할 것 같습니다. 바로 보유세입니다. 특히 이에 대해 큰 방향을 주도할 재정특위 구성원들의 면면을 보면 보유세 인상을 지속적으로 주장해온 인사들이라 더욱 귀추가 주목됩니다. 특히 서울 고가주택을 중심으로 보유세가 꽤 많이 올랐다고 하는데요, 과연 어느 정도인지 구체적인 내용을 살펴보도록 하겠습니다.

공시가격과 보유세의 관계

공시가격이 올라가면 재산세와 종부세 등 보유세도 올라가게 됩니다. 공시가격이 무엇이기에 보유세가 같이 움직이는 것일까요?

공시가격은 정부에서 매년 고시하는 토지, 건물과 같은 부동산 가격을 의미합니다. 특히 땅에 대한 공시가격을 '공시지가'라고 하고 주택(건물)의 경우에는 시세보다 낮게 책정되는 것이 특징입니다. 공시가격은 재산세

와 종부세의 산정 기준이 되는데요, 공시가격의 정의를 확인했다면 이제
는 재산세와 종부세를 구하는 산식을 확인하면 됩니다. 내가 부담해야 하
는 세금이 얼마인지 파악하려면 이에 대한 산식을 보는 게 가장 기본이기
때문입니다. 재산세와 종부세를 구하는 산식은 다음과 같습니다.

재산세 = 공시가격 × 공정시장가액비율(60%) × 재산세 세율

종부세 = (주택 공시가격의 합 - 9억 원 또는 6억 원) × 공정시장가액비율
(80%) × 종부세 세율

산식을 보면 재산세와 종부세 모두 공시가격에 특정 값을 곱하게 되어
있습니다. 따라서 공시가격이 올라가면 재산세와 종부세는 당연히 올라
갈 수밖에 없는 구조입니다.

이 밖에 공시가격이 9억 원을 넘기면서 데 올해는 이보다 52% 늘어난 14만 가구
올해부터 종부세를 내야 할 아파트도 크 로 집계됐습니다. …
게 늘었는데요. 지난해 9만 2천 가구였는

별것 아닌 것 같지만 경제기사를 볼 때 주의해야 할 부분이 있습니다. 다
시 종부세 산식을 보도록 하겠습니다.

종부세 = (주택 공시가격의 합 - 9억 원 또는 6억 원) × 공정시장가액비율
(80%) × 종부세 세율

밑줄 친 '9억 원 또는 6억 원'을 주의하기 바랍니다. 즉 종부세를 구할 때 어떤 경우는 9억 원을 차감하기도 하고 어떤 경우는 6억 원을 차감하는데요, 이는 보유하고 있는 주택 수에 따라 다릅니다.

A라는 사람이 집을 1채 가지고 있다면 이때는 공시가격에서 9억 원을 차감합니다(단독명의). 하지만 A의 명의로 보유 중인 주택이 2채 이상이라면 이때는 각각의 공시가격을 모두 더한 다음, 9억 원이 아니라 6억 원을 차감해야 합니다. 이것만 보더라도 정부는 2주택 이상 다주택자를 이미 견제하고 있음을 알 수 있죠. 기사에 있는 내용만 보고 '아, 모든 경우에 9억 원을 차감하는 거구나'라고 생각하면 잘못된 결과가 나올 수 있으니 주의해야 합니다.

기사에서는 공시가격이 9억 원을 초과하는 아파트가 지난해 9만 2천 가구에서 올해 14만 가구로 집계되었다고 밝히고 있습니다. 만일 이를 보유하고 있는 소유주의 주택 수까지 파악되었다면 더 정확했을 것입니다.

집을 보유한 사람 입장에서는 가만히 있는데 세금만 늘어나니까 "집을 꼭 갖고 있어야 하나? 팔까?" 이런 고민을 할 수도 있습니다. 그런데 실제로는 집값이 수억 원 오를 때, 세금은 겨우 수백만 원 올랐거든요. 앞서 말씀드린 잠실주공 5단지의 경우, 1년 동안 세금이 126만 원 늘어나는 데 그쳤습니다. 반면 집값은 3억 2천만 원이나 올랐습니다. 결국 세금 몇백만 원 오른다고 시장에 영향이 있지는 않을 것이라는 게 전문가들의 분석입니다.

보유세는 해마다 납부해야 하는 세금입니다. 재산세는 토지분을 7월에, 그리고 주택분을 9월에 납부합니다. 종부세는 앞의 산식에서 본 것처럼,

보유한 부동산의 공시가격이 일정 수준을 넘어서면 그때부터 납세 대상이 되기에 아무나 내는 것은 아닙니다. 그래서 기사에서도 '서울 고가주택'이라고 한정 지은 것이겠죠? 만약 종부세 대상이라면 이는 12월에 납부해야 합니다. 정리하면, 종부세 납세 대상자가 되는 순간 7월 및 9월에 재산세를 납부하고 뒤이어 12월에는 종부세를 내야 하는 것입니다.

이상의 세금을 해마다 납부해야 하기에 꽤 부담이 될 것입니다. 하지만 기사에 나온 것처럼 잠실주공 5단지의 경우 1년 동안 보유세가 126만 원 상승한 반면, 주택가격은 3억 원 이상이 올랐기에 주택 보유자들이 집을 갑자기 매도하는 등 시장에 큰 영향을 주겠느냐는 것이 전문가의 분석입니다. 여러분의 생각은 어떤가요?

공시가격과 실거래가의 차이

지금 재정개혁특별위원회가 보유세 개편 방안을 논의 중이잖아요? … 특위 위원 다수가 참여연대 등 시민단체에서 활동하면서 "보유세 인상이 필요하다"고 주장한 인물들입니다. 현재 60~70% 수준인 공시가격의 실거래가 반영률을 100%로 올리자고 하거나 아니면 세율을 인상하는 방안을 내놓을 것으로 보입니다. 이렇게 되면 부동산 가격이 오르지 않거나 심지어 떨어지더라도 세금은 오히려 더 늘어날 가능성도 있습니다. …

보유할지 매도할지 의사결정을 할 때 고려해야 할 변수가 하나 더 늘었습니다. 바로 재정특위의 보유세 개편 방안입니다. 특위 위원 다수의 기존 활동을 보면 보유세 인상을 주장한 인사들이 많기 때문에 이를 무시할 수 없는 것이죠. 그 예로 현재 공시가격은 실거래가 수준의 대략 60~70%

수준이라고 하는데요, 이를 실거래가와 동일하게 100%로 올리자는 것입니다. 그럴 경우 종부세 산식에서 재산세 공정시장가액비율은 60%에서 100%로, 종부세는 80%에서 100%로 인상되어야 하며, 이는 산식을 구성하는 변수 중 2개가 인상되는 것을 의미하기에 꽤 큰 부담이 될 수도 있을 것입니다.

> … 실거래가격은 20억 원인데 공시가격은 14억 원에 불과한 것으로 나타나는 등 반영률이 71%에 그쳤습니다. 올해 서울 공시가격이 11년 만에 최대 폭으로 뛰었다곤 하지만 여전히 실제 가격과 차이가 큽니다. … 지난 2005년 공동주택 공시가격제도가 처음 도입될 당시, 시세의 40~50%만 반영하다 보니까 이 같은 격차가 10년 넘게 이어져 온 겁니다. 공시가를 급격하게 실거래가에 맞추면, 세 부담이 커지면서 조세저항이 예상되기 때문에 역대 어느 정부도 이를 현실화하지 못한 겁니다.

그렇다면 왜 이런 논의가 최근 활발해지는 것일까요? 그건 바로 공시가격 때문인 것으로 보입니다. 즉 2005년 처음 이 제도가 도입될 당시 시세의 40~50% 정도만 반영했고, 이게 10년이 넘도록 비슷하게 유지되었기에 공시가격이 실거래가를 따라가지 못한 것입니다.

하지만 정부에서도 이를 시세처럼 반영하기에는 고민이 많을 것입니다. 보유세는 재산세와 종부세로 구성되는데, 재산세의 경우는 주택이 1채만 있는 경우라도 무조건 납세를 해야 하는 세금입니다. 따라서 현 정부에서 주장하는 주택정책, 즉 2주택자 이상 다주택자의 보유세 부담을 늘려 이를 시장에 매물로 나오게 하는 것과는 방향이 맞지 않을 수 있는 것이죠.

누구나 세금은 내기 싫어하는 성향을 가지고 있는데 이를 '조세저항'이라고 합니다. 다주택자를 타깃으로 하는 종부세는 그렇다 쳐도, 실거주를 위한 집 하나만 가지고 있는 국민들에게 재산세 부담을 가중하는 정책은 어느 정부라도 부담스러울 것입니다.

—

만약 여러분이 서울 고가주택을 보유하고 있어서 재산세는 물론 종부세까지 부담해야 하는 상황이라면 어떻게 할까요? 해마다 납부해야 하는 보유세 몇백만 원을 절감하기 위해 서울 중심부에 있는 아파트를 팔까요?

이에 대한 의견은 개인의 성향, 투자가치 등 여러 가지를 종합적으로 고려해야 하는 것이기에 제가 의견을 제시하기는 다소 부적절한 것 같습니다. 중요한 것은 부동산을 보유하든 양도하든 발생하는 세금을 사전에 파악하고 적절한 행동을 취해야 한다는 것입니다. 잊지 마세요! 세금은 계약서에 도장을 찍는 순간, 99%는 돌이킬 수 없다는 것을 말입니다.

2주택 이상 보유자에 대한 제재

재정특위, 2채 이상 집 보유자 종부세 '중과' 검토 (조세일보 2018. 5. 17)

보유세 인상이 기정사실화되어가는 가운데, 재정특위는 보유세 중에서도 종부세를, 그중 2채 이상 집을 가지고 있는 사람들에 대한 중과를 검토 중이라고 합니다.

사실 지금도 2주택자 이상자들을 대상으로 종부세를 더 걷고 있는 실정입니다. 1주택자의 경우 해당 주택의 공시가격 9억 원까지는 비과세이나, 2주택자인 경우라면 해당 주택의 공시가격을 합한 가액에서 6억 원까지만 비과세를 해주기 때문이죠. 그 이후 계산식이나 세율에 있어서는 동일합니다.

그런데 기사 내용대로 2주택 이상자에게 종부세가 더 많이 매겨진다면 다주택자의 세 부담은 더욱 늘어날 것으로 보입니다. 어떤 이유에서인지 기사를 함께 살펴보도록 하겠습니다.

기사 내용을 토대로 하면 2주택 이상 보유자에 대해서는 종부세 세율을 더 높게 적용하는 방안을 검토 중이라는 사실을 확인할 수 있습니다. 1주택자에게는 기존 세율을, 2주택자 이상인 사람에게는 차등세율을 적용해 중과하겠다는 것으로 보입니다. 어떻게 그게 가능하냐고요?

종부세율 인상

현행 종부세 세율은 주택 수에 상관없이 0.5~2.0% 세율이 적용되고 있습니다(다음 표 참조). 다만 주택 수가 1채라면 공시가격의 9억 원까지는 비

종부세율

과세표준	세율
6억 원 이하	0.5%
12억 원 이하	0.75%
50억 원 이하	1%
94억 원 이하	1.5%
94억 원 초과	2%

* 과세표준 = 공시가격 − 6억 원(1가구 1주택은 9억 원) × 80%

(출처 : 조세일보)

과세, 2채 이상이라면 공시가격의 합에서 6억 원까지는 비과세라는 점이 다릅니다. 이를 산식으로 풀어보면 다음과 같습니다.

1) 보유 주택이 1채인 경우 = (공시가격 − 9억 원) × 공정시장가액비율(80%) × 종부세 세율

2) 보유 주택이 2채 이상인 경우 = (공시가격의 합 − 6억 원) × 공정시장가액 비율(80%) × 종부세 세율

이 경우 보유 주택이 2채 이상인 사람에게는 차등 세율을 적용해 세 부담을 늘리겠다는 것으로 풀이됩니다. 이럴 경우 늘어난 종부세에 부담을 느낀다면 이를 절세하기 위한 방법으로 임대주택으로 등록하거나, 아니면 해당 주택을 매도할 수 있을 것입니다. 물론 아직 최종 확정된 내용은 아닙니다.

보유 주택 수에 따른 차등세율 적용과는 별도로, 공정시장가액비율을 조정하자는 의견도 있습니다. 바로 현행 80% 공정시장가액비율을 100%로 상향한다는 것입니다. 이렇게 되면 세율에 곱해지는 부분(이 부분을 과세표준이라고 합니다) 값이 그 만큼 더 커지기 때문에 적용되는 세율값도 커지고 그 결과 세 부담이 늘어나는 것입니다. 이에 대한 사례를 아래에서 보겠습니다.

먼저 1주택자에 대한 내용입니다. 종부세 계산식을 다시 보면 다음과 같습니다.

보유 주택이 1채인 경우＝(공시가격－9억 원)×공정시장가액비율(80%)×

종부세 세율

기사 내용대로 보유 주택 공시가격이 10억 원이라면 (10억 원－9억 원)×80%×세율(이 경우 0.5%)＝40만 원이 계산됩니다. 그리고 만약 공정시장가액비율이 80%에서 100%로 상향되면 종부세액 역시 50만 원(＝1억 원×100%×0.5%)으로 올라가는 것입니다.

2주택 이상자라면 어떻게 될까요?

보유 주택이 2채 이상인 경우＝(공시가격의 합－6억 원)×공정시장가액비

율(80%)×종부세 세율

공시가격의 합을 10억 원으로 동일하게 가정한다면(가령 2주택자인데, 주택①은 공시가격이 6억 원, 주택②는 공시가격 4억 원 가정), (10억 원－6억 원)×80%×세율(이 경우 0.5%)＝160만 원이 계산됩니다.

1주택자의 40만 원보다 배 이상으로 늘어났죠? 사실 이는 차감액이 9억 원이 아닌 6억 원밖에 되지 않아서 그런 것입니다. 여기서 다시 공정시장가액비율이 100%로 상향된다면 종부세액은 200만 원(＝4억 원×100%×0.5%)으로 증가하는 것입니다. 즉 공정시장가액비율을 상향할 경우 2주택 이상인 다주택자가 세 부담이 더욱 커진다는 것을 알 수 있습니다.

재산세와 취득세의 경우

> 보유세인 재산세는 부동산가액에 상관없이 모든 부동산 보유자에게 부과되기에, 이를 건드렸을 땐 종부세보다 조세저항이 클 가능성이 높다. 이 같은 우려에 재정특위에서 재산세를 비롯한 임대소득세 등 부동산 세제 개편의 논의는 한 발짝 뒤로 뺀 모양새다.

반면 또 다른 보유세인 재산세에 대해서는 상대적으로 논의가 덜 되는 것 같습니다. 아무래도 1주택자를 포함해 모든 주택 보유자에게 적용되는 것이니 정치권에서도 부담이 되기 때문이겠죠?

> 규제에 따른 부동산 경기 침체를 거래세 인하로 억제하려는 시도도 엿보인다. 재정특위에서 취득세 등 거래세를 내리는 방안이 하반기에 논의될 것으로 전해지면서, 거래세를 낮춘 데 따른 지방자치단체의 세수 감소를 충당해주는 방안도 함께 논의될 전망이다. …

동시에 부동산 경기 침체를 우려해 취득세와 같은 거래세는 인하하려는 움직임도 보인다고 합니다. 하반기에 보다 구체적으로 논의될 예정이라고 하는데요, 이를 통해 감소되는 지자체 세수 감소 보완 방안에 대해서도 함께 논의될 거라고 합니다. 취득세는 대표적인 지방세로서 지방자치단체의 살림 운영에 적지 않은 비중을 차지하고 있습니다.

국회 예산정책처 분석에 따르면, 종부세의 공정시장가액비율을 100%로 상향할 경우 약 6,234억 원의 세수가 증가한다고 합니다. 2016년 종부세 데이터를 기준으로 분석한 것인데요, 당시 종부세 대상자가 33만 6천 명이었고, 같은 기간 부과된 종부세액이 1조 5,298억 원이었다는 것을 감안해볼 때, 공정시장가액비율 상향에 따른 세수 증가는 약 40%에 육박할 것으로 보입니다.

—

그렇다면 2주택 이상 다주택자들 중 종부세 대상자는 어떻게 해야 할까요? 현재로서는 종부세를 그냥 납부하거나, 임대주택으로 등록하거나(물론 등록 당시 기준시가가 6억 원 이하, 수도권 외는 3억 원 이하 등 요건을 충족해야 합니다), 아니면 해당 물건을 매도해야 할 것으로 보입니다. 물론 매도할 경우 양도소득세 중과를 조심해야겠죠? 다주택자 입장에서는 꽤 큰 부담이 될 것으로 보입니다. 향후 세제 개편에 관심이 집중되는 이유입니다.

보유세 개편의 4가지 방안

보유세 개편안, 어떤 내용 담겼나 (뉴시스 2018. 6. 22)

'부동산 규제의 끝판왕'으로 여겨진 보유세 개편안이 2018년 6월 22일 발표되었습니다. 2017년 8월 2일 발표된 부동산 대책을 시작으로, 같은 해 12월에는 '임대주택등록 활성화 방안', 그리고 2018년 4월에는 다주택자 양도소득세 중과가 시행된 터라, 이번 보유세 개편안에 대해서도 많은 관심이 쏟아진 것이 사실입니다.

물론 말 그대로 최종 확정안이 아닌, 개편안이기 때문에 진행 추이를 더 지켜볼 필요는 있겠습니다. 그래도 발표된 개편안을 통해 큰 틀에서 진행 방향을 알 수 있기에 어떤 내용인지 살펴보는 것이 매우 중요합니다.

사실상 종부세가 인상되는 것이다

정부가 22일 공개한 보유세 개편안은 사실상 종부세 인상을 담고 있다. 개편안 대로라면 최대 34만 8,000명의 종부세가 올라간다. 특히 30억 원 다주택자의 경우 최대 37.7% 세금이 오르게 돼 시장 충격파가 만만치 않을 전망이다. …

종합부동산세제 단기적 개편 대안

	대안	주요 내용	대상 인원	주택 세 부담 증가폭 (시가 10억~ 30억 원 기준)	
				1주택	다주택
1안	공정시장가액 비율 인상 (점진적 인상, 일시 인상)	주택 및 종합합산 토지의 공정시장가액비율 연 10%씩 단계적 인상	34만 1천 명(주택 27만 3천, 토지 6만 7천)	0~18.0%	12.5~24.7%
2안	세율 인상, 누진도 강화	6억 원 초과 주택 각 구간 세율 차등 인상	12만 8천 명(주택 5만 3천, 종합합산토지 6만 7천)	0~5.3%	0~0.65%
3안	공정시장가액 비율 인상, 누진세율 강화	공정시장가액비율 연 2~10%P씩 인상, 세율 : 대안2 수준 인상	34만 8천 명(주택 27만 3천, 종합합산토지 7만 5천)	0~25.1%	2.4~37.7%
4안	1주택자와 다주택자 차등과세, 토지분은 3안과 동일	1주택 현행세율 유지+공정시장가액비율 연 5%P 인상, 다주택 세율 0.05~0.5%P 인상+공정시장가액비율 연 5%P 인상	34만 8천 명(주택 27만 3천, 종합합산토지 7만 5천)		
기타	과표구간 조정, 3주택 이상 추가 과세 등				

(출처 : 재정개혁특별위원회, 뉴시스)

보유세는 크게 재산세와 종부세로 구분됩니다. 이어서 살펴보겠지만 이번 개편안의 핵심은 종부세입니다. 어찌 보면 당연합니다. 재산세는 1주택자 이상이면 모두 해당되지만 종부세는 특정 요건이 충족되어야 과세

되기 때문인데요, 정부가 타깃으로 하는 대상은 2주택 이상 다주택자들이기 때문에 재산세보다는 종부세 인상을 더 유력하게 보았고, 실제 개편안도 그러한 것입니다.

> (재정)특위가 제시된 개편안은 모두 4가지로 ▲공정시장가액비율 인상 ▲세율 인상 및 누진도 강화 ▲공정시장가액비율의 점진적 인상 및 누진세율 강화 ▲1주택자와 다주택자의 차등과세 등이다.

재정특위는 모두 4가지 개편안을 제시했습니다. 종부세를 구성하는 요소인 공정시장가액비율, 세율, 그리고 보유 주택 수에 따른 차등과세가 핵심입니다. 하나씩 살펴보겠습니다.

> 먼저 제1안은 세율과 과표구간은 현행대로 유지하되 주택 및 종합합산토지의 공정시장가액 비율을 연 10%씩 단계적으로 인상하고 별도합산 토지는 현행제도를 유지하는 방안이다. 공정시장가액 비율은 과세표준을 정할 때 공시가격에 적용하는 비율로 종부세의 경우 현재 80%다. 이를 2년에 걸쳐 100%까지 높이자는 것이다. …

첫 번째 방안입니다. 종부세는 과세 대상 주택의 공시가격에 공정시장가액비율을 곱합니다(산식은 이전에 나온 내용을 참고하세요). 이때 적용되는 공정시장가액비율을 현행 80%에서 90%, 100%로 단계적으로 높이는 것입니다. 현 정부 입장에서는 상대적으로 손쉽게 바로 시행 가능하다는 장점이 있습니다. 정부는 이로 인해 추가로 걷히는 주택 관련 종부세는 1,578억 원이라고 추산하고 있습니다(공정시장가액비율 100% 가정 시).

> 특위가 제시한 제2안은 주택과 종합합산토지의 과표 구간별 세율을 최대 1%포인트까지 차등 인상한다는 내용이다. 주택의 경우 6억~12억 원 과표구간은 0.05%P 높인 0.8%, 12억~50억 원 구간은 0.2%P 높인 1.2%, 50억~94억 원 구간은 0.3%P 높인 1.8%, 94억 원 초과 구간은 0.5%P 높인 2.5%까지 올린다. …

두 번째 방법은 종부세 세율을 인상하는 것입니다. 앞서 공정시장가액비율 조정은 과세표준을 조정하는 것이고, 여기에 적용되는 세율 인상이 두 번째 방안인데요, 이렇게 할 경우 세 부담은 1주택자는 최대 5.3%, 그리고 다주택자는 최대 6.5% 상승할 것으로 정부는 보고 있습니다(세 부담 상한제 적용하지 않을 때).

> 제3안은 공정시장가액 비율을 연 2~10%P씩 인상하고 누진세율은 제2안 수준으로 높이는 방안을 제시했다. 1안과 2안을 합쳐 공정가액비율도 점진적으로 연 2~10%P씩 구간별로 차등 인상하며 동시에 종부세율도 2안 수준으로 높이는 방안이다. …

세 번째 방법은 1안과 2안을 동시에 병행하는 것입니다. 즉 공정시장가액도 올리면서 동시에 세율도 인상하는 것인데요, 이럴 경우 1주택자는 세 부담이 0~25.1%, 다주택자는 12.5~37.7%까지 올라갑니다. 앞서 보았던 2안의 경우 세 부담이 최대 6.5%라는 것과 비교해보면 꽤 많이 상승하죠?

> 제4안은 주택의 경우 1주택자는 공정시   주택자는 공정시장가액비율과 세율을 동
> 장가액비율만 연 2~10%P 인상하고, 다   시에 올리는 내용이다. …

마지막 방안은 보유 주택 수에 따라 차등안을 적용하는 것입니다. 즉 1주택자는 공정시장가액비율만 인상하고, 다주택자는 3안과 같이 공정시장가액비율과 세율을 동시에 인상하는 것입니다. 이 경우 적용 인원은 34만 8천 명, 세수는 최대 1조 866억 원이 더 걷어질 것으로 정부는 예측하고 있습니다.

—

여기에 설명한 4가지 방안이 모두 적용된다는 것이 아닙니다. 이제부터는 각계 의견 수렴 등을 거쳐 재정특위가 정리한 방안을 정부에 권고안 형태로 제출할 것입니다. 하지만 6·13 지방선거에서 여당 압승, 현 정부가 집권 2년 차인 점 등을 감안하면 재정특위에서 제안한 방안이 채택될 확률이 높겠죠?

따라서 우리는 4가지 방안에 대한 이해를 먼저 하고, 이 중 어떤 방안이 채택되는지를 확인해야 할 것입니다. 개인별 종부세는 명의, 재산 등이 모두 천차만별이라 각각 어떤 상황인지를 명확히 파악하고 이를 적용해서 계산해봐야 합니다. 재정특위에서 제안한 개편안은 어디까지나 의견일 뿐입니다. 이 중에서 하나 또는 다른 내용으로 변경되어 최종 채택될 것입니다. 그리고 해당 내용은 개인별로 다르게 적용되므로 세 부담이 커질 것

이라고 미리 걱정할 필요는 없습니다.

'지피지기 백전불태'라는 말이 있듯이, 종부세 과세 대상자라면 앞으로 정부가 어떤 방안을 채택하는지를 계속 지켜보고, 최종 방안에 따라 대응하는 것이 보다 현명합니다.

임대등록 활성화를 위한 종부세 혜택

8년 이상 임대등록한 주택, 종부세 계산 때 아예 주택 수에서 제외
(한국일보 2018. 5. 2)

임대주택등록 활성화를 유도하기 위한 정부의 의지가 엿보이는 정책이 또 나왔습니다. 8년 이상 임대등록한 주택은 종부세 계산 시 주택 수에서 제외한다고 합니다. 제목만 곧이곧대로 받아들이면 혼선의 여지도 있어 보이네요. 어떤 의미인지 자세히 살펴보겠습니다.

> 정부가 공시가격 6억 원 이하 주택을 8년 이상 임대등록할 경우 종합부동산세(종부세) 계산 때 아예 해당 주택을 주택 수에서 빼주기로 했다. 정부가 지난해 '임대주택등록 활성화 방안'에서 8년 이상 준공공임대주택 등에 대해선 종부세 과세 시 과세표준 합산배제 혜택을 주겠다고 한 것에서 한 걸음 더 나아간 것이다. …

당초 법에서 정한 종부세 관련 세제 혜택은, 세법에서 말하는 장기임대주택으로 등록하는 경우 종부세 대상에서 빼주는 것입니다. 이를 '종부세 합산배제'라고 하는데요, 이를 위한 요건은 등록 당시 기준시가가 6억 원 이하(수도권 외는 3억 원 이하)일 것, 8년(2018년 4월 이전은 5년) 이상 임대할 것입니다. 그런데 여기에서 더 나아가 정부는 아예 종부세 계산 시 해당 주택을 주택 수에서 빼주기로 한 것입니다. 어떤 차이가 있을까요?

주택 수가 종부세의 핵심이다

종부세는 1가구 1주택은 공시가격 9억 원 이상, 2주택 이상은 합산공시가격 6억 원 이상이 과세 대상이다. 납세의무자별 주택의 공시가격을 합산한 금액에서 6억 원(1가구 1주택은 9억 원)을 빼고(공제) 여기에 공정시장가액비율 80%를 곱해 과세표준(과표)을 결정한 뒤 과표에 세율(0.5~2%)을 곱해 산출한다. 가령 공시가격 9억 원(시가 12억~15억 원 추정) 주택을 보유한 1주택자는 공제(9억 원)에 따라 세금 부담이 '0원'이지만, 주택 2채(4억 원+5억 원)를 보유한 다주택자는 종부세를 내야 한다. 주택 수가 종부세 부담을 결정하는 핵심 변수인 셈이다. …

종부세를 구하는 산식은 앞에서도 살펴봤지만 다시 한 번 보도록 하겠습니다.

종부세 = (주택 공시가격의 합 − 6억 원 또는 9억 원) × 공정시장가액비율 (80%) × 종부세 세율

위에서 밑줄 친 6억 원 또는 9억 원은 1주택인 경우는 9억 원을 차감하며 2주택 이상인 경우는 6억 원을 차감하는 것이기에 주택 수가 매우 중요합니다. 가령 똑같이 공시가격 9억 원인데 A는 1주택 보유자라서 9억 원이라고 한다면 위 산식에서 9억 원을 차감하기에 종부세는 '0원'입니다.

그런데 B는 2주택 보유자라면 9억 원이 아닌 6억 원을 차감하기에 초과되는 3억 원에 대해서는 종부세를 납부해야 합니다. 해당 주택을 양도하는 등 특별한 사유가 아니라면 매년 납부해야 하는 것입니다.

가령 공시가격이 각각 9억 원과 6억 원인 주택 2채를 보유한 가구가 6억 원 주택을 임대주택으로 등록하는 경우엔 1주택자로 간주돼 나머지 주택에 대해선 공제 혜택(9억 원)을 적용받아 종부세 부담이 없게 된다. 하지만 임대주택 등록을 하지 않으면 다주택자로 분류, 주택 합산 금액(15억 원)에서 공제(6억 원) 및 공정시장가액비율(80%) 적용을 거친 후 나머지 금액(7억 2,000만 원)에 대해 과세된다. …

사례를 통해 살펴보면 이 제도가 아주 좋은 제도임을 알 수 있습니다. 예를 들어 어떤 사람이 공시가격 9억 원과 6억 원 주택 2채를 보유했다고 가정해보겠습니다. 설령 6억 원 주택을 임대주택으로 등록한다고 하더라도 종부세 계산에 있어서는 2채이기 때문에 종부세 산식에서 차감하는 금액은 6억 원이 되어 초과액인 3억 원(=9억 원-6억 원)에 대해서는 종부세를 내야 합니다.

그런데 바뀐 세법을 적용하면 임대주택은 종부세 계산 시 주택 수에서 빼기에 남은 주택 9억 원 하나만 있는 것으로 봐서, 6억 원이 아닌 9억 원을 차감해주므로 종부세를 내지 않는 것입니다.

이에 대해 부동산 전문가들은 종부세 부담이 높은 다주택자들의 경우 임대주택등록 활성화가 더욱 높아질 것으로 전망하고 있습니다. 실제 이러한 내용은 기존의 임대주택등록 활성화 방안보다 더 진보한 것으로 평가받고 있다는 후문입니다.

한 가지 조심해야 할 점은 위에서 말한 주택 수 계산은 종부세 계산 시에
만 적용하는 것입니다. 이를 착각해 주택 수에서 무조건 빠지는 것으로 보
고 남은 주택이 1채인 경우 1가구 1주택 비과세가 되는 것으로 오해한다
면, 이는 전형적인 유추해석 또는 확장해석이 될 수 있으니 유의하시기 바
랍니다.

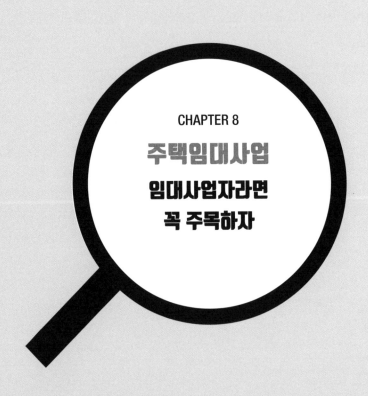

CHAPTER 8

주택임대사업

임대사업자라면
꼭 주목하자

임대사업자 데이터 체계화

한승희 국세청장 '임대소득 과세율 제고 추진' (연합뉴스 2017. 10. 13)

부동산을 타인에게 임대하고 이를 통해 얻는 소득을 임대소득이라고 합니다. 대표적으로 상가와 주택을 생각해볼 수 있는데요, 상가임대소득은 무조건 과세하므로 사업자는 모두 관할 세무서에 신고를 하고 사업자등록을 해야 합니다. 이에 비해 주택임대소득은 일정 요건이 되어야 과세 대상이 됩니다. 그 이유는 주택은 우리의 주거환경과 직결되는 것으로, 일정 이하의 소득에 대해서는 과세를 하지 않기 때문입니다.

하지만 이번 정부 들어 다주택자에 대한 규제책과 함께 본인이 직접 살고 있는 집이 아니라면, 이를 매도하거나 주택임대사업 주택으로 등록하도록 유도하고 있죠. 이에 대해 정부도 단순 권유가 아닌 직접적으로 데이터를 확보하기 위한 활동을 하는 것으로 보입니다. 다음 기사를 통해 확인해보겠습니다.

수입금액과 임대소득

> … 현재 연간 2천만 원 이상 임대소득에 대해서는 과세가 이뤄지고 있으며 2천만 원 이하에 대해서는 2019년부터 과세가 예정돼 있다. …

한 가지 정정을 해야 할 것 같습니다. 기사에 있는 '임대소득'은 더 정확하게는 '수입금액'입니다. 즉 현행 소득세법상 2천만 원 이하의 수입금액에 대해서는 2018년까지 비과세입니다. 여기에서 말하는 수입금액이란 보유한 주택 수에 따라 월세와 간주임대료를 더한 금액으로 필요경비를 제하기 전의 금액입니다.

3주택을 소유하고 있는 A라는 사람이 1채는 실거주를 하고, 나머지 2채는 월세를 주고 있다고 해보겠습니다. 여기에서 나오는 월세 금액이 한 달에 100만 원, 즉 1년에 1,200만 원일 경우 수입금액은 1,200만 원이 되며 2천만 원 이하이므로 2018년까지는 비과세인 것입니다. 만약 수입금액이 2천만 원을 초과한다면 전액에 대해 종합과세됩니다.

여기서 수입금액과 임대소득은 다르다는 점에 주의해야 합니다. 임대소득은 수입금액에서 필요경비를 제외한 금액으로, 가령 수입금액이 3천만 원으로 2천만 원을 초과하면 타소득과 종합소득이 되는데요, 소득률이 50%라고 가정하면 3천만 원×50% = 1,500만 원이 임대소득 금액이 되며, 여기에 대해 다른 소득과 합산해 종합소득 신고를 하는 것입니다.

이렇듯 신문기사에서도 간혹 용어가 혼동되어 기재될 수 있으니 꼼꼼히 살펴보는 습관이 필요하겠죠?

이번에 취임한 한승희 국세청장의 경우 인사청문회에서 다주택자를 대상으로 전수조사도 마다하지 않겠다고 대답한 적이 있습니다. 정확한 과세를 위한 데이터 확보도 중요하지만, 현재 전월세를 제공하는 이들은 대부분이 개인입니다. 문제는 이들에 대한 정확한 데이터를 정부가 가지고 있지 않다는 것이죠. 따라서 청문회에서도 국회의원들이 전수조사를 주문했고, 이에 2017년 9월부터 관련 프로그램을 가동한 것으로 보입니다.

중요한 것은 이때 활용한 자료가 '월세 현금영수증', '(월세)세액공제' 자료라는 것입니다. 월세를 주면서 현금영수증을 발행하거나 임차인이 직장인인 경우, 연말정산을 통해 월세세액공제를 함으로써 정부에서는 역으로 집주인, 즉 임대인에 대한 임대소득 정보를 파악할 수 있다는 것입니다. 결론적으로 월세는 전세에 비해 세원 노출이 쉽다는 것을 알 수 있는 대목입니다.

'임대소득 전수조사 프로그램'을 가동하기 위해 국세청에서는 (수입금액이) 2천만 원 이상 임대소득자와 3주택 이상자를 대상으로 임대소득신고를 안내한 모양입니다. 대상이 40만 명이라고 하네요. 이 숫자는 수입금액 2천만 원 이상자와 3주택 이상자가 합쳐져 있는 숫자인데요, 이왕이면 분리가 되었다면 더 좋았겠습니다.

왜냐하면 3주택 이상자라고 하더라도 수입금액을 2천만 원 이하로 낮출 수 있는 절세법이 있기 때문입니다. 그럴 경우 2018년까지는 비과세이기 때문에 이러한 신고안내에 별도로 응할 필요가 없습니다. 만약 본인이 이러한 임대소득자이거나 이에 대해 관심이 있다면 어떻게 수입금액을 계산하는지 정확히 알아야 되겠죠?

어찌 되었든 대상자 40만 명 중 실제 신고를 완료한 사람은 4만 8천 명 정도라고 합니다. 생각보다는 적은 숫자네요. 그래서 국세청에서는 이 중 500명에 대해 사후검증을 했다고 해요. 아마 향후 더 정확한 신고를 유도하기 위한 작업으로 보입니다.

—

기사는 비록 짧지만 생각해볼 부분이 많은 기사라고 생각합니다. 가만히 잘 생각해보면 자신 혹은 주변에 있는 사람들이 전세나 월세로 거주하는 경우가 많죠. 이런 전월세를 제공하는 사람들이 혹시 누구인지 곰곰이 생각해본 적이 있나요?

물론 국가에서 하는 경우도 있지만, 대부분은 우리와 같은 개인이 제공하고 있습니다. 이에 대해서는 정확한 수치가 파악되지 않을 정도라고 하네요. 여기에 주택이라는 특수성을 감안해서 이러한 임대소득을 모두 등록하라고 강제할 수도 없는 상황이었는데요, 앞으로는 이에 대해서도 데이터 확보를 통해 주택임대소득에 대한 체계화가 진행될 것으로 보입니다.

주택임대소득에 대해 관심이 있는 분들은 특히 향후 변화를 잘 살펴봐야 할 것으로 생각됩니다. 부동산 투자에 있어서 오래된 원칙 중 하나는 '정부 정책에 맞서지 마라'이니까요.

여기서 잠깐! ···

수입금액과 임대소득의 차이

수입금액과 임대소득을 혼용하는 경우가 많은데요, 불과 단어 하나 차이로 큰 금액의 세금이 부과될 수도 있는 만큼 정확한 용어를 쓰는 습관을 들이는 게 좋습니다.

• 수입금액
주택을 임대하면서 발생한 수익으로, 월세, 간주임대료, 관리비 수입 등을 의미합니다. 이렇게 계산된 수입금액이 연간 2천만 원을 초과하면 전액 종합과세, 2천만 원 이하라면 비과세(2018년까지), 분리과세(2019년 이후)입니다. 종합과세 여부를 결정짓는 기준이므로 정확한 수입금액을 계산해야 합니다.

• 임대소득
수입금액에서 비용을 차감한 금액입니다. 당연히 비용 차감 후 금액이므로 수입금액보다는 적습니다. 정부는 임대주택등록사업자에게는 필요경비를 70%, 미등록사업자에게는 50%를 차등적용하기로 입법 예고한 상태입니다.

주택임대사업자 등록 및 과세체계

주택 임대소득 과세 예정대로 2019년부터 (중앙일보 2017. 10. 31)

8·2 부동산 대책에 이어, 많은 사람들이 주거복지 로드맵에 관심을 갖는 이유 중 하나는 바로 주택임대사업자 등록 의무화 여부일 것입니다. 지금까지는 주택을 전월세로 임차를 주더라도 이에 대한 사업자등록 여부는 자유였습니다. 여러 가지 이유가 있겠습니다만, 보통은 주택임대를 하는 사람들은 영세한 경우가 많았으며, 주택에 대한 부가가치세가 면세이기 때문에 과세 실익이 없었기 때문입니다.

하지만 이러한 기조는 점차 변경되고 있는데요, 계속해서 주택임대사업자 등록을 의무화할지 모른다는 이야기가 들리고 있는 것이 대표적인 사례입니다. 정부가 주택임대사업 등록을 통해 얻으려는 건 무엇일까요? 이와 관련된 기사를 살펴보고 주택 임대소득으로 인한 세제 영향은 물론, 과세체계도 함께 살펴보겠습니다.

김동연 부총리 겸 기획재정부 장관은 30일 주택임대사업자 의무등록 제도 도입 여부에 대해 "제도 도입 시 효과와 부작용에 대해 검토하고 있다"라고 말했다. 김 부총리는 이날 국회에서 열린 기획재정위원회 국정감사에 참석했다. 그는 "주거복지 로드맵에 임대사업자 의무등록제가 포함되는가"를 물은 박주현 국민의당 의원의 질문에 "다양한 방안을 검토하고 있지만, 아직 확정되지 않았다"라고 말했다. …

결론적으로 주택임대사업자 의무등록 제도에 대해 정부는 신중한 입장입니다. 이에 대한 저항 등 부작용이 만만치 않을 것이기 때문입니다. 주거복지 로드맵에 대한 내용이 처음 나왔을 때는 의무등록에 대한 내용이 포함되는 분위기가 강했는데요, 지금은 신중한 입장입니다. 그만큼 정부도 고려해야 하는 사항이 많다는 의미일 것입니다.

임대소득 수입금액 계산법

2019년 시행 예정인 연 2,000만 원 이하 임대소득에 대한 과세를 내년으로 앞당기는 방안에 대해서는 "원칙을 유지하는 것이 맞지 않나 생각한다"라고 말했다. 정부는 지난해 임대소득 연 2,000만 원 이하에 대한 비과세 혜택을 기존 2016년에서 내년까지 2년간 추가 연장했다. 과세는 2019년부터 이뤄지는데, 이 시기를 1년 앞당기는 건 검토하지 않고 있음을 내비친 것이다.

순서를 바꿔, 이 내용을 먼저 보겠습니다. 현행 (주택)임대소득 과세체계를 이해하기 위해서는 먼저 '임대소득 수입금액'에 대해 이해할 필요가 있습니다. 전월세 등 주택을 임대하면서 발생하는 수입을 의미하는데요, 우선 이 금액을 정확하게 계산할 필요가 있습니다. 사업자등록 여부와는 무관합니다. 아래 단계를 볼까요?

1) 우선 보유하고 있는 주택 수를 계산해야 합니다. 세대 기준이며, 이에 따라 계산법이 다릅니다.

2) 주택 수에 따른 수입금액 계산은 다음과 같습니다.

- 1채인 경우 : 비과세(해당 없음. 단, 기준시가 9억 원 초과인 고가주택은 월세에 대해 과세)

- 2채인 경우 : 월세만 과세

- 3채 이상인 경우 : 월세 + 간주임대료에 대해 과세

3) 위 2)에서 계산한 수입금액을 바탕으로 2천만 원을 초과하면 전액에 대해서 종합과세하며, 2천만 원 이하라면 2018년까지는 비과세, 2019년부터는 분리과세합니다.

이렇게만 보니까 모르겠죠? 다음 사례를 보도록 합시다.

주택 수가 3채인데 1채는 자가거주이고 나머지 2채는 월세를 주고 있으며, 한 달 월세는 150만 원이라고 가정해봅니다(단독명의, 월세를 주고 있는 주택은 전용면적 60m² 이하, 기준시가 3억 원 이하인 소형주택).

- 우선 주택 수가 3채이므로 월세 + 간주임대료를 계산해야 합니다.

- 월세는 한 달 150만 원이므로 연간 1,800만 원이 수입금액입니다(150만 원×12개월).

- 간주임대료를 계산해야 하는데 월세를 주는 2채가 소형주택이므로 제외
   됩니다. 따라서 간주임대료는 '0원'입니다.
- 월세+간주임대료=1,800만 원으로 2천만 원 이하이므로 2018년까지
   는 비과세입니다.

어떤가요? 처음 보시는 분들은 조금 복잡해 보일 수도 있겠습니다. 하지만 정부는 주택으로 임대를 하는 사람들에게 이렇게 수입금액을 계산해서 2천만 원 초과면 종합과세(전액에 대해서), 2천만 원 이하면 2018년까지는 비과세, 그 이후는 분리과세를 적용하니 숙지하도록 합시다. 이는 주택임대사업자 등록 여부와는 무관하게 적용됩니다.

이에 대해 주택임대소득 과세 강화를 위해 비과세 기간을 1년 단축할 계획이 있냐는 질문에 김동연 부총리는 이에 대해서는 검토하지 않고 있다고 답한 것입니다.

김 부총리는 "공정시장가액비율을 올릴 필요가 있다"라는 박 의원의 주장에 대해 "(공정시장가액비율에) 손을 대면 보유세 인상 효과가 난다"라며 "신중하게 보겠다"라고 말했다. 공정시장가액비율은 과세표준(세금을 매기는 기준)을 정할 때 적용하는 공시가격의 비율이다. 현재 공정시장가액비율은 주택이 60%, 일반 건축물 및 토지는 70%다. 이에 따라 주택의 경우 재산세 과표로 공시가격의 60%를 적용한다. 재산세율을 올리기 위해선 국회에서 법률을 고쳐야 하지만 공정시장가액비율은 정부가 시행령만 바꾸면 된다.

하나 더 보겠습니다. 공정시장가액 비율 조정에 대해 김 부총리는 이번

에도 신중하게 생각 중이라며 그 이유로 보유세 인상 효과가 난다고 답했습니다. 보유세는 크게 재산세와 종부세 2가지로 이뤄집니다.

재산세의 경우 과세표준 계산은 '공시지가 × 공정시장가액비율'입니다. 현행 공정시장가액비율이 60%(주택)이기 때문에 만약 이를 인상한다면 재산세가 인상되는 효과가 나타납니다. 참고로 종합부동산 과세표준에 적용되는 공정시장가액비율은 80%입니다.

어찌 됐든 공정시장가액비율이 오르면 보유세 과세표준이 증가하고 그에 따라 세 부담 역시 증가하게 됩니다. 중요한 건 과세표준에 적용되는 세율은 국회에서 세법 개정을 해야 하지만, 공정시장가액비율은 정부가 시행령만 바꾸면 된다는 것입니다. 즉 법 개정에 비해 시행령 변경이 훨씬 용이하기에 이러한 내용이 나온 것입니다.

—

기사는 짧지만 안에 담겨 있는 내용은 꽤 복잡합니다. 과세표준, 공정시장가액비율, 수입금액, 종합과세 등등 꽤 중요하고 복잡한 내용이 모두 들어가 있습니다. '아는 만큼 보인다'라는 말이 있는데요, 짧은 기사 하나지만 그 안에 들어가 있는 내용을 제대로 이해한다면 우리나라 경제 수장의 생각을 읽을 수 있고, 더 나아가 국가 경제가 어떤 방향으로 흘러갈지 어느 정도는 예측할 수 있지 않을까요? 이를 파악하고 대비하는 자세가 필요합니다.

임대사업자 세금 혜택의 가격 기준

다주택자 '소형 갈아타기' 해법 될까 (한경비즈니스 2017. 10. 31)

2017년 8월 2일 정부가 발표한 8·2 부동산 대책에서 김현미 국토교통부 장관은 "사는(거주) 집이 아닌 집은 내년 4월까지 파시라"는 메시지를 주었습니다. 신규 주택이 아닌 기존 주택의 공급을 통해 집값을 안정화시키 겠다는 의지였습니다. 여기에 집을 팔지 않으면 주택임대사업자로 등록하고 투명한 관리를 주문했죠. 물론 이에 따른 세제 혜택 등의 인센티브도 제시했으나 다주택자는 아직까지 크게 동참하지는 않는 분위기입니다. 그 이유에 대해 기사와 함께 살펴보겠습니다.

다주택자의 임대사업자 등록

… 다주택자가 임대사업자로 등록하는 이유는 크게 두 가지로 분석할 수 있다. 보유 주택이 장기적으로 오를 것이라는 믿음과 거주주택의 1가구 1주택 비과세 세제 혜택을 노린 전략 때문이다.

주택임대사업자로 등록하는 이유 중 하나는 이를 통해 보유세(재산세, 종부세)를 줄일 수 있기 때문입니다. 그러면서 향후 집값 상승까지 버틸 수가 있는 것이죠(구체적인 세제 혜택은 표 참조). 여기에 '거주주택의 1가 구 1주택 비과세' 혜택이 있는데요, 이는 보유 중인 주택 중 거주주택을 제외하고 남은 주택은 모두 임대주택으로 등록하면 해당 거주주택을 1가 구 1주택으로 보고 향후 거주주택 양도 시 비과세 혜택을 주는 것입니다. 주택임대사업자 혜택 중 가장 큰 혜택이라 할 수 있죠. 여기에는 몇 가지 조건이 있는데, 이 조건은 반드시 기억해두어야 합니다.

1) 거주주택에서는 2년을 거주할 것(단순 보유만 해서는 안 됨)

2) 나머지 임대주택은 5년을 의무임대할 것(민간단기라 하더라도 4년이 아닌 5년)

3) 임대주택의 경우 등록 당시 기준시가가 6억 원 이하(수도권 외 3억 원 이하)

거주주택을 제외하고 보유 주택이 임대주택사업자 세제 혜택을 받을 수 있는 소형으로 구성돼 있다면 선택은 분명하다. 재산 상황이 알려지고 소득세나 건강보험료의 부담이 늘어남에도 불구하고 임대주택사업자 등록이 바람직해 보인다. 연소득 2,000만 원 이하는 2018년 말까지 소득세나 건강보험료가 부과되지 않는다.

일반임대(4년)와 준공공임대(8년)로 구분된 임대사업자 등록 중 준공공임대가 확실히 더 매력적이다. 임대기간은 4년과 8년이지만 실제 세법상의 혜택을 제대로 누리려면 5년과 10년 이상의 임대를 염두에 둬야 한다. …

일반임대와 준공공임대 사업자 단계별 세제 혜택

		일반임대	준공공임대	조건
임대기간		4년 이상	8년 이상	
취득	취득세	전용 60㎡ 이하 : 면제	전용 60㎡ 이하 : 면제	최초 분양
보유	재산세	• 전용 40㎡ 이하 : 면제 • 전용 60㎡ 이하 : 50% 감면 • 전용 85㎡ 이하 : 25% 감면	• 전용 40㎡ 이하 : 면제 • 전용 40~60㎡ : 75% 감면 • 전용 85㎡ 이하 : 50% 감면	2채 이상 등록
	종합 부동산세	수도권 6억 원, 비수도권 3억 원 이하 : 면제(공시가격 기준, 합산배제)		5년 이상 임대
	소득세, 법인세	전용 85㎡ 이하 : 30% 감면 (공시가격 6억 원 이하)	전용 85㎡ 이하 : 75% 감면 (공시가격 6억 원 이하)	3채 이상 등록
양도	양도 소득세	장기보유 특별공제 : 기간별 2~10% 추가	• 장기보유 특별 공제율 − 8년 이상 : 50% − 10년 이상 : 70% • 양도소득세 100% 감면 (2020년 말까지 등록 : 개정안)	• 일반임대 : 임대 개시일 공시가격 6억 원(수도권), 3억 원 이하, 149㎡ 이하, 5년 이상 임대 • 준공공임대 : 85㎡ 이하, 가격 조건 없음
		거주주택 1가구 1주택 비과세		2년 거주

　기사는 거주주택을 제외한 나머지 주택이 소형(전용면적 60m² 이하)이라면 임대주택등록이 유리하다고 분석합니다. 연소득 2천만 원 이하는 2018년까지 소득세가 비과세되어 건강보험료도 부과되지 않기 때문입

니다. 한 가지 짚고 넘어갈 것은 여기에서 말하는 2천만 원은 수입금액으로, 월세와 간주임대료의 합계액입니다. 즉 필요경비를 제하기 전의 금액이죠.

또 한 가지 중요한 점은 임대기간은 4년(민간단기), 8년(준공공)이지만 세제 혜택을 제대로 누리려면 5년, 10년이라고 한 이유를 꼭 기억하세요. 앞서 살펴본 '거주주택의 1가구 1주택 비과세'도 5년 임대를 해야 하며 종부세 합산배제도 5년 임대를 해야 하기 때문입니다. 또한 준공공으로 등록한 임대주택은 10년을 임대해야 양도소득세 100% 감면 혜택이 주어지니 임대기간은 꼭 사전에 확인하고 계획을 잡아야 합니다.

임대사업자의 건강보험료 폭탄

> 임대주택사업자로 등록하면 건강보험료가 늘어나는 점은 부담이다. 일각에선 '건보료 폭탄'이라고도 말한다. 11월로 예정된 '주거복지 로드맵'에서 임대 사업자에 대한 건보료 혜택 등 추가적인 인센티브가 발표될 것으로 알려져 있다. 직장 가입자인 급여 생활자라면 추가적인 건강보험료 부담을 덜 수 있다. …

제 주변에도 주택임대사업자 등록을 주저하시는 분들이 많은데요, 그 이유는 소위 말하는 '건강보험료 폭탄' 때문에 그렇습니다. 현행법상 사업소득이 발생하면 직장인 피부양자로 있다고 하더라도 이 자격이 박탈되어 건강보험료가 부과되는데요, 이를 '지역 가입자로 전환되었다'고 합니다. 보통 직장 가입자에 비해 더 부담이 크죠. 많은 분들이 주택임대사업자 등록을 고민하는 이유가 바로 이것 때문입니다.

그렇다면 직장인이 임대사업을 함으로써 사업소득이 추가로 발생하면 어떻게 될까요? 이 경우에는 직장 가입자를 우선 적용해 건강보험료가 전과 동일하게 나옵니다. 별로 부담스럽지 않죠. 물론 타 소득이 일정 금액을 넘으면 추가될 수 있지만, 이러한 이유로 직장 가입자가 건강보험료 측면에서 유리한 점이 분명 있습니다.

소형주택은 임대사업자 등록이 유리하다

문제는 보유 주택의 가격이 수도권 기준으로 6억 원(비수도권은 3억 원)이 넘는 다주택자다. 혜택이 큰 60㎡ 이하의 주택 2~3채로 갈아타면 취득세(최초 분양 때만 해당)부터 재산세·종합부동산세·양도소득세까지 다양한 세제 혜택을 누릴 수 있다. 이때 거주주택은 1가구 1주택 비과세와 마찬가지로 2년 거주 요건을 채워야 한다. 근본적으로는 중대형 보유 다주택자들도 임대사업자 등록을 할 수 있는 '당근'이 필요하다는 지적이 나온다. …

앞의 표에서 볼 수 있듯이 주택임대사업자 혜택은 소형주택에 몰려 있습니다. 특히 가장 큰 혜택이라고 할 수 있는 '거주주택 1가구 1주택 비과세'의 경우, 거주주택은 상관 없지만 나머지 임대주택은 가격이 6억 원 이하(수도권 외 3억 원 이하) 조건을 만족해야 합니다.

그런데 한 가지 유의할 점은 해당 가격은 시가가 아닌 '기준시가'라는 것입니다. 통상 기준시가는 시가의 60~70%인 점을 감안하면 등록 가능한 임대주택의 가격은 8억 원에서 10억 원 사이의 주택이면 가능한 것입니다. 해당 주택의 기준시가는 국토교통부 '공동주택가격 열람'에서 개별 조회가 가능하니 임대주택등록 전에 반드시 확인하도록 합니다.

어찌 됐든 현재로서는 전용면적이 작고 기준시가가 낮은 소형주택의 세제 혜택이 더 많은 것이 분명합니다. 따라서 '주거복지 로드맵'에는 가격 기준에 대한 인센티브도 포함됨이 마땅하다고 하는 것이죠. 이제 왜 이런 내용이 나오는지 이해되시죠?

—

주택임대사업자의 세제 혜택은 다양하지만 그만큼 복잡하고 따져봐야 할 요소가 많습니다. 게다가 해당 내용을 규정하고 있는 「민간임대주택에 관한 특별법」과 여기에 적용되는 세법은 또 별개라 얼핏 보기에는 말이 안 되는 것처럼 보이기도 합니다(민간단기 의무임대는 4년이나 종부세 합산배제 혜택을 보려면 5년 의무임대 등).

따라서 주택임대사업을 하려는 분들은 반드시 이에 대한 내용을 사전에 꼼꼼히 따져보고 어느 것이 자신에게 더 유리한지를 대략적으로라도 계산해서 검증해야 할 것입니다. 앞으로 그렇게 되겠지만, 정부에서도 이런 부분을 더 신경 써서 널리 홍보하고 안내해주었으면 합니다.

늘어나는 임대사업자 등록

3월 임대사업자 3만 5천여 명 등록… '사상 최대치' (한국경제TV 2018. 4. 18)

(상가)일반임대의 경우 모두 과세 대상이기 때문에 사업자등록은 필수 사항입니다. 하지만 주택임대의 경우 비과세도 많고 이에 대한 세원 노출이 쉽지 않기에 지금까지는 사각지대에 놓였던 것이 사실입니다.

주택임대를 운영 중인 사람들 중 수입금액이 크지 않은 '소규모 임대사업자'인 경우, 과세체계에 대한 것은 물론이며 정부 정책에 대해 잘 알지 못하는 경우도 많았습니다. 이에 상대적으로 주택임대는 사업자등록도 잘 하지 않는 사회적 분위기가 있었던 것입니다.

그런데 임대주택등록 현황이 최근에는 큰 폭으로 증가했다고 정부 관계자는 밝히고 있습니다. 그 이유가 무엇인지 살펴보겠습니다.

국토교통부는 3월 한 달간 3만 5,006명이 임대주택 사업자로 신규등록해 사상 최대치를 기록했다고 밝혔습니다. 지난 해 3월 등록한 임대사업자 4,363명과 비교해 8배 증가한 수치로, 전월(9,199명)과 비교해도 3.8배 늘었습니다.

임대주택사업자 등록 추이(개인 기준)

2018. 2		2018. 3(A)		증가율(A/B)
	2017. 2		2017. 2(B)	
9,199명	3,861명	35,006명	4,363명	700%(8배)

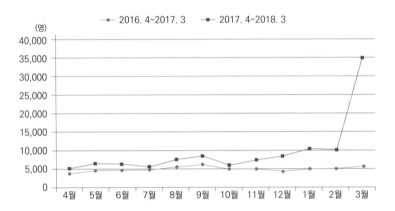

우선 사실 확인을 먼저 해보겠습니다. 2018년 3월에 3만 5,006명이 주택임대사업자 등록을 했다고 합니다(개인 기준). 주택임대사업자의 경우 개인도 있고 기업도 있기 때문에 기업까지 고려하면 더 많을 것으로 예상됩니다.

이 수치는 2017년 3월에 등록한 4,363명과 비교할 때 8배, 그리고 전월인 2018년 2월 9,199명과 비교해도 4배 가까운 수치입니다. 확실히 사업자등록이 증가했습니다.

그럼 이번에는 지역별로 임대주택사업자가 얼마나 되는지 살펴볼까요?

임대주택사업자 현황을 살펴보면, 우선 지역 기준은 서울과 경기도가 전체의 74.8%를 차지합니다. 그리고 이를 다시 등록한 주택 수 기준으로 보면 역시 서울과 경기도가 비슷한 73.7%를 차지합니다.

대부분 서울·경기에 임대주택과 주택임대사업자가 몰려 있는 것을 알 수 있는데요, 이는 해당 지역이 2018년 4월부터 양도세 중과가 시행되는 조정대상지역이 밀집되어 있기 때문으로 해석됩니다.

개인 기준 임대주택사업자는 31만 2천 명에 달하며 보유 주택은 110만 5천 가구로 이를 평균해보면 사업자 1인당 보유 주택은 평균 3.5채 정도 인 것을 알 수 있습니다.

재미있는 것은 2017년 12월 13일 이후부터 2018년 3월까지 등록한 임 대사업자 수가 2017년 거의 한 해 동안 등록한 사업자 수를 약간 상회한다는 것인데요, 그만큼 주택임대사업자를 등록할 수밖에 없는 어떤 이유가 있는 것 같습니다.

임대사업자로 등록하는 것이 유리하다

국토부 측은 양도세, 종합부동산세 등 혜택 기준이 바뀌는 4월 이후에도 임대사업자 등록이 유리하다고 설명했습니다. 이번 달부터 양도소득세 중과, 종부세 합산이 배제되는 자격 기준은 5년 이상 임대에서 8년 이상으로 조정됐습니다. 다만 취득세, 재산세 등 감면 혜택은 4월 이후 등록한 경우에도 받을 수 있습니다. 국토부 관계자는 "내년 분리과세 정상시행을 앞두고 건강보험료 경감 혜택을 고려할 때 임대사업자 등록이 유리할 것이다"고 말했습니다.

이에 대해 정부(국토교통부)는 임대주택을 등록해야 양도세, 종부세 등에서 혜택이 크다고 합니다. 즉 임대주택으로 등록하면 해당 임대주택을 양도하는 경우, 비록 조정대상지역에 위치한 주택이더라도 양도세 중과가 배제됩니다. 다만 2018년 4월 이전은 5년 의무임대, 그리고 등록당시 기준시가가 6억 원 이하(수도권 외는 3억 원 이하)라는 조건을 갖춰야 하는데요, 4월 이후에는 다른 조건은 동일한데 의무임대기간이 8년으로 늘어난다는 점이 다릅니다. 그러니 이렇게 주택임대사업자를 등록한 사람이 증가한 것이겠죠?

종부세 합산배제도 마찬가지입니다. 여기에 취득세, 재산세 감면뿐만 아니라 건강보험료 혜택도 있는데요, 원리는 이렇습니다. 현행 건강보험료 체계의 경우 직장인이라면 직장 가입자가 되고 자영업을 하면 지역 가입자로 구분됩니다. 만약 이 둘을 모두 가지고 있다면 직장 가입자 기준이 우선이며, 이 경우 상대적으로 건강보험료가 적게 나올 것입니다. 이런 이유로 사실 소규모 주택임대사업자의 경우 주택임대사업자 등록을 꺼려 했던 것입니다. 임대소득이 그렇게 크지 않은데 건강보험료 부담이 너무 클까 봐 그렇죠.

그런데 2019년부터는 수입금액 2천만 원 이하도 비과세에서 분리과세가 되기 때문에, 사업자등록을 하지 않는 경우에도 건강보험료를 고려해야 할 상황에 놓였습니다. 여기에 정부는 주택임대사업자를 등록하는 경우 건강보험료를 대폭 절감해주겠다고 합니다.

물론 직장 가입자이면서 주택임대를 하는 경우라면 크게 걱정은 하지 않아도 될 것입니다. 하지만 주택임대 하나로 인해 사업소득이 발생하는 경우라면 매우 큰 혜택이 될 수도 있겠죠. 주요 세제 혜택의 개요는 다음과 같습니다.

- **취득세·재산세** : 등록한 공동주택·오피스텔에 대해 면적과 임대기간에 따라 차등 감면(25%~면제)
- **양도세·종부세** : 등록 후 8년 이상 임대 시 양도세 중과배제, 종부세 합산 배제 적용
- **건보료** : 2020년 말까지 등록한 연 2천만 원 이하 분리과세 대상 사업자는 임대의무기간 동안 건보료 인상분 감면(8년 임대 시 80%, 4년 40%)

(출처 : 12·13 대책 보도문)

—

이상의 내용을 보면 정부 정책이 갖는 힘이 매우 크다는 것을 알 수 있습니다. 결국 조정대상지역 내에 위치한 주택을 양도하는 경우 2018년 4월 이후는 양도세 중과라는 큰 세금을 부과해야 합니다. 따라서 이를 피하기 위해서는 일단 임대주택으로 등록하고, 의무기간, 등록 당시 기준시가 등 관련 내용을 준수하고 양도해야 하는 것이죠.

이후에도 정부가 계획하고 있는 정책은 최소 2020년까지 차곡차곡 진행될 것입니다. 이렇게 본다면 차라리 하루라도 빨리 임대주택등록을 통해 정부 정책을 활용함으로써 그에 따른 혜택을 활용하는 것도 한 가지 방법이 될 수 있을 것입니다.

정확한 과세를 위한 임대소득 사후검증

임대소득 사후검증 대상 50% 늘린다 (서울경제 2018. 5. 15)

과세당국(국세청 또는 관할 세무서 등)에서는 세금을 얼마나 정확하게 부과하느냐가 중요합니다. 납세는 국민의 의무이기도 하지만 국민의 재산권과 직접 연관되어 있기 때문에 신중하고 정확해야 합니다. 이런 점을 보완하기 위해 국세청에서는 사후검증제도를 도입해 운영하기도 하는데요, 이는 특정 항목에 대해서 세무조사까지는 아니더라도 말 그대로 조세 부과가 잘 되었는지 검증 작업을 하는 것입니다.

이를 위해서는 검증 대상이 필요한데요, 일종의 샘플 '표본'입니다. 많으면 많을수록 좋겠지만, 행정력의 한계로 무작정 늘릴 수는 없는 것이 현실입니다. 그런데 주택임대소득에 대해서는 기존 사후검증 대상 1천 명에서 올해 1,500명으로 늘리겠다는 것이 과세당국의 입장입니다.

이것이 어떤 의미가 있으며, 주택임대를 하는 데 어떤 영향을 미치는 것일까요? 현재 주택임대(전월세)를 운영하고 있는 분 또는 향후 이에 대한 계획을 가지고 있는 분들은 이번 기사를 잘 들여다봐야 합니다.

임대소득자에 대한 감시를 늘린다

사후검증 대상을 늘리는 가장 큰 이유는, 내년부터 주택임대소득에 대해 2천만 원 이하에도 분리과세가 이루어지기 때문입니다. 즉 올해까지는 주택임대를 통한 수입금액이 2천만 원 이하이면 비과세이나, 내년부터는 분리과세로 과세가 됩니다. 물론 2천만 원 초과라면 이미 종합과세 대상입니다.

그렇다면 주택임대소득을 산정하기 위한 수입금액에 대해 알아봐야 하는데요, 이는 주택 수에 따라 계산하는 방식이 다릅니다. 부부합산 기준 주택 수에 따라 월세와 간주임대료를 계산한 후 그 합이 2천만 원이 넘느냐 안 넘느냐에 따라 과세체계가 달라집니다.

가령 3주택자인데 월세는 50만 원, 보증금 합계액은 5억 원이라고 가정한다면 수입금액은 다음과 같습니다.

1) 월세 = 50만 원 × 12개월 = 600만 원

2) 간주임대료 = (5억 원 − 3억 원) × 60% × 1.8% = 216만 원

3) 합계 = 1) + 2) = 816만 원

주택 수에 따른 수입금액 계산방법(주택 수의 경우 부부합산 기준)

주택 수	월세	간주임대료
1주택	비과세 (단, 공시지가 9억 원 초과 고가주택은 과세)	비과세
2주택	과세	비과세
3주택 이상	과세	과세

즉 수입금액이 2천만 원 이하이므로 올해까지는 비과세이나, 내년부터는 분리과세가 적용됩니다. 따라서 개인별 수입금액을 정확하게 계산하는 것은 매우 중요합니다. 참고로 주택 수에 따른 수입금액 과세 여부는 위 표와 같습니다.

사후검증은 세무조사의 전 단계로 국세청이 문제 항목에 대한 소명을 요구한 뒤 해명이 이뤄지지 않으면 과세하는 제도다. 납부 안내와 함께 소명을 요구하기 때문에 사실상 세무조사로 느끼는 이들이 많다. 국세청은 지금까지 누적된 월세소득공제 등의 자료를 검증에 활용한다는 방침이다. 세입자와 집주인의 자료를 비교해보겠다는 뜻이다. …

내년부터 과세가 이루어지는 주택임대소득에 대해 정부 역시 검증 절차를 강화하고 있습니다. 그 일환 중 하나가 사후검증 대상을 기존 1천 명에서 1,500명으로 확대한 것인데요, 앞으로 이 숫자는 더 늘어날 가능성이 높아졌습니다. 이는 과세당국의 전산시스템 발달 등으로 가능해질 것으로 보이는데요, 그 방법 중 하나는 현재까지 데이터가 확보된 월세세액공제를 바탕으로 체크할 것으로 보입니다.

즉 세입자가 월세세액공제를 신고한 경우 해당 주택의 임대차 계약 정보가 고스란히 국세청에 확인되는데, 이를 바탕으로 과세당국은 교차 점검을 하겠다는 것입니다. 물론 그게 아니더라도 국세청은 해당 정보(전입신고, 확정일자 등)를 관련 부서에 요청할 수 있는 근거를 이미 2014년에 마련해두었습니다.

참고로 월세소득공제보다는 월세세액공제가 더 정확한 표현이라는 점은 알아두면 좋겠습니다.

다주택자의 세 부담 증가

정부 안팎에서는 임대소득자를 포함해 다주택자의 세 부담이 갈수록 늘어날 것이라는 분석이 나온다. 당장 재정특위는 다음 달 말 보유세 개편 방안을 내놓는다. 종합부동산세를 중심으로 공정시장가액비율과 공시가격 실거래가 반영률, 종부세 과표구간 및 세율 조정 등이 주로 거론된다. 강병구 특위 위원장이 평소 "과세 공평성이 취약하다"고 주장해 온 만큼 하반기에는 임대소득세와 재산세 조정 가능성도 제기된다. 국책연구원의 한 고위관계자는 "보유세를 올리는 방향은 이미 정해졌고 그 폭이 관심사 아니겠느냐"며 "공평과세가 핵심주제가 되면서 부자증세가 계속 이어질 것으로 보인다"고 내다봤다.

이렇게 보면 다주택자의 세 부담은 더욱 커질 전망입니다. 앞서 주택을 보유하면 살 때 한 번(취득세), 보유할 때 한 번(재산세·종부세 등 보유세), 그리고 팔 때 한 번(양도소득세) 총 세 차례 세금을 내야 한다고 했습니다. 여기에 해당 주택을 거주용이 아닌 임대용(전월세)으로 활용한다면, 임대소득세를 내야 하는 경우도 나오는 것입니다. 임대소득세는 수입금액 2천만 원 이하인 경우의 비과세가 올해로 종료됩니다. 적게라도 세 부담이 생기는 것이죠.

여기에 재정특위는 재산세와 종부세에 있어서도 세제 개편을 단행하려 하고 있습니다. 아무래도 다주택자가 그 타깃이 될 가능성이 높습니다. 그럴 경우 다주택자가 취할 수 있는 방법은 보유 중인 물건을 매도하거나, 주택임대사업자 등록을 함으로써 보유세를 줄이는 것만이 방법일 것인데, 보유 중인 물건을 매도하기에는 양도세 중과 부담이 매우 커서 이미 주택을 매도한 경우가 아니라면 아마 주택임대사업자 등록을 하는 경우가 더욱 많아질 것입니다.

—

정부 정책을 보면 부동산 투자의 방향이 보인다는 말이 있습니다. 비슷한 말로, 정부와 맞서 싸우지 말라는 말도 있죠. 현재 진행 중이거나 계획 예정인 부동산 정책들을 보면 다주택자를 전방위로 압박하는 모습을 쉽게 찾을 수 있습니다. 이럴 때는 정부 정책을 정확히 파악하고 오히려 이를 자신에게 맞게 활용하는 것이 좋은 방법입니다.

그중 하나가 이번 기사에 나온 주택임대소득입니다. 주택임대소득이 있는 분이라면 주택 수에 따른 수입금액 계산 방법을 익혀, 자신이 보유한 수입금액이 과세 대상인지 아닌지, 과세 대상이라면 종합과세인지 분리과세인지를 파악해야 합니다.

임대사업자 과세에 대한 기관별 입장 차이

'깜깜이' 임대소득 과세, '정상화' 놓고 동상이몽 (머니투데이 2018. 5. 16)

본인이 실제 거주하는 주택, 즉 실거주 주택은 1채면 됩니다. 세법에서는 보유 주택 수가 2채 이상이 되면 실거주 주택을 제외하고 남은 주택은 다른 이에게 월세나 전세 등 임차를 놓는다고 판단해 이에 대해 주택임대소득세를 부과한다는 것이 기본 방침입니다.

　하지만 이를 정확히 파악한다는 것이 쉽지 않을 뿐만 아니라, 대부분의 주택임대는 사업이라기보다는 생계 유지형이 많습니다. 그래서 정부에서도 주택임대소득에 대해서는 과세를 유예하는 입장이었습니다. 그러던 차에 이러한 유예기간이 올해로서 종료되고 2019년부터는 과세가 적용되는 것입니다. 이와 관련해 정부와 세제 개편을 주도하는 재정특위 간에 입장 차이가 있다고 합니다. 정부와 재정특위의 입장은 무엇인지 기사를 통해 자세히 살펴보겠습니다.

2019년부터는 임대소득에 대해서도 일정 기준 미달이면 분리과세가 되고, 일정 기준을 초과하면 종합과세가 됩니다. 분리과세는 다른 소득과 합산하지 않고 해당 주택임대소득에 대해서만 일정 세율(지방세 포함 15.4%)로 종결되는 것이며, 종합과세는 소득세법상 다른 소득, 즉 이자·배당·사업·근로·연금·기타소득과 합산되는 것이기에 상대적으로 분리과세보다는 세 부담이 클 가능성이 높습니다(이때 세율은 6~42%이며 이는 종합소득 과세표준 구간에 따라 다릅니다).

이에 대해 정부는 그동안 소득이 있어도 세금을 부과하지 않았던 임대소득에 대해 과세가 이루어지는 것이니 '정상화'라고 표현하고 있지만, 재정특위에서는 정부가 생각하는 것보다 과세 강화가 더 필요하다는 입장입니다. 구체적으로 어떤 내용일까요?

임대사업자 과세에 대한 재정특위의 입장

먼저 재정특위를 이끌고 있는 강 위원장의 생각을 보면, 주택임대소득 수입금액이 연간 2천만 원 이하여도 이에 대해서는 분리과세가 아닌 종합과세가 되어야 한다고 주장합니다. 이유는 주로 고소득자가 주택을 다수 보유하고 이를 통해 임대소득을 발생시키는 만큼, 종합과세를 통해 실질적인 세 부담이 필요하다는 것입니다. 그럴 경우 분리과세 세율인 14%보다 높은 세율이 적용되어 공평과세를 이룰 수 있다는 생각입니다.

아울러 주택임대소득 수입금액에 대한 필요경비 인정비율도 낮추고 기본공제도 폐지하자고 주장합니다. 가령 전세 및 월세로 구성되는 주택임대소득 수입금액이 2천만 원이라고 가정할 경우 이에 대한 세 부담을 계산해보면 다음과 같습니다.

주택임대소득 = 2천만 원(수입금액) - 2천만 원 × 60%(필요경비) - 400만 원

(기본공제) = 400만 원

이 경우 임대소득은 400만 원으로 도출되어 여기에 15.4% 세율을 곱한

61만 6천 원이 세금으로 부과됩니다(수입금액 2천만 원 이하이므로 분리과세, 14% 세율이나 지방세 포함 15.4%로 계산).

즉 어떤 사람이 월세와 전세보증금 등으로 주택임대소득 수입금액이 연간 2천만 원 발생하고 있는데 이에 따른 세금은 61만 6천 원이 나오므로, 실제 부담하는 실효세율은 3.08%(=61만 6천 원/2천만 원)에 불과하다는 주장입니다.

임대사업자 과세에 대한 정부의 입장

반면 정부는 연 2,000만 원 이하 임대소득 과세를 정상화로 본다. 근거는 세원 포착에 있다. 국토교통부에 따르면 전체 가구 10곳 중 3곳(법인·공공·무상임대 제외)이 전월세 주택에 살고 있다. 하지만 그동안 임대소득은 과세는커녕 규모 파악도 잘 되지 않았다. 국회에 따르면 내년 임대소득 과세 대상자는 96만 3,000명으로 예상된다. 이 중 세금을 새로 내야 하는 연 임대소득 2,000만 원 이하의 임대사업자만 92만 명이다. 2016년 기준 임대소득 신고 인원은 3만 3,025명(연 임대소득 2,000만 원 초과)으로 1년간 1조 5,776억 원을 벌었다. 국세청은 같은 해 이들에게 걷은 임대소득세를 1,468억 원으로 추정했다. …

이에 반해 정부 생각은 조금 다른 것 같습니다. 지금까지 2천만 원 이하의 소액 임대소득자에게 걷지 못했던 세금을 부과하는 것만으로도 나름 의미가 있다고 판단하는 것이죠. 특히나 기사에도 나온 것처럼, 정부 입장에서 더 큰 문제는 세금 부과는 둘째 치고 임대소득 규모 자체에 대한 정확한 파악도 힘들다는 것입니다.

정부 자료에 의하면 주택임대소득 과세 대상자는 96만 3천 명으로 예상하지만 어디까지나 예측 자료일 뿐입니다. 그리고 그중 대부분인 92만 명, 즉 95%에 육박하는 수치가 연간 주택임대 수입금액이 2천만 원 이하인 소액 임대사업자입니다. 따라서 이들에게 어떻게 하면 합리적인 수준에서 과세를 하고 세금을 거둘 수 있는지 '납세협력비용'을 줄이는 것도 정부의 고민거리일 것입니다.

이미 이에 대한 우려는 곳곳에서 나오고 있습니다. 주택임대소득에 대한 과세가 더 강화될 경우 예상해볼 수 있는 경우는 다음과 같을 것입니다.

1) 소액 임대소득자들의 조세저항(특히 은퇴계층 부담 확대)

2) 세입자에게 조세 부담 전가

3) 정부 정책 신뢰도 저하(임대주택등록 유도 후 과세 강화?)

—

물론 정부 입장에서는 세원 확보도 해야 하며, 양질의 주거복지정책을 제공하기 위해선 정확한 임대주택의 규모 등을 파악해야 할 것입니다. 하지만 그 과정에서 발생하는 부작용은 어쩔 수 없을 것입니다. 이러한 부작용을 최소화하면서 많은 국민에게 양질의 주거 서비스를 제공할 수 있는 주거복지정책이 수립되길 기대해봅니다.

임대사업등록이 절대적으로 유리할까?

임대사업등록, 집주인에 절대 유리 (헤럴드경제 2018. 5. 30)

정부에서는 실거주 주택이 아니라면 집을 팔거나 그렇지 않을 경우 임대주택으로 등록하라고 권하고 있습니다. 주택임대사업자로서 여러 가지 의무를 이행해야 하지만 대신 그에 따른 절세 혜택도 제공하겠다는 것인데요, 그럼에도 불구하고 주변을 보면 임대주택등록을 꺼려하고 있는 것이 사실입니다.

무엇보다 의무임대기간 동안은 함부로 임대주택을 매도할 수 없는 점이 큰 이유일 것입니다. 여기에 연 5% 임대료 상한 제한도 등록을 꺼리게 하는 요인입니다. 그런데 오히려 임대주택등록이 절대적으로 유리하다는 기사가 있어서 자세히 살펴보고자 합니다. 아마 사업자등록을 하지 않은 입장에서는 글로만 이해해야 하기에 다소 와 닿지 않을 수도 있겠습니다. 그래도 주택임대사업자 등록 여부를 고민할 경우 반드시 알아야 하는 내용이기에 함께 살펴보도록 하겠습니다.

사업자등록 전 계약은 신고 의무가 없다

… (기존에 세입자를 구한 상태에서) 올해 5월에 임대사업등록을 하고 6월에 임대차 기간 2년으로 보증금 3억 원짜리 전세 계약 계약 신고를 했다면, 다음 계약 시점인 2020년 6월부터 본격적으로 규제가 적용되는 것이다.

기존에 세입자를 구해 계약을 맺은 상태에서 임대사업자 등록을 하는 경우에는 해당 계약이 임대사업자 자격이 없는 상태에서 맺은 것이기 때문에 신고 의무가 없다. 이 계약이 유지되는 기간 동안은 '최초 신고'가 이뤄지지 않기 때문에, 그 기간만큼 규제가 적용되는 시점도 미뤄지게 된다. …

자, 일단 상황에 맞게 몇 가지를 가정하겠습니다. A라는 사람이 B라는 주택에서 세입자를 구해놓고 임차를 하고 있는 상황입니다. (즉 임대차 계약을 먼저 한 것이 핵심입니다.) 이 상태에서 2018년 5월에 임대사업자 등록을 하고 기존에 되어 있던 계약의 만기가 2018년 6월이라고 한다면(위 기사 내용대로), 이때 6월에 시작하는 3억 원짜리 전세 계약은 '최초 계약'이라고 해서 별도의 규제를 받지 않습니다. 즉 임대인이 원할 경우 시세대로 임대차 계약을 진행할 수 있는 것입니다.

그리고 나서 2년이 지난 2020년 6월에 재계약을 하거나, 또는 신규 세입자를 받는 경우 이때에서야 비로소 5% 상한을 적용하는 것입니다. 따라서 임대인 입장에서는 주택임대사업자 등록을 하기 전에 먼저 시세대로 임대차 계약을 맺고, 그다음에 사업자등록을 하고 나서 먼저 계약 만기가 돌아오더라도 한 번 더 시세대로 임대차 계약을 맺을 수 있는 것입니다.

올해 4월에 세입자를 구해 2년짜리 전세 계약을 하고, 5월에 임대사업등록을 하는 경우를 가정하면, 기존 계약이 끝나는 2020년 4월 이후 맺은 계약이 '최초 신고' 대상이 된다. 규제를 본격적으로 적용받는 두번째 신고 계약은 2022년 4월 이후에 이뤄지게 된다. 준공공임대(의무기간 8년)를 등록하더라도 절반인 4년 동안은 아무 규제가 없는 것이다. 실제 이 같은 방법은 상당수 다주택자들이 활용하고 있다.

이해를 돕기 위해 똑같은 사례를 한 번 더 보겠습니다. 2018년 4월에 전세 계약을 하고, 같은 해 5월에 임대사업등록을 했다고 가정합니다. 기존 계약이 끝나는 2020년 4월에 맺은 계약을 '최초 신고'로 보기 때문에 이때 역시 시세대로 임대차 계약을 맺을 수 있습니다. 그리고 다시 여기에서 만기가 되어 돌아오는 2022년 4월 계약 때 비로소 5% 상한을 적용하게 되는 것이죠. 한 번 더 보니 이해가 잘 되나요?

사업자등록 전 계약은 상한제가 적용되지 않는다

한 업계 관계자는 "송파구 헬리오시티처럼 입주물량이 많아서 전세가격이 뚝 떨어진 경우 전월세상한제에 걸리면 계속해서 낮은 임대료에 세를 줘야 하냐는 문의가 많다"며 "전세 계약을 맺은 후 임대사업등록을 하면 2년 후 '최초 신고' 계약 때 상한제 적용을 받지 않는다"고 말했다.

그렇다면 언제 이런 방법들을 활용하는 것일까요? 기사에 나온 사례처럼 입주물량이 많은 단지는 입주 초기 전세가가 하락할 가능성이 매우 높습니다. 전세물량 공급이 증가했기 때문입니다. 만약에 이렇게 낮은 전세가격으로 임대차 계약을 하고 임대주택으로 등록을 했다고 가정하면 연 5% 상한 및 계약갱신 청구권 등으로 인해 특별한 사유가 없는 한 계속해서 낮은 전세가격으로 임대를 해야 하는 상황이 올 수 있습니다. 임차인(세입자) 입장에서는 저렴한 가격으로 주거 서비스를 이용할 수 있어서 좋지만, 반대로 임대인(집주인) 입장에서는 매매가가 높다면 왠지 손해 본다는 생각을 할 수도 있겠죠?

그런데 이때 전세 계약을 먼저 맺고, 그 이후에 임대사업자 등록을 하면 처음 계약은 시세대로 유지되고, 임대사업자 등록 후 만기가 도래하는 계약도 시세대로 계약을 하게 되기 때문에 실제로 다주택자들이 이 방법을 많이 활용하고 있다는 것입니다.

일각에서는 세입자 주거 안정이라는 제도의 취지를 훼손할 수 있다는 지적이 나온다. 다주택자에게는 유리하지만 세입자 입장에서는 다소 불리할 수는 있다. 2년 후 임대료가 크게 오를 수 있기 때문이다. 국토교통부 관계자는 "임대사업자가 일정기간 의무는 없이 혜택만 누리는 문제를 인지하고 있으며, 제도 개선을 위한 방안을 강구하고 있다"고 말했다.

정부, 그리고 임차인 입장에서는 당연히 이러한 방법을 원치 않을 것입니다. 따라서 주거 안정이라는 제도의 취지가 훼손되는 게 아니냐는 주장이 일부 나오고 있는 것입니다. 이에 따라 국토교통부에서는 제도 개선을 위한 방안을 모색하고 있다고 합니다.

임대인 혹은 임차인 입장에서 어떻게 하는 것이 좋을까요? 만약 임대인 입장이라면 위에서 나온 내용을 바탕으로, 먼저 전월세 계약을 하고 그 이후에 임대사업자 등록을 하는 것이 유리합니다. 반대로 임차인 입장이라면 임대주택으로 등록된 집에 임차로 들어가는 게 나을 것입니다.

한편 기사에 나온 것처럼 정부부처 관계자도 문제점을 인지하고 있는 만큼 시간이 지나면 정부가 원하는 방향, 즉 임차인에게 더 유리한 방향으로 제도가 개선될 것입니다. 사람마다 처해 있는 상황이 다르므로 목적에 따라 적절하게 대응해야 합니다.

임대차 통계시스템

임대차 통계시스템 9월 가동… "다주택자 움직임 훤히 들여다본다"
(연합뉴스 2018. 7. 25)

정부는 2017년 12월 13일, '임대차등록 활성화 방안'을 통해 향후에는 임대주택 등록 여부에 대한 세제 혜택을 차별화하는 등 임대주택등록을 더욱 적극적으로 유도한다는 방침을 세웠습니다. 일각에서는 그동안 행정력 부족 등으로 인해 미등록 임대주택에 대해 알고는 있었어도 별다른 제재가 없었기에 이번에는 어떤 방향으로 활성화시킬지 의문도 제기됐는데요, 다주택자들의 움직임을 훤히 파악할 수 있는 통계시스템을 2018년 9월부터 가동한다고 합니다.

과연 이것이 어떠한 시스템이며 이를 통해 어떠한 정보가 취합되는지, 그리고 이러한 통계시스템이 향후 임대주택 시장에 어떤 영향을 미칠지에 대해 살펴봄으로써 다가올 임대주택 시장의 변화를 예측할 수 있을 것으로 보입니다.

임대차 통계시스템에서 다루는 정보는 무엇일까?

> … 이 시스템에 연계된 정보는 국토부 건축물대장(8,112만 7천 건), 실거래 매매·전월세 소유 현황(2,265만 8천 건), 한국토지주택공사(LH) 임대등록 데이터(81만 1천 건), 행안부 재산세 정보(2,346만 1천 건), 주민등록등본(1,556만 9천 건), 국세청 월세세액(33만 건) 등이다. 시스템은 이같이 조각조각 흩어진 임대차 시장의 단편적인 정보를 모아서 입체적인 정보망을 가공하는 것이다. …

　임대차 통계시스템에서는 임대차와 관련된 다양한 정보를 다루고 있습니다. 특히 잘 봐야 하는 것은 매매·전월세 소유 현황, 국세청 월세세액 등입니다. 정부는 다주택자의 보유 주택, 임대차 현황을 정확하게 파악하기 위해 이 시스템을 활용하는 것인데, 이와 관련된 정보는 이 2가지가 대표적이기 때문입니다.

　특히 일각에서는 임대 정보를 노출시키지 않기 위해 집주인이 세입자에게 월세세액공제를 신고할 수 없도록 유도하거나, 연말정산 시에 월세세액공제 신고를 하는 직장인 세입자를 기피하는 경우도 있다고 합니다. 상황이 이러니 정부 입장에서는 이에 대한 정확한 정보를 취합하려고 하는 것이겠죠?

> 이는 임대주택이 몇 채 있는지 파악하는 단순 통계 구축 작업의 범위를 넘어선다. 이 시스템을 통해 개인이 보유한 주택 현황을 파악하고 임대 가능한 주택을 등록임대와 미등록임대로 구분해 관리하게 된다. …

기사 내용 그대로 해당 통계시스템은 단순 취합의 기능을 넘어서는 것으로 보입니다. 대표적인 것으로 임대주택을 등록한 것과 미등록한 주택으로 구분하는 기능이 있는데요, 이를 통해 앞서 말씀드린 등록 임대주택과 미등록 임대주택의 세제 혜택 차등화가 가능하도록 데이터를 제공할 것으로 예상해봅니다.

> 특히 3주택 이상 다주택자의 정보는 주택 보유 및 등록 여부 등에 대한 정보를 국세청, 건강보험공단 등과 정기적으로 공유한다.

위 내용은 매우 중요한 대목 중 하나라고 생각합니다. 2019년부터는 주택을 임대하면서 발생하는 수입금액(월세, 간주임대료 등) 중 2천만 원 이하에 대해서도 비과세가 아닌 분리과세를 적용하는데요, 이 경우 주택임대사업자를 등록하고 소득금액이 발생한다면 건강보험료 등 4대 보험이 추가로 발생할 수 있으며, 기존 직장 가입자의 피부양자로 속해 있더라도 소득금액 발생으로 피부양자 자격이 박탈될 수 있기 때문입니다.

가령 남편과 아내 공동명의로 된 주택을 통해 임대소득을 누리고 있었다면 이 중 아내가 전업주부인 경우 현재는 남편의 직장 가입자 피부양자로 건강보험료를 부담하고 있었지만, 향후에는 아내 역시 주택임대사업자를 등록하고 임대소득이 발생하면 피부양자 자격이 박탈되고 지역 가입자로 편입되어 4대 보험료가 늘어날 수 있는 것입니다.

해당 주택에서 임차로 사는 세입자는 상관 없겠지만, 이를 운영하는 임대인 입장에서는 준조세에 해당하는 4대 보험 역시 신경 쓰지 않을 수 없게 된 것인데요, 더 큰 문제는 이렇게 임대인에게 세 부담이 늘어난다면 결국에는 이러한 부담을 세입자가 질 수도 있다는 점에서 다소 우려가 됩니다. 이러한 현상을 조금 어려운 말로 '조세전가 및 조세귀착'이라고 합니다. 정부는 집주인에게 세 부담을 지우려 했는데, 실제로는 집주인이 세입자에게 세 부담을 전가함으로써 엉뚱한 사람이 더 힘들어질 수도 있다는 것입니다.

통계시스템을 운영하는 목적

> 다주택자에 대해서는 어떤 지역의 어떤 주택을 사고파는지 동향 추적도 할 수 있다. 국토부가 시스템의 소유권을 가지되 운영 관리는 한국감정원에서 맡게 된다. 이 시스템을 활용해 '부동산 투기지수'를 산출하는 방안도 추진된다. 특정 지역에 실거주가 아닌 투자 목적의 매매가 늘어나면 그 동향을 지수화함으로써 시장 동향을 분석하고 시장에 선제 대응하는 수단으로 쓴다는 것이다. …

저는 정부가 이러한 통계시스템을 운영하는 목적이 바로 이것이라고 생각합니다. 다주택자의 움직임을 확인해 세수를 확보하는 것은 2차적인 문제이고, 결국 정확한 정책을 집행하기 위한 '빅 데이터(Big Data)' 확보가 우선이라는 것입니다.

그런 면에서 이러한 임대차 통계시스템을 설립하고 운영하는 것은 장기적으로 옳은 방향이라고 생각합니다. 이왕이면 정확한 정보가 집계됨으로써 임대인과 임차인 모두에게 적절한 정책이 시행되기를 기대해봅니다.

경우에 따라 이러한 통계시스템이 부담이 되는 사람도 있을 것입니다. 하지만 이제 이는 거스를 수 없는 추세라고 생각됩니다. 만약 다주택자라면 장기적으로는 본인의 임대차 현황이 보다 투명해질 것이기 때문에 미리 대비하고 정확하게 자신의 임대차 현황 및 세금신고를 하는 것이 좋습니다.

임차인이라면 이런 데이터를 통해 상대적으로 안정적인 임차 서비스를 받을 수 있는 지역을 찾아서 거주할 수도 있을 것입니다. 물론 모두가 만족할 수는 없겠지만, 사회 전체적인 관점에서 비용보다는 편익이 더 커질 수 있도록 실질적인 도움을 주는 시스템으로 운영되길 기대해봅니다.

주택임대사업자 세제 혜택을 축소한다?

임대사업자 혜택 축소 불투명⋯ 김동연-김현미 '시각차' (이데일리 2018. 9. 4)

주택임대사업자에 대한 혼란이 당분간 가중될 전망입니다. 정부는 지금까지 실거주가 아닌 집은 임대주택으로 등록하도록 독려해왔는데요, 2017년에는 '임대주택등록 활성화 방안'을 발표했으며, 2018년 4월 1일부터는 양도세 중과가 시행되었지만 임대주택으로 등록한 주택에는 이를 배제함으로써 주택임대사업자 등록을 권유했습니다.

그런데 최근 김현미 국토교통부 장관의 '주택임대사업자 세제 혜택 축소' 발언(2018. 8. 31)이 나오면서 주택임대사업자들은 매우 큰 혼란에 빠졌습니다. 세제 혜택에 과한 부분이 있었다고 하더라도, 정부도 이미 알고 있었으며 심지어 그러한 내용을 홍보함으로써 임대주택등록을 활성화했는데, 그로부터 1년이 채 지나지 않은 시점에 기존 정책을 뒤집는 듯한 발언을 주무부처 장관이 밝힌 것입니다.

곧바로 기획재정부, 그리고 국토교통부에서는 합동으로 입장을 밝힘으로써 기존 등록자와는 상관이 없으며, 신규로 등록하는 경우에 대해 검토할 것임을 발표해 이 일은 일단락되는 모양새입니다.

하지만 일관성이 가장 중요한 정부 정책에서 이런 신호는 당사자인 임대주택사업자들을 혼란스럽게 하고 있습니다. 기사를 통해 내용을 확인해보겠습니다.

임대사업자 세제 혜택 축소에 대한 엇갈린 입장

기획재정부가 임대사업자 관련 세제 혜택 축소에 대해 신중한 입장을 표했다. 정책 혼선이나 시장에 미칠 부작용을 고려해야 한다는 이유에서다. 반면 국토교통부와 더불어민주당은 임대사업자 세제 혜택 축소, 종합부동산세 강화 등 규제 강화를 촉구하고 나섰다. …

크게 2가지 의견으로 분류될 것 같습니다. 기획재정부는 신중한 입장이지만 국토교통부는 세제 혜택을 줄여야 한다는 것입니다. 더 나아가 종부세 강화도 필요하다는 것인데요, 구체적으로 살펴보겠습니다.

앞서 김현미 장관은 지난달 31일 기자 간담회에서 "등록 임대주택에 적용되는 세제 혜택이 투기꾼들에게 과도한 선물을 준 듯하다"며 "세제 혜택을 일부 축소하기로 기획재정부와 논의 중"이라고 말했다. 이어 국토부는 "부동산 시장 안정을 위해 시장과열 지역에 한해 … 일부 과도한 세제 지원을 축소할 필요가 있다"고 밝혔다.

반면 기재부 고위관계자는 … "여러 각도에서 알아보고 있다"며 신중한 입장을 보였다. 기재부 다른 고위관계자도 '세제 혜택 축소를 검토하는지' 묻는 질문에 "현재까지 검토한 바 없다"며 "(축소하는 쪽으로) 검토할지 말지 상황을 지켜봐야 한다"고 말했다.

국토교통부는 집값 상승의 주 요인을 투기 세력으로 보고 있으며 이러한 투기세력이 받는 세제 혜택을 축소하기로 기획재정부와 논의 중이라고 했습니다. 하지만 기획재정부 고위관계자는 현재까지 검토한 바가 없다고 합니다. 어떤 이유에서 그럴까요?

> 이처럼 기재부가 신중한 입장을 표하는 것은 부작용을 우려해서다. 현행 세법에는 임대사업자 등록에 따른 종부세 등 각종 감면 혜택이 담겨 있다. 세제 혜택을 당장 줄이면 기재부의 세법 개정이 꼬일 수 있다. 조세 저항도 커질 수 있다. …

모든 법은 법적 안정성을 고려합니다. 법이라는 게 사회가 변함에 따라 변해야 하지만, 그렇다고 과도하게 변할 경우 오히려 혼란이 야기될 수 있기 때문인데요, 정부 재정을 기획하는 기획재정부 입장에서는 아무래도 부작용을 고려해서인지 신중한 입장입니다.

이미 2018년 7월 말 발표한 '2018년도 세법개정안'을 수정해야 할 수도 있으며 이 경우 '내년에는 세법이 이렇게 변하겠구나' 하는 예측 가능성을 심각하게 훼손할 수 있고 그에 따라 사회적 혼란이 야기될 수 있다는 생각에서일 것입니다. 여기에 전반적인 기조가 주택임대사업자의 세제 혜택을 축소하자는 분위기가 강한 만큼 이들 당사자의 조세 저항도 부담입니다.

전문가들 입장도 엇갈린다. 정세은 충남대 경제학과 교수(참여연대 조세재정개혁센터 소장)는 "임대사업자 세제 혜택을 준 게 잘못이다. 이를 악용한 투기가 극심한 상태"라며 "투기 급등 지역, 임대주택 신규 등록자를 대상으로 세제 혜택을 없애야 한다"고 강조했다.

반면 홍기용 인천대 경영학부 교수(전 한국세무학회장)는 "세제 혜택을 주면서 임대사업자로 등록하라고 하더니 8개월 만에 이를 바꾸면 정부, 세법에 대한 신뢰가 추락할 수 있다"며 "세제 혜택 축소, 종부세 대폭 강화로 가면 임대시장은 불안해지고 주택을 강제로 팔라는 신호가 돼 문제가 생길 것"이라고 지적했다.

　　같은 교수라 하더라도 이를 대하는 시각 차는 큽니다. 한 분은 향후 신규 등록자의 경우에는 세제 혜택을 없애야 한다고 합니다. 이 경우는 기존 등록자는 그래도 혜택을 줘야 한다는 것인데요, 정부가 약속한 만큼 어쩔 수 없다고 생각하는 것 같습니다. 반면 다른 교수님은 조세정책의 일관성, 그리고 법적 안정성을 중요시하는 발언을 했습니다. 정책의 신뢰도가 떨어지면 더 큰 문제를 야기할 수 있다는 것이죠.

　　저는 이 부분은 조세 혜택 여부만 봐서는 안 된다고 생각합니다. 이로 인해 시장에 매물이 어떻게 나오는지도 따져봐야 하며, 세제 혜택을 주지 않으면 향후 신규 주택임대사업자가 줄어들 수 있는 상황에서 정부의 주거복지 로드맵을 어떻게 운영할지에 대한 방향도 새로 정해야 합니다. 단편적인 것보다는 보다 종합적인 관점에서 접근이 필요하다는 것이죠. 더 나아가 현재 주택시장 상승의 원인을 수요 측면뿐만 아니라 공급 관점에서도 봐야 한다고 생각합니다.

정부는 2018년 9월 3일, 곧바로 임대주택등록에 대한 세제지원 보도와 관련해 기획재정부, 국토교통부가 합동으로 보도문을 발표했습니다. 두 부서가 합동으로 발표했다는 것은 정책 혼선으로 비춰지는 것에 대한 부담감 때문일 것입니다.

다음 내용을 보면, '기존 보유 주택을 임대등록하는 경우는 혜택을 축소하는 것이 아님'을 명백하게 밝혔습니다. 하지만 신규 취득에 대해서는 일부 세제 혜택을 축소할 수 있다는 여지를 남겼습니다. 실제로 정부는 9·13 부동산 대책을 통해 향후 신규 주택에 대해서는 세제 혜택을 적용하지 않기로 했습니다. 다만 1주택자 이상자이면서, 조정대상지역에 위치한 주택을 신규로 취득할 때 그러합니다. 기존에 취득한 주택 또는 대책 발표 이전에 계약하고 계약금을 지급한 분양권 등에는 여전히 임대주택등록에 따른 세제 혜택 적용이 가능하므로 이에 대한 운용을 어떻게 할지에 대한 의사결정을 해야 합니다.

중요한 것은, 다주택자라면 본인의 보유·매도 전략을 명확히 정한 후 보유 시 세 부담 등을 따져, 임대주택등록 여부를 가급적 신속하게 판단하는 게 유리해 보입니다. 마치 양도세 중과를 피하기 위해서는 2018년 4월 이전 등록하면 5년만 임대해도 되는 것처럼 말이죠. 현재는 8년을 임대해야 양도세 중과가 배제됩니다. 물론 등록 당시 기준시가 요건 등을 갖춘 주택이 그 대상입니다.

2018. 9. 3 임대주택등록에 대한 세제지원 보도 관련

• 언론 보도 내용

김현미 국토교통부 장관의 임대주택등록과 관련한 지난 8.31일(금) 기자 오찬 간담회에서 발언과 관련하여 9.3일(월)자 다수의 언론에서는 정부의 임대주택등록에 대한 세제 혜택 축소 방침 등을 보도

• 기획재정부 및 국토교통부 입장

국토부는 부동산 시장 안정을 위해 시장과열지역에 한해 새로이 주택*을 취득하여 임대주택으로 등록하는 경우 일부 과도한 세제지원을 축소할 필요가 있다는 의견을 제시한 것임

* 기존 보유 주택을 임대등록하는 경우는 혜택을 축소하는 것이 아님

앞으로도 제도의 목적과 효과, 시장에 미치는 영향 등을 종합적으로 감안하여 관계부처 간 협의해나갈 계획임

(출처 : 국토교통부)

찾아보기

부동산 기사 그래서 어떻게 봐야 할까요?

초판 1쇄 발행 2018년 10월 23일 | **초판 3쇄 발행** 2019년 1월 15일
지은이 제네시스 박
펴낸곳 원앤원북스
펴낸이 오운영
경영총괄 박종명
편집 김효주 · 최윤정 · 이광민 · 채지혜
마케팅 안대현
등록번호 제2018 - 000058호(2018년 1월 23일)
주소 04091 서울시 마포구 토정로 222 한국출판콘텐츠센터 306호(신수동)
전화 (02)719 - 7735 | **팩스** (02)719 - 7736
이메일 onobooks2018@naver.com | **블로그** blog.naver.com/onobooks2018
값 15,000원
ISBN 979 - 11 - 89344 - 15 - 3 03320

이 도서의 국립중앙도서관 출판예정도서목록(CIP)은 서지정보유통지원시스템 홈페이지(http://seoji.nl.go.kr)와
국가자료공동목록시스템(http://www.nl.go.kr/kolisnet)에서 이용하실 수 있습니다.(CIP제어번호: CIP2018030383)

* 원앤원북스는 독자 여러분의 소중한 아이디어와 원고 투고를 기다리고 있습니다.
  원고가 있으신 분은 onobooks2018@naver.com으로 간단한 기획의도와 개요, 연락처를 보내주세요.